陈正国	《什么是思想史》	夏伯嘉	《什么是世界史》
范 可	**《什么是人类学》**	唐晓峰	《什么是历史地理学》
罗 新	《什么是边缘人群史》	黄东兰	《什么是东洋史》
郑振满	《什么是民间历史文献》	黄宽重	《什么是宋史》
赵鼎新	**《什么是社会学》**	常建华	《什么是清史》
荣新江	《什么是敦煌学》	章 清	《什么是学科知识史》
侯旭东	**《什么是日常统治史》**	梁其姿	《什么是疾病史》
姚大力	《什么是元史》	臧振华	《什么是考古学》

(2021年7月更新,加粗者为已出版)

乐 道 文 库

"乐道文库"邀请汉语学界真正一线且有心得、有想法的优秀学人,为年轻人编一套真正有帮助的"什么是……"丛书。文库有共同的目标,但不是教科书,没有固定的撰写形式。作者会在题目范围里自由发挥,各言其志,成一家之言;也会本其多年治学的体会,以深入浅出的文字,告诉你一门学问的意义,所在学门的基本内容,得到分享的研究取向,以及当前的研究现状。这是一套开放的丛书,仍在就可能的题目邀约作者,已确定的书目如下,由生活·读书·新知三联书店陆续刊行。

王汎森　《历史是一种扩充心量之学》

马　敏	《什么是博览会史》	刘翠溶	《什么是环境史》
王　笛	《什么是微观史》	孙　江	《什么是社会史》
王子今	《什么是秦汉史》	李有成	《什么是文学》
王邦维	《什么是东方学》	李伯重	《什么是经济史》
王明珂	《什么是反思性研究》	李雪涛	《什么是汉学史》
方维规	《什么是概念史》	吴以义	《什么是科学史》
邓小南	《什么是制度史》	沈卫荣	《什么是语文学》
邢义田	《什么是图像史》	张隆溪	《什么是世界文学》
朱青生	《什么是艺术史》	陆　扬	《什么是政治史》

的新史学会议，9月底复在清华大学历史系史学沙龙上做过汇报，得到与会诸君的指正。

三联书店王婧娅小姐的耐心与细致，使书稿的问题减少到最低。她的鼓励亦让我能一再坚持完善文稿，以更好的状态接受读者的检验。

书的署名虽然是我，其实汇聚了古今中外众多人士的智慧与思考。上述诸君的想法、心血与付出已融入其中，还有那些参考过、引用过的论著或资料的作者们（有些知道姓名，还有不少已无从获悉），他们也以各种方式参与到本书的写作与修改中，谨向各位致以最诚挚的谢意！当然，书中的一切错误均由我负责。本书是国家社科基金重点项目"秦汉三国时期的日常统治与国家治理"（17AZS013）的阶段性成果。

最后，要感谢富兵二十六年来的陪伴，不仅在生活上，研究的不少灵感也来自和她的交流与讨论。小书出版过程中，家父不幸去世，谨以此书献给先父，祈望他天国幸福。也祝愿家母康健安泰。这段经历，更让我体会到时间的复杂意义。

侯旭东

2019年8月31日初稿

11月27日改定于京北安宁庄

书稿粗成，饶佳荣、孙正军、李欣然、黄振萍、仇鹿鸣、魏斌兄，以及邢义田先生和李溪小姐通读过文稿，提出不少意见，帮助我澄清问题、减少误解与错讹。

2019年5月21日与6月18日"中国学术史：三访中国古代国家"课上，曾经讨论过书稿，同学们提出很多问题，促使我对不少问题再做思考。严思齐（Charlie Argon）同学惠示意见和新近的英文研究，赵耀文同学还专门帮我查找《中国近时外交史》的馆藏所在，雒晓辉同学对书稿写作提出中肯建议，诚峰兄提示我注意宋儒的工夫论，成鹏同学建议关注禅宗。

6月19日，邀请同学就书稿进行了讨论与交流，除了自己在校的所有学生，赵凯欣与郝鑫同学以及已经毕业的王彬和郭伟涛也一道参加。大家从具体材料的使用、语句的表述、问题的选择与论证，到章节安排、背后的问题与预设等等提出了相当丰富的意见，也惠示了不少参考论著。持续一天的讨论带给我更多角度的思考，推动我进一步修改完善。孙梓辛此前两次来信指出文稿中的不少讹误。

山东郯城县郯国故城遗址西墙的照片，承蒙郑同修先生惠赐，并得到刘绍刚先生与学棣张琦的大力帮助。

构思期间，曾三次讨论过提纲。最早的一次是2017年8月日本长野户隐的东京大学东洋史专攻的合宿，感谢佐川英治兄的邀请、小嶋茂稔兄的安排与付晨晨小姐费心翻译。讨论中得到窪添庆文、太田幸男、平势隆郎、佐藤智水、小寺敦与英治兄的指教；9月中又将提纲提交南京大学召开我分寸把握。1840年英国报刊上关于"The Opium War"最早的出处，求助于梅雪芹老师，得到她和陈鸣悦同学的惠助。此文能先行在《学术月刊》发表，缘于周奇兄的邀请和仇鹿鸣兄的联络。

"制度如何成为制度史"一节，先是提交浙江大学历史系组织的"教育部社会科学委员会历史学学部2018年工作会议暨新领域问题方法与历史学科的发展研讨会"（2018年10月13日），后应孙正军的邀请，曾在北京大学文研院做过讲座（2018年10月16日），得到王铭铭与刘后滨教授的点评，邢义田先生当场赐教，会后叶炜、刘后滨、范云飞、李欣然诸君来信惠示意见或论文。此文后蒙路育松社长垂青，在《中国社会科学评价》2019年第1期上刊发，审稿专家提示意见，路社费心多多，订正不少讹误。刊发前，承学棣王振华邀请，小文曾在西北大学历史学院做过报告，得到李如东、单印飞、马锋、陈跃、彭建英、刘志平、赵虎、王兰兰、贾连港、王振华等先生的指教；饶佳荣兄看过文稿，纠谬正误，避免了若干错误。5月初，论文刊发后，黄振萍兄微信提示明代资料，继续讨论制度与人的关系。

书稿写作修改过程中，先后得到郭伟涛、王彬、王安泰、阿部幸信、游逸飞、胡宝国、崔志海、赵晶、方诚峰、孙正军、孙梓辛、张琦、屈涛、陈韵青、陈怀宇、李雪梅、沈厚铎、刘乐贤、吕文浩、任平、黄正建、郭永秉等先生/小姐各个角度的帮助。

罗志田教授的邀请，创造了一个反省自己与史学的机会。没有这封电邮，不会产生这本小书。意外的旅途，闯入很多不曾涉足的领域，只要不是自我设限，也能看到别样的景色。

清华大学图书馆和历史系资料室丰富的馆藏与周到的服务，为研究创造了各种便利，让我迅速获得需要的资料，写作效率因此提高了很多。

书中部分内容曾提交给不同的会议。"日常的意味"中关于鸦片战争的反思曾分别提交"古代中国国家研究的新探索"工作坊（2018年11月18日，清华大学历史系）以及清华大学历史系党支部的月度学习（2019年5月16日），得到与会众多学者与同人的指教。应星兄评议中的追问让我回头再思何为"日常"，补充了一节内容，胡恒兄检示史料，田耕兄提醒我注意编撰方略所体现的清朝自身的大事生产机制，曹寅兄让我注意到鸦片战争同时发生的英阿战争，刺激我思考战争结局的不确定性，陈浩兄哲学高度的评论有拨云见日之感，刘永华兄会后来信示下高见，启发我细思大事件、小事件与日常的关系。支部生活会上的疑问亦促使我做更多的思考，戚学民老师关于《清史稿》成书的提示，以及张勇老师关于"鸦片之役"说法出现时间的点拨与《筹办夷务始末》流传的线索，还有倪玉平、陈争平、李春平与程钢老师的讨论，会后顾涛老师寄下有关论文、曹寅老师赠予英文著作，均惠我多多。李欣然、崔志海和王东杰兄先后看过此部分，提出很好的意见并提醒斗，寻求改变命运？"知己知彼，百战不殆"，"人皆可为尧舜"，"一阐提人皆得成佛"，"知行合一"，这些古话流传数百年甚至上千年，如今，教育的普及与市场经济为观念变成现实提供了丰富的可能，但要想梦想成真，仅凭愿望而不动脑筋却是不行的，往事是汲取智慧的宝库之一。

百余年前，清华园隔壁的圆明园里，道光帝调兵遣将，指挥清朝将士与英军作战。皇太后居住的绮春园，离清华咫尺之遥，即便沿海开战，隔数日道光依旧要到此请安。翁心存返乡侍亲前，每天要进园给六阿哥奕䜣教书。道光居住的九洲清晏，今天唯有青草蓊郁，绿树蔽日，昔日的辉煌只能到绘画与三维复原中去找寻。每次往返学校，必经圆明园墙外，高峰时人流如织，车流似潮。翻检《随手登记档》与《起居注》，道光的心绪随战况起伏跌宕，古今贯通、时空交叠，难以忘怀。

德国哲学家雅斯贝尔斯说："教育是人们灵魂的教育，而非理智知识和认识的堆积。教育的本质意味着：一棵树摇动另一棵树，一朵云摇动另一朵云，一个灵魂唤醒另一个灵魂。"教育让人们领悟方法，掌握人类积累的知识、道理、经验与教训，少走弯路，帮助人们发现自我，实现自我价值与追求。史学则是借助往事来达成此目标，重要的是唤醒灵魂，启发思考，不要只拉车不看路。多看看如何走到今天，也会有益于辨别未来往哪里走、如何走。让越来越多的人通过学习，激发思考，知道自己从哪里来，要到哪里去，该如何成就自己。

后　记

这本小书篇幅不长,却最具挑战性。从 2017 年 3 月底领受任务,到现在书稿杀青,前后二年多,近 900 天的思考与磨砺,终于迎来了曙光。今天北京碧空如洗,散发着秋日的凉爽,似乎是个好兆头。

跋涉充满艰辛,意外的风景却常带给我惊喜。追问问题之前的问题让我对史学有了更深刻的认识,对日常统治研究的意义与价值理解得更充分。

《周易》云"君子以多识前言往行,以畜其德",几乎道尽了史学的价值。不是发现、论证或复述"规律",而是让我们从前人的言行中获得感悟,思考自己的人生该如何度过,更好地认识自己、成就自己。范缜曾对南齐皇子、竟陵王萧子良说:"人之生譬如一树花,同发一枝,俱开一蒂,随风而堕,自有拂帘幌坠于茵席之上,自有关篱墙落于粪溷之侧。坠茵席者,殿下是也;落粪溷者,下官是也。"(《梁书》48/665)每个人的出生都是偶然的,自己无从操控,随着年龄、见识、能力的增长,则拥有了自主的可能。是接受命运的摆布,安分守己,还是通过自己的奋

宗福邦等主编《故训汇纂》，北京，商务印书馆，2003年

足立啓二《専制国家史論，中国史から世界史へ》，東京，柏書房，1998年

佐藤慎一《近代中国的知识分子与文明》，1996年初刊，刘岳兵译，南京，江苏人民出版社，2006年

左玉河《从四部之学到七科之学——学术分科与近代中国知识系统之创建》，上海，上海书店出版社，2004年

赵仲牧《事象、关系、过程——兼论"物"、"心"和"人"》,《思想战线》2001 年第 5 期

中国社会科学院考古研究所编《中国考古学·新石器时代卷》,北京,中国社会科学出版社,2010 年

——《中国考古学·夏商卷》,北京,中国社会科学出版社,2003 年

——《中国考古学·两周卷》,北京,中国社会科学出版社,2004 年

中国社会科学院语言研究所词典编辑室编《现代汉语词典》修订本,北京,商务印书馆,1998 年

周佳《北宋前期日朝的形成与运行》,《中国史研究》2013 年第 2 期

——《南宋基层文官履历文书考释——以浙江武义县南宋徐谓礼墓出土文书为例》,《文史》2013 年第 4 辑

周黎安《官场＋市场与中国增长故事》,《社会》2018 年第 2 期

周雪光《制度是如何思维的》,《读书》2001 年第 4 期

周一良《魏晋南北朝史学与王朝禅代》,收入氏著《魏晋南北朝史论集》,北京,北京大学出版社,1997 年

——《魏晋南北朝史札记》,北京,中华书局,1985 年

周予同《五十年来中国之新史学》,1941 年初刊,收入朱维铮编《周予同经学史论著选集》(增订本),第 2 版,上海,上海人民出版社,1996 年

周振选《西方哲学中实体思维模式的演变》,《外国哲学》第 12 辑(1993)

朱红林《史与秦汉时期的决狱制度》,《社会科学辑刊》2017 年第 1 期

朱瑞熙《中国政治制度通史》第六卷《宋代》,北京,人民出版社,1996 年

朱苏力《制度是如何形成的》增订本,北京,北京大学出版社,2007 年

朱维铮《康有为在十九世纪》,收入氏著《求索真文明——晚清学术史论》,上海,上海古籍出版社,1996 年

朱彦民《由甲骨文看"史"字本义及其早期流变》,《殷都学刊》2015 年第 4 期

张帆《回归与创新——金元》，收入吴宗国主编《中国古代官僚政治制度研究》，北京，北京大学出版社，2004年

张光直（Kwang-chih Chang）《中国青铜时代》，1979年初刊，收入氏著《中国青铜时代》，北京，生活·读书·新知三联书店，1999年

——《美术、神话与祭祀》（*Art, Myth, and Ritual: The Path to Political Authority in Ancient China*），1983年初刊，郭净译，沈阳，辽宁教育出版社，2002年

张海、陈建立《史前青铜冶铸业与中原早期国家形成的关系》，《中原文物》2013年第1期

张海鹏《晚清政治史研究的理论和方法问题》，收入《晚清政治史研究的检讨：问题与前瞻》

张海鹏、李细珠《中国近代通史》第五卷《新政、立宪与辛亥革命》，第2版，南京，江苏人民出版社，2013年

张静庐《中国近代出版史料初编》，1953年初刊，重印本，上海，上海书店，2003年

张俊民《"县泉置元康四年正月尽十二月丁卯鸡出入簿"辨析》，《敦煌研究》1995年第2期

——《悬泉汉简马匹问题研究》，收入氏著《敦煌悬泉置出土文书研究》，兰州，甘肃教育出版社，2015年

张懋镕《殷周青铜器埋藏意义考述》，《文博》1985年第5期

张汝伦《〈存在与时间〉释义》，上海，上海人民出版社，2014年

张舒《近代中国思想中的政体简化论与古史叙事》，《学海》2017年第3期

张显成、周群丽《尹湾汉墓简牍校理》，天津，天津古籍出版社，2011年

赵世瑜《结构过程·礼仪标识·逆推顺述——中国历史人类学研究的三个概念》，《清华大学学报》（哲学社会科学版）2018年第1期

赵妍杰《为国破家：近代中国家庭革命论反思》，《近代史研究》2018年第3期

赵翼《陔余丛考》，栾保群、吕宗力校点，石家庄，河北人民出版社，1990年

——《廿二史札记》，王树民校证，北京，中华书局，1984年

版)29卷2期(2002.4)
——《清代档案与官修方略》,《青海师范大学学报》(哲学社会科学版)2002年第1期
——《清代方略研究》,北京,西苑出版社,2006年
姚薇元《鸦片战争史实考》修订本,北京,人民出版社,1984年
叶启政《实证的迷思:重估社会科学经验研究》,北京,生活·读书·新知三联书店,2018年
伊格尔斯(Georg Iggers)《二十世纪的历史学》(*Historiography in the Twentieth Century—From Scientific Objectivity to the Post-Modern Challenge*),1997年初刊,何兆武译,沈阳,辽宁教育出版社,2003年
尹伊文《"制度决定论"的神话》,《读书》2008年第7期
鹰取祐司《肩水金关遗址出土的通行证》,收入鹰取祐司主编《古代中世東アジアの関所と交通制度》,東京,汲古書院,2017年
永田拓治《上计制度与"耆旧传""先贤传"的编纂》,《武汉大学学报》(人文科学版)65卷4期(2012.7)
永田英正《试论居延汉简所见的候官——以破城子出土的"诣官"簿为中心》,收入氏著《居延汉简研究》,1989年初刊,张学锋译,桂林,广西师范大学出版社,2007年
余英时《中国近世宗教伦理与商人精神》,收入氏著《士与中国文化》,上海,上海人民出版社,1987年
——《章实斋的"六经皆史"说与"朱、陆异同"论》,收入氏著《论戴震与章学诚:清代中期学术思想史研究》,北京,生活·读书·新知三联书店,2000年
——《现代儒学的回顾与展望——从明清思想基调的转换看儒学的现代发展》,收入氏著《现代儒学的回顾与展望》,北京,生活·读书·新知三联书店,2004年
——《余英时作品系列》总序,收入《朱熹的历史世界:宋代士大夫政治文化的研究》,北京,生活·读书·新知三联书店,2004年
——《宋明理学与政治文化》,长春,吉林出版集团有限公司,2008年
张德泽《故宫文献馆所藏之清代外交史料》,《辅仁学志》8卷2期(1939.12)

文明自选集》，北京，首都师范大学出版社，2017年

严志斌《商代青铜器铭文研究》，上海，上海古籍出版社，2017年

杨国荣《"事"与人的存在》，《中国社会科学》2019年第7期

杨泓《战车与车战》，1977年初刊

——《战车与车战二论》，2000年初刊，均收入氏著《中国古兵与美术考古论集》，北京，文物出版社，2007年

——《古代兵器通论》，北京，紫禁城出版社，2005年

杨念群《章学诚的"经世"观与清初"大一统"意识形态的建构》，2008年初刊，收入氏著《何处是"江南"：清朝正统观的确立与士林精神世界的变异》，北京，生活·读书·新知三联书店，2010年

——《"理论旅行"状态下的中国史研究》

——《"市民社会"研究的一个中国案例》，均收入氏著《昨日之我与今日之我——当代史学的反思与阐释》，北京，北京师范大学出版社，2013年

杨齐福《咸与维新：清末高等小学历史教科书编撰述论》，《教育史研究》2017年第3期

杨儒宾《儒家身体观》，修订二版，台北，"中央研究院"中国文哲研究所，2003年

杨善华主编《当代西方社会学理论》，北京，北京大学出版社，1999年

杨升南《卜辞"立事"说——兼谈商代的战法》，《殷都学刊》1984年第2期

杨树达《汉书窥管》，上海，上海古籍出版社，2006年

杨天宇《略述中国古代的〈周礼〉学》，1994年初刊，收入氏著《经学探研录》，上海，上海古籍出版社，2004年

杨锡开、管恩洁《从考古发现看东夷郯国》，《中国文物报》2013年9月13日第6版

杨向奎《中国古代墓志义例研究》，北京，中国社会科学出版社，2018年

杨正泰《明代驿站考》，1994年初版，增订本，上海，上海古籍出版社，2006年

姚继荣《清代方略馆与官修方略》，《山西师大学报》（社会科学

入氏著《画为心声：画像石、画像砖与壁画》，北京，中华书局，2011年
——《汉代简牍的体积、重量和使用——以中研院史语所藏居延汉简为例》，2007年初刊，收入氏著《地不爱宝：汉代的简牍》
——《秦或西汉初和奸案中所见的亲属伦理关系》，2008年初刊，收入氏著《天下一家：皇帝、官僚与社会》，北京，中华书局，2011年
徐畅《存世唐代告身及其相关研究述略》，《中国史研究动态》2012年第3期
徐复观《周官成立之时代及其思想性格》，收入氏著《徐复观论经学史两种》，上海，上海书店出版社，2004年
许宏《礼制遗存与礼乐文化的起源》，《古代文明》第3辑（2004）
——《何以中国：公元前2000年的中原图景》，北京，生活·读书·新知三联书店，2014年
许倬云《传统中国社会经济史的若干特性》，1980年初刊，后收入氏著《求古编》，1984年初刊，简体版，北京，新星出版社，2006年
——《万古江河》，上海，上海文艺出版社，2006年
薛梦潇《早期中国的月令与"政治时间"》，上海，上海古籍出版社，2018年
阎步克《品位与职位——秦汉魏晋南北朝官阶制度研究》，北京，中华书局，2002年
——《从爵本位到官本位：秦汉官僚品位结构研究》，北京，生活·读书·新知三联书店，2009年
——《波峰与波谷——秦汉魏晋南北朝的政治文明》，北京，北京大学出版社，2009年；第2版，2017年
——《中国古代官阶制度引论》，北京，北京大学出版社，2010年
——《一般与个别：论中外历史的会通》，《文史哲》2015年第1期
阎鸿中《职分与制度——钱宾四与中国政治史研究》，《台大历史学报》第38期（2006.12）
严文明《中国史前文化的统一性与多样性》，1987年初刊
——《东亚文明的黎明——中国文明起源的探索》，1998年初刊
——《早期中国说》，2013年完成，均收入氏著《求索文明源：严

吴丽娱《论中古养老礼仪式的继承与兴衰——兼析上古宾礼之遗存废弃与皇帝的礼仪地位》,《文史》2013年第4辑

吴琦、马良怀《"方志乃一方全史"——章学诚方志理论视野与区域社会史研究》,收入中国历史文献研究会编《章学诚国际学术研讨会论文集》,北京,北京图书馆出版社,2004年

吴思《官家主义这个词》

——《官家主义和血酬史观》,均收入氏著《我想重新解释历史:吴思访谈录》,上海,复旦大学出版社,2011年

吴文藻《现代社区实地研究的意义和功用》,1935年初刊

——《社区的意义与社区研究的近今趋势》,1936年初刊

——《中国社区研究计划的商榷》,1936年初刊,均收入氏著《论社会学中国化》,北京,商务印书馆,2010年

吴也东《晚清中小学历史教科书与近代国家观念的塑造》,硕士论文,朱煜指导,扬州大学,2015年

西嶋定生《东亚世界的形成》,1970年初刊,中译本收入刘俊文主编《日本学者中国史论著选译》第二卷,北京,中华书局,1993年

夏宏图《清代起居注的纂修》,《档案学研究》1996年第3期

夏曾佑《最新中学中国历史教科书》,1904、1906年初刊,再版,北京,东方出版社,2012年

萧功秦《危机中的变革:清末政治中的激进与保守》,1999年初版,再版,广州,广东人民出版社,2011年

萧致治主编《鸦片战争与林则徐研究备览》,武汉,湖北人民出版社,1995年

谢保成《隋唐五代史学》,厦门,厦门大学出版社,1995年

——《增订中国史学史》,北京,商务印书馆,2016年

谢贵安《清实录研究》,上海,上海古籍出版社,2013年

邢义田《从"如故事"和"便宜从事"看汉代行政中的经常与权变》,1986年初刊,修改稿收入氏著《治国安邦:法制、行政与军事》,北京,中华书局,2011年

——《罗马帝国的"居延"与"敦煌"——英国雯都兰达出土的驻军木牍文书》,1993年初刊,收入氏著《地不爱宝:汉代的简牍》,北京,中华书局,2011年

——《汉代画像中的"射爵射侯图"》,2000年初刊,修改稿收

雷蒙·威廉斯（Raymond Williams）《关键词：文化与社会的词汇》（*Keywords: a Vocabulary of Culture and Society*），1976 年初刊，刘建基译，北京，生活·读书·新知三联书店，2005 年

维特根斯坦（Ludwig Wittgenstein）《哲学研究》（*Philosophical Investigations*），1953 年初刊，李步楼译，北京，商务印书馆，1996 年

马克斯·韦伯（Max Weber）《中国的宗教：儒教与道教》（*Konfuzianismus und Taoismus*），1915 年初刊，简惠美译，桂林，广西师范大学出版社，2010 年

——《经济与社会》（*Economy and Society*），阎克文译，上海，上海人民出版社，2010 年

尾形勇等主编《歴史学事典》第六卷，東京，弘文堂，1999 年

魏峰《宋代印纸批书试论——以新发现"徐谓礼文书"为例》，《文史》2013 年第 4 辑

魏丕信（Pierre-Etienne Will）《18 世纪中国的官僚制度与荒政》（*Bureaucratie et famine en Chine au 18ᵉ siècle*），1980 年初刊，徐建青译，南京，江苏人民出版社，2003 年

魏希德（Hilde De Weerdt）《重塑中国政治史》（*Reinventing Chinese Political History*），中译本，收入《汉学研究通讯》34 卷 2 期（2015.5）

温春来《身份、国家与记忆：西南经验》，北京，北京师范大学出版社，2018 年

文勇《制度决定论的贫困：对近代中国立宪政治失败的原因分析》，《浙江学刊》1999 年第 6 期

沃尔什（W. H. Walsh）《历史哲学——导论》（*Philosophy of History: an Introduction*），1967 年修订版，何兆武等译，桂林，广西师范大学出版社，2001 年

Wolf, Eric R. *Europe and the People without History*. Berkeley and Los Angeles: University of California Press, 1982

邬文玲《居延新简释文补遗（四则）》，《出土文献研究》第十七辑（2018）

吴葆诚编译《东西洋历史教科书》，上海，文明书局，1904 年

吴励生《思想中国——现代性民族国家重构的前沿问题》，北京，商务印书馆，2011 年

2005年

王汎森《清末的历史记忆与国家建构》,1996年初刊,收入氏著《中国近代思想与学术的系谱》,增订版,上海,上海三联书店,2018年

——《什么可以成为历史证据——近代中国新旧史料观点的冲突》,1997年初刊,收入氏著《近代中国的史家与史学》,上海,复旦大学出版社,2010年

——《日谱与明末清初思想家》,1998年初刊,后收入氏著《晚明清初思想十论》,上海,复旦大学出版社,2004年

——《晚清的政治概念与"新史学"》,2000年初刊,收入氏著《近代中国的史家与史学》

——《引论:中国近代思想文化史研究的若干思考》,2003年发表,收入氏著《中国近代思想与学术的系谱》,增订版

王贵民《说邲史》,收入胡厚宣等著《甲骨探史录》,北京,生活·读书·新知三联书店,1982年

王启发《在经典与政治之间——王安石变法对〈周礼〉的具体实践》,《湖南大学学报》(社会科学版)2007年第2期

王晴佳《为什么情感史研究是当代史学的一个新方向?》,《史学月刊》2018年第4期

王晓秋《鸦片战争在日本的反响》,《近代史研究》1986年第3期

王雪卿《静坐、读书与身体:理学工夫论之研究》,台北,万卷楼图书股份有限公司,2015年

王也扬、赵庆云《当代中国近代史理论研究》,北京,中国社会科学出版社,2016年

王震中《祭祀、战争与国家》,《中国史研究》1993年第3期

——《中国古代国家的起源与王权的形成》,北京,中国社会科学出版社,2013年

王志明《雍正朝官僚制度研究》,上海,上海古籍出版社,2007年

王仲荦《北周六典》,北京,中华书局,1979年

王子今《敦煌悬泉置遗址出土〈鸡出入簿〉小议——兼说汉代量词"只""枚"的用法》,《考古》2003年第12期

王子杨《甲骨文字形类组差异现象研究》,上海,中西书局,2013年

Theory. Vol.3.3(Sep.2013)

覃波《〈钦定剿平粤匪方略〉编纂研究》,《历史档案》1998 年第 4 期

檀上宽《明代海禁＝朝貢システムと華夷秩序》,京都,京都大学出版会,2013 年

汤志彪《略论里耶秦简中令史的职掌与升迁》,《史学集刊》2017 年第 2 期

唐少杰《说"事"》,《清华大学学报》(哲学社会科学版) 2011 年第 5 期

唐文明《摆脱秦政:走向共和的内在理由》,《文史哲》2018 年第 4 期

田余庆《拓跋史探》,北京,生活·读书·新知三联书店,2003 年

涂尔干与莫斯(Emile Durkheim and Marcel Mauss)《原始分类》(*De Quelques Formes Primitives de Classification*),1903 年初刊,汲喆译,渠东校,上海,上海人民出版社,2000 年

汪桂海《汉代官文书制度》,南宁,广西教育出版社,1999 年

汪晖《现代中国思想的兴起》,2004 年初刊,第 3 版,北京,生活·读书·新知三联书店,2015 年

王葆玹《今古文经学新论》,北京,中国社会科学出版社,1999 年

王彬《汉晋间名刺、名谒的书写及其交往功能》,《出土文献》第八辑(2016.4)

王斌帅《秦汉县廷令史研究》,硕士论文,东北师范大学历史学院,王彦辉指导,2017 年

王德权《古代中国体系的抟成——关于许倬云先生"中国体系网络分析"的讨论》,《新史学》14 卷 1 期 (2003.3)

——《东京与京都之外》,《新史学》17 卷 1 期 (2006.3)

——《"核心集团与核心区"理论的检讨——关于古代中国国家权力形成的一点思考》,《政治大学历史学报》25 (2006.5)

王尔敏《道咸两朝中国朝野之外交知识》,1958 年完成

——《清季人物托古改制论》,1960 年完成

——《晚清士大夫对于近代民主政治的认识》,1961 年完成,均收入氏著《晚清政治思想史论》,桂林,广西师范大学出版社,

of not being governed: Ananarchist history of upland southeast Asia》,2009年初刊,王晓毅译,北京,生活·读书·新知三联书店,2016年(此版本作者名写作"詹姆士")
——《六论自发性:自主、尊严,以及有意义的工作和游戏》(*Six Essay on Autonomy, Dignity, and Meaningful Work and Play*),2012年初刊,袁子奇译,北京,社会科学文献出版社,2019年

司徒琳(Lynn A. Struve)主编《世界时间与东亚时间中的明清变迁》(*The Qing Formation in World-Historical Time. Time, Temporality, and Imperial Transition: East Asia from Ming to Qing*),2004、2005年初刊,北京,生活·读书·新知三联书店,2009年

宋镇豪《商代史论纲》,北京,中国社会科学出版社,2011年

苏秉琦《中国文明起源新探》,北京,生活·读书·新知三联书店,1999年

孙国东、杨晓畅主编《检视"邓正来问题":〈中国法学向何处去〉评论文集》,北京,中国政法大学出版社,2011年

孙美堂《从实体思维到实践思维——兼谈对存在的诠释》,《哲学动态》2003年第9期

孙庆伟《鼏宅禹迹:夏代信史的考古学重建》,北京,生活·读书·新知三联书店,2018年

孙晓林《关于唐前期西州设"馆"的考察》,《魏晋南北朝隋唐史资料》第十一辑(1991)

孙正军《魏晋南北朝史研究中的史料批判研究》,《文史哲》2016年第1期

——《从〈百官志〉到〈职官志〉——中国古代官制叙述模式转变之一瞥》,待刊稿

Szonyi, Michael, *The Art of Being Governed: Everyday Politics in Late Imperial China,* Princeton: Princeton University Press, 2017

查尔斯·泰勒(Charles Taylor)《自我的根源:现代认同的形成》(*Sources of the Self: the making of the modern identity*),1989年初刊,韩震等中译,南京,译林出版社,2008年

Tambiah, Stanley J. "The galactic polity in Southeast Asia," First published in 1973, reprinted, *HAU: Journal of Ethnographic*

实践的艺术》、《日常生活实践 2. 居住与烹饪》(*L'invention du quotidian 1. arts de faire 2. harbiter, cuisiner*), 1980年初刊, 方琳琳、黄春柳、冷碧莹译, 南京, 南京大学出版社, 2014、2015年

桑兵《晚清民国的知识与制度体系转型》,《中山大学学报》(社会科学版)2004年第6期

——《分科的学史与分科的历史》,《中山大学学报》(社会科学版)2010年第4期

——《清季变政与日本》,《江汉论坛》2012年第5期

Schwartz, Benjamin I, *China and other Matters*, Cambridge, MA: Harvard University Press, 1996

山口久和《章学诚的知识论：以考证学批判为中心》, 1998年初刊, 王标译, 上海, 上海古籍出版社, 2006年

上田信《被展示的尸体》, 王晓葵译, 收入孙江主编《事件·记忆·叙述》, 杭州, 浙江人民出版社, 2004年

沈兼士《"鬼"字原始意义之试探》附录, 收入葛益信、启功编《沈兼士学术论文集》, 北京, 中华书局, 1986年

沈松侨《国权与民权：晚清的"国民"论述, 1895—1911》,《史语所集刊》73本4分（2002）

——《召唤沉默的亡者：我们需要怎样的国族历史》,《台湾社会科学季刊》第57期（2005.3）

圣凯《晋唐弥陀净土的思想与信仰》, 北京, 中国社会科学出版社, 2009年

史景迁（Jonathan D. Spence）《王氏之死：大历史背后的小人物命运》(*The Death of Woman Wang*), 1978年初刊, 李孝恺译, 李孝悌校, 桂林, 广西师范大学出版社, 2011年

阿尔弗雷德·舒茨（Alfred Schutz）《社会世界的意义构成》(*Der Sinnhafte Aufbau Der Sozialen Welt*), 1932年初刊, 游淙祺译, 北京, 商务印书馆, 2012年

詹姆斯·斯科特（James C. Scott）《弱者的武器：农民反抗的日常形式》(*Weapons of the Weak: Everyday Forms of Peasant Resistance*), 1985年初刊, 郑广怀、张敏、何江穗译, 郭于华、郇建立校, 南京, 译林出版社, 2011年

——《逃避统治的艺术：东南亚高地的无政府主义历史》(*The art*

2000年

秦晖《"大共同体本位"与传统中国社会——兼论中国走向公民社会之路》,1999年初刊,收入氏著《传统十论》,上海,复旦大学出版社,2003年

秦涛《律令时代的"议事以制":汉代集议制研究》,北京,中国法制出版社,2018年

邱龙升《两汉镜铭文字研究》,北京,中国社会科学出版社,2012年

仇鹿鸣《"攀附先世"与"伪冒士籍"——以渤海高氏为中心的研究》,《历史研究》2008年第2期

瞿林东《直书与曲笔》,《吉林大学学报》(社会科学版)1979年第4期

瞿同祖《中国法律与中国社会》,1947年初刊,重印本,北京,中华书局,1981年

饶宗颐《中国史学上之正统论》,1977年初刊,再版,上海,上海远东出版社,1996年

任达(Douglas R. Reynolds)《新政革命与日本:中国,1898—1912》(*China, 1898 - 1912: The Xinzheng Revolution and Japan*),1993年初刊,李仲贤译,第2版,南京,江苏人民出版社,2006年

任石《北宋元丰以前日常朝参制度考略》,《文史》2015年第3辑

任智勇《第一次鸦片战争史研究的几个问题》,收入中国社会科学院近代史研究所政治史研究室编《晚清政治史研究的检讨:问题与前瞻》,北京,社会科学文献出版社,2014年

Ricoeur, Paul, *Time and Narrative*. Vol. 3 "Narrated time," Trans. Kathleen Blamey and David Pellauer. Chicago: University of Chicago Press, 1985

马歇尔·萨林斯(Marshall Sahlins)《历史之岛》(*Islands of History: Historical Metaphors and Mythical Realities*),1985年初刊,蓝达居、张宏明、黄向春、刘永华译,上海,上海人民出版社,2003年

——《他者的时代、他者的风俗:历史人类学》,收入氏著《历史之岛》

米歇尔·德·塞托(Michel de Certeau)等著《日常生活实践 1.

马赛尔·毛斯（Marcel Mauss）《一种人的精神范畴：人的概念，"我"的概念》，1938年初刊，收入氏著《社会学与人类学》（*Sociologic et anthropologie*），1950年初刊，佘碧平译，上海，上海译文出版社，2003年

Merton, Robert K, "The Unanticipated consequences of purposive social action," *American Sociological Review* 1.6 (Dec., 1936)

Morgan, Carole, "The Chinese game of *Shengguan tu*," *Journal of the American Oriental Society* 124.3 (2004)

倪德卫（David Nivison）《章学诚的生平及其思想》（*The Life and Thought of Chang Hsüeh-ch'eng 1738-1801*），1966年初刊，杨立华译，南京，江苏人民出版社，2008年

籾山明《秦漢出土文字史料の研究—形態·制度·社会—》，東京，創文社，2015年

Nuzzo, Regina, "Profile of Frans B. M. de Waal," *PNAS* 102.32 (Aug. 9, 2005): 11137-11139; https://doi.org/10.1073/pnas.0505686102

彭刚《叙事的转向：当代西方史学理论的考察（第二版）》，北京，北京大学出版社，2017年

彭国翔《阳明学的政治取向、困境和分析》，《深圳社会科学》2019年第3期

Pike, Kenneth L, *Language in relation to a unified theory of the structure of human behavior*, Glendale, CA: Summer Institute of Linguistics, 1954

Puett, Michael J, *To Become a God: Cosmology, Sacrifice, and Self-Divinization in Early China*, Cambridge: Harvard University Asia Center, 2002

齐思和《晚清史学的发展》，1949年初刊，收入氏著《中国史探研》，石家庄，河北教育出版社，2000年

钱茂伟主编《浙东史学研究述评》，北京，海洋出版社，2009年

钱穆《中国历史研究法》，北京，生活·读书·新知三联书店，2001年

——《历史教育几点流行的误解》，1941年11月初刊，收入《中国历史研究法》附录

——《中国史学名著》，北京，生活·读书·新知三联书店，

中国人民大学出版社，2012年

罗素（Bertrand Arthur William Russell）《西方哲学史》（*A History of Western Philosophy*），1945年初刊，何兆武译，北京，商务印书馆，1963年

罗新《王化与山险——中古早期南方诸蛮历史命运之概观》，《历史研究》2009年第2期

罗振玉《殷墟书契考释》，1915年初刊，影印本，收入《殷墟书契考释三种》，北京，中华书局，2006年

罗志田《国家与学术：清季民初关于"国学"的思想论争》，北京，生活·读书·新知三联书店，2003年

落合淳思《殷——中国史最古の王朝》，東京，中央公論新社，2015年

MacFarquhar, Roderick, "In Memoriam: Stuart Reynolds Schram, 1924-2012," *China Quarterly*, 212 (Dec. 2012)

马克思《〈政治经济学批判〉导言》，1857年完成，收入《马克思恩格斯选集》第二卷，第3版，北京，人民出版社，2012年

马克思、恩格斯《费尔巴哈》，1846年完成，中译本，北京，人民出版社，1988年

——《共产党宣言》，1848年初刊，收入《马克思恩格斯选集》第一卷，第3版

马凌诺斯基（Bronislaw Malinowski）《西太平洋的航海者》（*Argonauts of the Western Pacific*），1922年初刊，梁永佳、李绍明译，北京，华夏出版社，2002年

艾伦·麦克法兰（Alan Macfarlane）《英国个人主义的起源：家庭、财产和社会转型》（*The origins of English individualism*），1978年初刊，管可秾译，北京，商务印书馆，2013年

C. B. 麦克弗森（Crawford Brough Macpherson）《占有性个人主义的政治理论》（*The Political Theory of Possessive Individualism: Hobbes to Locke*），1962年初刊，张传玺译，杭州，浙江大学出版社，2018年

孟彦弘《唐代的驿、传送与转运》，2006年初刊，收入氏著《出土文献与汉唐典制研究》，北京，北京大学出版社，2015年

茅海建《天朝的崩溃：鸦片战争再研究》，1995年初刊，修订版，北京，生活·读书·新知三联书店，2014年

2 期

刘志伟《王朝贡赋体系与经济史》，收入林文勋、黄纯艳主编《中国经济史研究的理论与方法》，北京，中国社会科学出版社，2017 年

刘志伟、孙歌《在历史中寻找中国——关于区域史研究认识论的对话》，2014 年初刊，简体版，上海，东方出版中心，2016 年

楼劲《〈周礼〉与北魏开国建制》，2007 年初刊，后修改收入氏著《北魏开国史探》，北京，中国社会科学出版社，2017 年

——《魏晋南北朝隋唐立法与法律体系：敕例、法典与唐法系源流》，北京，中国社会科学出版社，2014 年

鲁才全《唐代的驿家和馆家试释》，《魏晋南北朝隋唐史资料》第六辑（1984）

鲁家亮《里耶秦简所见秦迁陵县的令史》，《简牍学研究》第七辑（2018.9）

鲁西奇《释"蛮"》，2008 年初刊，后收入氏著《人群·聚落·地域社会：中古南方史地初探》，厦门，厦门大学出版社，2012 年

——《人为本位：中国历史学研究的一种可能路径》，《厦门大学学报》（哲学社会科学版）2014 年第 2 期

——《中国历史的空间结构》，桂林，广西师范大学出版社，2014 年

陆懋德《史学方法大纲》，1945 年初刊，重印本，北京，北京师范大学史学研究所资料室，1980 年

吕景琳、若亚《略论明代驿传之役》，收入中国明史学会编《明史研究》第 5 辑（1997）

吕世浩《从〈史记〉到〈汉书〉——转折过程与历史意义》，台北，台湾大学出版中心，2009 年

吕思勉《历史研究法》，1945 年初刊，重印本，收入《吕著史学与史籍》，上海，华东师范大学出版社，2002 年

——《中国制度史》，上海，上海教育出版社，1985 年

——《吕思勉读史札记》，增订本，上海，上海古籍出版社，2005 年

罗嘉昌《从物质实体到关系实在》，1996 年初刊，再版，北京，

刘禾（Lydia H. Liu）《跨语际实践：文学，民族文化与被译介的现代性（中国，1900—1937）》（*Translingual Practice: Literature, National Culture, and Translated Modernity-China, 1900‑1937*），1995年初刊，宋伟杰译，修订译本，北京，生活·读书·新知三联书店，2008年

刘后滨《汉唐政治制度史中政务运行机制研究述评》，《史学月刊》2012年第8期

——《因革损益——中国制度文化的内在精神》，《中国社会科学报》第1243期（2017.7.7）

刘剑涛《现象学与日常生活世界的社会科学》，上海，上海三联书店，2017年

刘莉（Li Liu）《中国新石器时代：迈向早期国家之路》（*The Chinese Neolithic: Trajectories to Early States*），2004年初刊，陈星灿等译，北京，文物出版社，2007年

刘龙心《学术与制度：学科体制与现代中国史学的建立》，北京，新星出版社，2007年

刘师培《中国历史教科书》，收入《刘师培全集》第四册，影印《刘申叔遗书》本，北京，中央党校出版社，1997年

刘文鹏《清代驿传及其与疆域形成关系之研究》，北京，中国人民大学出版社，2004年

——《清代驿站考》，北京：人民出版社，2019年

刘晓满《秦汉令史考》，《南都学坛》2011年第4期

刘永华《明代匠籍制度下匠户的户籍与应役实态——兼论王朝制度与民众生活的关系》，《厦门大学学报》（哲学社会科学版）2014年第2期

——《物：多重面向、日常性与生命史》，2016年初刊，后收入氏著《时间与主义》，北京，北京师范大学出版社，2018年

——《排日账与19世纪徽州乡村社会研究——兼谈明清社会史研究的方法与史料》，《学术月刊》2018年第4期

刘泽华、汪茂和、王兰仲《专制权力与中国社会》，长春，吉林文史出版社，1988年

刘泽华、王连升《中国封建君主专制制度的形成及其在经济发展中的作用》，《中国史研究》1981年第4期

刘泽华《中国政治思想史研究之思路》，《学术月刊》2008年第

李文杰《清代的"早朝"——御门听政的发展及其衰微》,《故宫博物院院刊》2016年第1期

——《清代同光年间的早朝》,《文史》2018年第2辑

李学勤主编《字源》,天津,天津古籍出版社,2012年

李振宏《中国政治思想史研究中的王权主义学派》,《文史哲》2013年第4期

李治安《元代政治制度研究》,北京,人民出版社,2003年

李宗焜《甲骨文字编》,北京,中华书局,2012年

梁满仓《魏晋南北朝五礼制度考论》,北京,社会科学文献出版社,2009年

梁启超《中国专制政治进化史论》,1899年初刊,收入《饮冰室合集》文集之九,北京,中华书局,1989年

——《中国史叙论》,1901年初刊,收入夏晓虹等校《新史学》,北京,商务印书馆,2014年

——《新史学》,《新民丛报》第一号(1902)

——《中国历史研究法》,1922年初刊,再版,上海,上海古籍出版社,1987年

——《中国近三百年学术史》,1926年初刊,北京,东方出版社,1996年

——《中国历史研究法补编》,收入氏著《中国历史研究法》

梁漱溟《中国文化要义》,1948年初刊,再版,上海,学林出版社,1987年

亨利·列斐伏尔(Henri Lefebvre)《日常生活批判》(*Critique de la vie Quotidienne*)三卷,1945年初刊,叶齐茂、倪晓辉译,北京,社会科学文献出版社,2018年

林昌丈《汉魏六朝"郡记"考论——从"郡守问士"说起》,《厦门大学学报》(哲学社会科学版)2018年第1期

林锋《重事:章学诚的文史统合之道》,《中南大学学报》(社会科学版)2017年第3期

林素清《两汉镜铭所见吉语研究》,收入《汉代文学与思想学术研讨会论文集》,台北,文史哲出版社,1991年

凌鹏《井田制研究与近代中国——20世纪前半期的井田制研究及其意义》,《社会学研究》2016年第4期

刘长东《晋唐弥陀净土信仰研究》,成都,巴蜀书社,2000年

Koselleck, Reinhart, "Time and History," in *The Practice of Conceptual History: timing history, spacing concepts*, Trans. by Todd Samuel Presner and et al. Stanford: Stanford University Press, 2002

——"Concept of Historical Time and Social History," in *The Practice of Conceptual History: timing history, spacing concepts*

蓝诗玲（Julia Lovell）《鸦片战争》（*The Opium War: Drugs, Dream and the making of China*），2011年初刊，刘悦斌译，北京，新星出版社，2015年

Le Goff, Jacques, *Time, Work, and Culture in the Middle Ages*, Chicago: Chicago University Press, 1980

连云港市博物馆、中国文物研究所编《尹湾汉墓简牍综论》，北京，科学出版社，1999年

李德顺《21世纪人类思维方式的变革趋势》，《社会科学辑刊》2003年第1期

李贵连《沈家本年谱长编》，济南，山东人民出版社，2010年

李怀印（Huaiyin Li）《重构近代中国：中国历史写作中的想象与真实》（*Reinventing Modern China: Imagination and Authenticity in Chinese Historical Writing*），2013年初刊，岁有生、王传奇译，北京，中华书局，2013年

李纪祥《袁枢〈通鉴纪事本末〉与"纪事本末体"》，收入氏著《时间·历史·叙事——史学传统与历史理论再思》，台北，麦田出版，2001年

李建民《发现古脉——中国古典医学与数术身体观》，2000年初刊，简体版，北京，社会科学文献出版社，2007年

李锦绣《唐代财政史稿》，1995年初刊，再版，北京，社会科学文献出版社，2007年

李零《视日、日书和叶书——三种简帛文献的区别和定名》，《文物》2008年第12期

李猛《迈向关系/事件的社会学分析：一个导论》，1997年初刊，后收入谢立中主编《结构-制度分析，还是过程-事件分析？》，北京，社会科学文献出版社，2010年

李圃主编《古文字诂林》，上海，上海教育出版社，2001年

李天虹《居延汉简簿籍分类研究》，北京，科学出版社，2003年

家瑄译,北京,中央编译出版社,2000年

汉斯-格奥尔格·伽达默尔(Hans-George Gadamer)《真理与方法》(Wahrheit und Methode),1960年初刊,修订译本,洪汉鼎译,北京,商务印书馆,2016年

贾小叶《戊戌时期的学术与政治——以康有为"两考"引发的不同反响为中心》,《近代史研究》2010年第6期

蒋廷黻《中国近代史》,1939年初刊,再版,北京,中华书局,2016年

金观涛、刘青峰《观念史研究——中国现代重要政治术语的形成》,香港,香港中文大学出版社,2008年

金桂桃《"右件""前件""上件"考》,《武汉大学学报》(人文科学版)59卷2期(2006.3)

——《唐至清的量词"件"》,《长江学术》2006年第1期

金毓黻《中国史学史》,1944年初刊,石家庄,河北教育出版社,2000年

金岳霖《冯友兰〈中国哲学史〉审查报告》,1934年初刊,收入金岳霖学术基金会编《金岳霖全集》第二卷,北京,人民出版社,2013年

久保田和男《宋代时法与开封的早晨》,2002年初刊,后收入氏著《宋代开封研究》,郭万平译,上海,上海古籍出版社,2010年

康有为《孔子改制考》,1898年初刊,第2版,北京,中华书局,2012年

——《官制议》,1902—1904年发表,收入姜义华、张荣华编校《康有为全集》第七集,北京,中国人民大学出版社,2007年

柯马丁(Martin Kern)《从青铜器铭文、〈诗经〉、〈尚书〉看西周祖先祭祀的演变》,2009年初刊,陈彦辉、赵雨柔译,《国际汉学》2019年第1期

孔飞力(Philip A. Kuhn)《叫魂:1768年中国妖术大恐慌》(Soulstealers: The Chinese Sorcery Scare of 1768),1990年初刊,陈兼、刘昶译,上海,上海三联书店,2014年

——《中国现代国家的起源》(Origins of the Modern Chinese State),2002年初刊,陈兼、陈之宏译,北京,生活·读书·新知三联书店,2013年

2017年

华勒斯坦（Immanuel Wallerstein）等《开放社会科学：重建社会学报告书》（*Open the Social Sciences*），刘锋译，北京，生活·读书·新知三联书店，1997年

海登·怀特（Hayden White）《元史学：十九世纪欧洲的历史想像》（*Metahistory: The Historical Imagination in Nineteenth-century Europe*），1973年初刊，陈新译、彭刚校，南京，译林出版社，2004年

荒川正晴《ユーラシアの交通·交易と唐帝國》，2000年初刊，名古屋，名古屋大学出版会，2010年

黄川田修《华夏系统国家群之诞生——讨论所谓"夏商周"时代之社会结构》，《三代考古》三（2009）

黄玮杰《马克思与维特根斯坦的相遇》，《世界哲学》2016年第3期

黄兴涛《重塑中华：近代中国"中华民族"观念研究》，北京，北京师范大学出版社，2017年

黄应贵主编《人观、意义与社会》，台北，"中央研究院"民族研究所，1993年

黄宇和《21世纪初西方鸦片战争研究反映的重大问题——从近年所见的三部鸦片战争史研究著作说起》，《清华大学学报》（哲学社会科学版）2013年第1期

黄展岳《古代人牲人殉通论》，北京，文物出版社，2004年

Jensen, Jeppe Sinding, "Revisiting the Insider-Outsider Debate: Dismantling a Pseudo-problem in the Study of Religion," *Method & Theory in the Study of Religion*, 23.1(2011)

安东尼·吉登斯（Anthony Giddens）《社会的构成：结构化理论大纲》（*The Constitution of Society*），1984初刊，李康、李猛译，王铭铭校，北京，生活·读书·新知三联书店，1998年

——《民族-国家与暴力》（*The Nation-state and violence*），1985年初刊，胡宗泽、赵力涛译，王铭铭校，北京，生活·读书·新知三联书店，1998年

吉尔兹（Clifford Geertz）《文化持有者的内部眼界：论人类学理解的本质》，收入氏著《地方性知识》（*Local Knowledge: Further Essays in Interpretive Anthropology*），1983年初刊，王海龙、张

2015年第4期

——《皇帝的无奈：西汉末年的传置开支与制度变迁》，《文史》2015年第2辑（总111辑）

——《长沙走马楼吴简〈竹简〉（贰）"吏民人名年纪口食簿"复原的初步研究》，《中华文史论丛》2009年第1期（总第93期）

——《长沙走马楼吴简"嘉禾六年（广成乡）弦里吏民人名年纪口食簿"集成研究：三世纪初江南乡里管理一瞥》，2013年初刊，以上两文最新的修订本收入长沙简牍博物馆编《走马楼吴简研究论文精选》上，长沙，岳麓书社，2016年

——《籾山明著〈秦漢出土文字史料の研究—形態・制度・社会—〉》，《日本秦汉史研究》18号（2017.11），中文版收入《简帛研究二〇一七（秋冬卷）》，桂林，广西师范大学出版社，2018年

——《汉代西北边塞它官兼行候事如何工作？》，收入张德芳主编《甘肃省第三届简牍学国际学术研讨会论文集》，上海，上海辞书出版社，2017年

——《湖南长沙走马楼三国吴简性质新探——从〈竹简肆〉涉米簿书的复原说起》，收入长沙简帛博物馆编《长沙简帛研究国际学术研讨会论文集》，上海，中西书局，2017年

——《湖南長沙走馬楼三国呉簡の性格についての新解釈》，收入藤田勝久、關尾史郎編《簡牘が描く中国古代の政治と社会》，東京，汲古書院，2017年

——《宠：信—任型君臣关系与西汉历史的展开》，北京，北京师范大学出版社，2018年

胡丹《明代早朝述论》，《史学月刊》2009年第9期

——《明代的朝会与"懒朝"》，《紫禁城》2008年第9期

胡鸿《能夏则大与渐慕华风，政治体视角下的华夏与华夏化》，北京，北京师范大学出版社，2017年

胡戟等主编《二十世纪唐研究》，北京，中国社会科学出版社，2002年

胡平生、张德芳《敦煌悬泉汉简释粹》，上海，上海古籍出版社，2001年

胡适等《井田制度有无之研究》，上海，华通书局，1930年

胡永鹏编著《西北边塞汉简编年》，福州，福建人民出版社，

年初刊，施忠连译，南京，江苏人民出版社，1999年

郝时远《中文"民族"一词源流考辨》，《民族研究》2004年第6期

郝树声、张德芳《悬泉汉简研究》，兰州，甘肃文化出版社，2009年

阿格妮丝·赫勒（Agens Heller）《日常生活》（*Everyday Life*），1970年初刊，1984年英文版，衣俊卿译，重庆，重庆出版社，1990年

Headland, Thomas N. Kenneth L. Pike, and Marvin Harris eds., *Emics and Etics. The Insider/Outsider Debate*, Newbury Park, CA: SAGE Publications, 1990

侯旭东《汉魏六朝父系意识的成长与"宗族"》，2003年初刊，收入氏著《北朝村民的生活世界：朝廷、州县与村里》，北京，商务印书馆，2005年

——《传舍使用与汉帝国的日常统治》，《中国史研究》2008年第1期；后收入陈苏镇主编《中国古代政治文化研究》，北京，北京大学出版社，2009年

——《中国古代专制说的知识考古》，2008年初刊，收入氏著《近观中古史：侯旭东自选集》，上海，中西书局，2015年

——《北魏对待境内胡族的政策——从〈大代持节豳州刺史山公寺碑〉说起》，2008年初刊，后收入氏著《近观中古史：侯旭东自选集》

——《关于近年中国魏晋南北朝史研究的观察与思考》，《社会科学战线》2009年第2期，复收入《中国中古史研究：中国中古史青年学者联谊会会刊》第一卷，北京，中华书局，2011年

——《渔采狩猎与秦汉北方民众生计——兼论耕织为本传统的形成与农民的普遍化》，2010年初刊，收入《近观中古史：侯旭东自选集》

——《西汉张掖郡肩水候系年初编：兼论候行塞时的人事安排与用印》，收入西北师范大学历史文化学院、甘肃简牍博物馆编《简牍学研究》第5辑，兰州，甘肃人民出版社，2014年

——《丞相、皇帝与郡国计吏：两汉上计制度变迁探微》，《中国史研究》2014年第4期

——《逐鹿或天命：汉人眼中的秦亡汉兴》，《中国社会科学》

海,上海科学技术出版社,2018年

郭静云《历史时间观念何时形成之刍议》,收入氏著《夏商周:从神话到史实》,上海,上海古籍出版社,2013年

郭沫若《扶风齐家村器群铭文汇释》,1963年初刊,后收入《郭沫若全集·考古编》第六卷《金文丛考补录》,北京,科学出版社,2002年

郭松义《清朝的会典和则例》,《清史研究通讯》1985年第4期,后收入氏著《清代政治与社会》,北京,中国社会科学出版社,2015年

郭震旦《根植本土:当代中国史学主体性的崛起》,《文史哲》2019年第4期

国家统计局人口和就业统计司编《中国人口和就业统计年鉴2011》,北京,中国统计出版社,2012年

马丁·海德格尔(Martin Heidegger)《存在与时间》(*Sein und Zeit*),1927年初刊,陈嘉映、王庆节译,熊伟校,陈嘉映修订,北京,生活·读书·新知三联书店,2014年

韩东屏《制度决定论批判的批判——驳尹伊文先生的〈制度决定论的神话〉》,《理论月刊》2015年第6期

韩建业《早期中国:中国文化圈的形成和发展》,上海,上海古籍出版社,2015年

韩汝玢《古代金属兵器制作技术》,收入国防科学技术工业委员会科学技术部编《中国军事百科全书·古代兵器分册》,北京,军事科学出版社,1991年

韩昇《杜佑及其名著〈通典〉新论》,《中国学术》第26辑(2008),又见《杜佑及其名著〈通典〉——代前言》,收入《北宋版通典》第一册,上海,上海人民出版社,2008年

韩振刚《清末民初教科书知见概述》(上)(下),《出版史料》2010年第3、4期

郝大维(David L. Hall)、安乐哲(Roger T. Ames)《期望中国——对中西文化的哲学思考》(*Anticipating China: Thinking through the Narratives of Chinese and Western Culture*),1995年初刊,施忠连等译,上海,学林出版社,2005年

——《汉哲学思维的文化探源》(*Thinking from the Han: Self, Truth, and Transcendence in Chinese and Western Culture*),1998

——《日本における近十年の秦漢國制史研究の動向—郡縣制・兵制・爵制研究を中心に》,《中国史学》第 18 号（2008）

高江涛《试论中国早期国家形成的模式与动力》,《史学月刊》2019 年第 6 期

高木智见《先秦社会与思想——试论中国文化的核心》,2001 年初刊,何晓毅译,上海,上海古籍出版社,2011 年

高玉平《建国以来所见商周青铜器窖藏研究》,博士论文,黄德宽指导,安徽大学,2010 年

欧文·戈夫曼（Erving Goffman）《日常生活中的自我呈现》（*The Presentation of Self in Everyday Life*）,1959 年初刊,冯钢译,北京,北京大学出版社,2008 年

葛夫平《新中国成立以来的鸦片战争史研究》,《史林》2016 年第 5 期

Gernet, Jacques, "Introduction," *Foundations and Limits of State Power in China*. ed., by Stuart R. Schram, London: School of Oriental and African Studies University of London, 1987

谷井俊仁《乾隆時代の一広域犯罪事件と国家の対応—割辮案の社会史的素描》,《史林》70 卷 6 期（1987.11）

——《清代外省の警察機能について—割辮案を例に》《东洋史研究》46 卷 4 期（1988.3）

顾炎武《日知录》,长沙,岳麓书社,1994 年

关世杰《英国大众反对政府进行鸦片战争》,《世界历史》1990 年第 4 期

館神龍彦《手帳と日本人,私たちはいつから予定を管理してきたか》,東京,NHK 出版,2018 年

广松涉《事的世界观的前哨》（《事的世界観への前哨：物象化論の認識論的＝存在論的位相》）,1975 年初刊,赵仲明、李斌译,南京,南京大学出版社,2003 年

——《存在与意义——事的世界观之奠基》（《存在と意味：事的世界観の定礎》）第一卷、第二卷,1982、1993 年初刊,彭曦、何鉴译,张一兵校,南京,南京大学出版社,2009 年

郭成康编《清史编年》第六卷,北京,中国人民大学出版社,1991 年

郭黛姮《远逝的辉煌：圆明园建筑园林研究与保护》第 2 版,上

方维规《近代思想史上的"民族"及相关概念通考》，收入氏著《概念的历史分量：近代中国思想的概念史研究》，北京，北京大学出版社，2018年

费正清（John K. Fairbank）《伟大的中国革命》（*The Great Chinese Revolution, 1800 - 1985*），1986年初刊，刘尊棋译，北京，世界知识出版社，2000年

塞缪尔·E·芬纳（Samuel Edward Finer）《统治史》（*The History of Government from Earliest Times*），1997、1999年初刊，王震、马百亮译，上海，华东师范大学出版社，2014年

冯达文《"事"的本体论意义——兼论泰州学的哲学涵蕴》，《中国哲学史》2001年第2期

Forbes, Archibald, *The Afghan Wars: 1839 - 42 and 1878 - 80*, Luton, Bedfordshire: Andrews UK Limited, 2012

弗朗西斯·福山（Francis Fukuyama）《政治秩序的起源，从前人类时代到法国大革命》（*The Origins of Political Order: From Prehuman Times to the French Revolution*），2011年初刊，毛俊杰译，第2版，桂林，广西师范大学出版社，2014年

富谷至《文书行政的汉帝国》（《文書行政の漢帝國》），2010年初刊，刘恒武、孔李波译，南京，江苏人民出版社，2013年

傅斯年《性命古训辨正》，1940年初刊，重印本，桂林，广西师范大学出版社，2006年

付晓惠《魏晋南北朝板授制度探析》，硕士论文，郑州大学历史学院，张旭华指导，2012年

甘怀真《东亚历史上的天下与中国概念》，台北，台湾大学出版中心，2007年

——《中国古代周礼国家观与〈通典〉》，收入黄宽重主编《基调与变奏，七至二十世纪的中国》（一），台北，政治大学历史学系等，2008年

甘肃省文物考古研究所《甘肃敦煌汉代悬泉置遗址发掘简报》

——《敦煌悬泉汉简内容概述》

——《敦煌悬泉汉简释文选》，均收入《文物》2000年第5期

高村武幸《前漢末屬吏の出張と交際費について—尹灣漢墓簡牘'元延二年日记'と木牘七·八から》，1999年初刊，后收入氏著《漢代の地方官吏と地域社会》，東京，汲古書院，2008年

的论纲》第二版,2006年初刊,北京,商务印书馆,2014年

查尔斯·蒂利(Charles Tilly)《强制、资本和欧洲国家(公元990—1992年)》(*Coercion, Capital, and European States, AD 990-1992*),1992年初刊,魏洪钟译,第2版,上海,上海人民出版社,2012年

丁保书编《蒙学中国历史教科书》,上海,文明书局,1903年

董作宾《殷历谱》,1945年初刊,影印本,台北,艺文印书馆,1977年

Douglas, Mary, *How Institutions Think*, Syracuse, N. Y.: Syracuse University Press, 1986

渡边信一郎《中国古代的王权与天下秩序——从日中比较史的视角出发》,2003年初刊,徐冲译,北京,中华书局,2008年

杜赞奇(Prasenjit Durara)《从民族国家拯救历史,民族主义话语与中国现代史研究》(*Rescuing History from the Nation, Questioning Narratives of Modern China*),1995年初刊,王宪明等译,南京,江苏人民出版社,2009年

杜正胜《编户齐民,传统政治社会结构之形成》,台北,联经出版事业有限公司,1990年

——《从眉寿到长生——医疗文化与中国古代生命观》,台北,三民书局,2005年

恩格斯《家庭、私有制和国家的起源》,1884年初刊,《马克思恩格斯选集》第四卷,第3版,北京,人民出版社,2012年

Eriksson, Björn, "Small events-big events: A note on the abstraction of causality," *European Journal of Sociology* 31.2(Dec., 1990)

饭尾秀幸《中国古代国家発生論のための前提:時代区分の第一の画期として》,《古代文化》48卷2号(1996)

——《戦後の「記録」としての中国古代史研究—続・中国古代国家発生論のための前提》,《中国-社会と文化》11(1996.6)

——《戦後日本における中国古代国家研究をめぐって》,《専修史学》60号(2016.3)

——《中国史研究における初期国家論をめぐって》,《専修史学》62号(2017.3)

方辉《论我国早期国家阶段青铜礼器系统的形成》,《文史哲》2010年第1期

8 期

威廉·达尔林普尔（William Dalrymple）《王的归程：阿富汗战纪（1839—1842）》（*Return of a King: The Battle for Afghanistan*），2013 年初刊，何畅炜、李飚译，北京，社会科学文献出版社，2019 年

大庭脩《吐鲁番出土的北馆文书——中国驿传制度史上的一份资料》，1959 年初刊，中译本收入《敦煌学译文集——敦煌吐鲁番出土社会经济文书研究》，兰州，甘肃人民出版社，1985 年

戴卫红《从湖南省郴州苏仙桥遗址 J10 出土的晋简看西晋上计制度》，《中国社会科学院历史研究所学刊》第 8 辑，北京，商务印书馆，2013 年

党宝海《蒙元驿站交通研究》，北京，昆仑出版社，2006 年

de Herdia, Marta Iñiguez. *Everyday Resistance, Peacebuilding and State-making, Insights from "Africa's World War"*, Manchester: Manchester University Press, 2017

阿里夫·德里克（Arif Dirlik）《革命与历史：中国马克思主义历史学的起源，1919—1937》（*Revolution and History: Origins of Marxist Historiography in China 1919 -1937*），1978 年初刊，翁贺凯译，南京，江苏人民出版社，2005 年

弗朗斯·德瓦尔（Frans de Waal）《黑猩猩的政治——猿类社会中的权力与性》（*Chimpanzee Politics: Power and Sex among Apes*），1982 年初刊，赵芊里译，上海，上海译文出版社，2014 年

邓小南《走向"活"的制度史：以宋代官僚政治制度史研究为例的点滴思考》，2003 年初刊，后收入氏著《朗润学史丛稿》，北京，中华书局，2010 年

——《祖宗之法，北宋前期政治述略》，北京，生活·读书·新知三联书店，2006 年

邓小南主编《政绩考察与信息渠道——以宋代为中心》，北京，北京大学出版社，2008 年

——《文书·政令·信息沟通——以唐宋时期为主》，北京，北京大学出版社，2012 年

——《过程·空间，宋代政治史再探研》，北京，北京大学出版社，2017 年

邓正来《中国法学向何处去——建构"中国法律理想图景"时代

York: Oxford University Press, 2012

Cassirer, Ernst. *Substance and Function and Einstein's Theory of Relativity*. Chicago: Open Court Publishing Company, 1923

常怀颖《近二十年来中国学术界国家起源研究述评》,《四川文物》2016 年第 1 期

常建华主编《中国日常生活史读本》, 北京, 北京大学出版社, 2017 年

常玉芝《商代宗教祭祀》, 北京, 中国社会科学出版社, 2010 年

陈恭禄《中国近代史》, 1935 年初刊, 再版, 上海, 上海古籍出版社, 2017 年

陈怀宇《动物与中古政治宗教秩序》, 上海, 上海古籍出版社, 2012 年

——《历史学的"动物转向"与"后人类史学"》,《史学集刊》2019 年第 1 期

陈嘉映《维特根斯坦读本》, 北京, 新世界出版社, 2010 年

陈梦家《史字新释》, 1936 年初刊

——《史字新释补证, 附论鸟网》, 1936 年初刊

——《上古天文材料》, 1947 年初刊, 均收入氏著《陈梦家学术论文集》, 北京, 中华书局, 2016 年

——《殷墟卜辞综述》, 1956 年初刊, 北京, 中华书局, 1988 年

陈平原《中国现代学术之建立, 以章太炎、胡适之为中心》, 北京, 北京大学出版社, 1998 年

陈其泰《清代公羊学》, 北京, 东方出版社, 1997 年

陈戍国《中国礼制史·先秦卷》, 长沙, 湖南教育出版社, 1991 年

陈熙远《"宗教"——一个中国近代文化史上的关键词》,《新史学》13 卷 4 期 (2002)

陈英杰《古文字字编、字典、引得中史、事、使、吏等字目设置评议》,《简帛》第八辑 (2012)

——《史、事、使、吏分化时代层次考》,《中国文字》新 40 期 (2014)

川本芳昭《魏晋南北朝時代の民族問題》, 東京, 汲古書院, 1998 年

崔志海《晚清史研究百年回眸与反思》,《史学月刊》2017 年第

皮埃尔·布迪厄、华康德（Pierre Bourdieu and Ioïc Wacquant）《实践与反思——反思社会学导引》（*An Invitation of Reflexive Sociology*），1992 年初刊，李猛、李康译、邓正来校，北京，中央编译出版社，1998 年

雅各布·布克哈特（Jacob Burckhardt）《意大利文艺复兴时期的文化》（*The Civilization of the Renaissance in Italy*），1860 年初刊，何新译，北京，商务印书馆，1979 年

费尔南·布罗代尔（Fernand Braudel）《菲利普二世时代的地中海和地中海世界》（*La Méditerranée et le monde méditerranéen à l'époque de Phillppe II*），1949 年初刊，唐家龙、吴信模等译，北京，商务印书馆，1998 年

——《长时段：历史和社会科学》，收入氏著《资本主义论丛》（*Ecrits sur le Capitalisme*），顾良、张慧君译，北京，中央编译出版社，1997 年

——《十五至十八世纪的物质文明、经济和资本主义》第一卷《日常生活的结构：可能和不可能》（*Civilisation matérielle, economie et capitalisme, XVe - XVIIIe siècle Tome 1 Les Structures Du Quotidien: Le Possible Et L'Impossible*），1967 年初刊，顾良、施康强译，北京，生活·读书·新知三联书店，1992 年

曹峰《孔子"正名"新论》，收入氏著《中国古代"名"的政治思想研究》，上海，上海古籍出版社，2017 年

曹芳宇《敦煌文献中疑似量词"件"辨析》，《南开语言学刊》2010 年第 1 期

曹家齐《宋代交通管理制度研究》，开封，河南大学出版社，2002 年

——《地方志与域外汉籍，揭开宋代驿传制度奥秘的钥匙——兼谈正史、政书、类书等文献对宋代典章制度记载之局限性》，2007 年初刊，收入氏著《宋代的交通与政治》，北京，中华书局，2017 年

曹天江《甘肃省金塔县 A32 遗址出土两方功次木牍试探》，《简帛研究二〇二〇（春夏卷）》

Cassel, Pär K. *Grounds of Judgment: Extraterritoriality and Imperial Power in Nineteenth-Century China and Japan*. New

Evans, Dietrich Rueschemeyer, and Theda Skocpol)编《找回国家》(*Bringing the State back in*),1985年初刊,方立维、莫宜端、黄琪轩等译,北京,生活·读书·新知三联书店,2009年

爱特华斯《中国六十年战史》,史悠明、程履祥译,上海,美华书馆,1903年

Aristotle, *Metaphysics*, Trans. Hugh Lawson-Tancred, London: Penguin Book, 2004

安作璋、熊铁基《秦汉官制史稿》,济南,齐鲁书社,1984、1985年

奥戈特(B. A. Ogot)、A. A. 马兹鲁伊(Ali A. Mazrui)等主编《非洲通史》(*General History of Africa*),北京,中国对外翻译出版公司,2013年

巴勒克拉夫(Geoffrey Barraclough)《当代史学主要趋势》(*Main Trends of Research in the Social and Human Sciences: History*),1978年初刊,杨豫译,上海,上海译文出版社,1987年

托马斯·巴菲尔德(Thomas Barfield)《危险的边疆,游牧帝国与中国》(*The Perilous Frontier: Nomadic Empires and China 221 B.C. to AD 1757*),1989年初刊,袁剑译,南京,江苏人民出版社,2011年

赫伯特·巴特菲尔德(Herbert Butterfield)《历史的辉格解释》(*The Whig Interpretation of History*),1931年初刊,张岳明译、刘北成校,北京,商务印书馆,2012年

白钢《二十世纪的中国政治制度史研究》,《历史研究》1996年第6期

毕苑《建造常识,教科书与近代中国文化转型》,福州,福建教育出版社,2010年

卡尔·波兰尼(Karl Polanyi)《巨变,当代政治与经济的起源》(*The Great Transformation: The Political and Economic Origins of Our Time*),1944年初刊,黄树民译,北京,社会科学文献出版社,2017年

卜宪群《中国古代"治理"探义》,收入《中华思想史研究集刊》第3集,北京,中国社会科学出版社,2019年

卜永坚《游戏官场:升官图与中国官制文化》,第二版,香港,中华书局(香港)有限公司,2011年

四、近代报刊

攻法子《敬告我乡人》,《浙江潮》第二期（1903.3）
汉民（胡汉民）《民报之六大主义》,《民报》第三号（1906）
家庭立宪者《家庭革命说》,《江苏》第七期，转自张枬、王忍之编《辛亥革命前十年间时论选集》第一卷下册，北京，生活·读书·新知三联书店，1960 年
竞盦《政体进化论》,《江苏》第一、三期（1903）
孙文《纪十二月二日本报纪元节庆祝大会事及演说辞》中,《民报》第十号（1906.12）
铁生《敬告我汉族大军人书》,《汉帜》第二期（1907.2）
汪精卫《驳革命可以召瓜分说》,《民报》第六号（1906.7）
韦裔（刘师培）《悲佃篇》,《民报》第十五号（1907）
文元《中国政体变迁论》,《大同报》第五号（1907）
吴虞《家族制度为专制主义之根据论》,《新青年》第二卷第六号（1917.2）
饮冰（梁启超）《新民说》,《新民丛报》第十号（1902）"论说"
——《杂答某报》,《新民丛报》第四卷第十四号（1906.11）
——《再驳某报之土地国有论》,《新民丛报》第四卷第十八号（1906）
自由（冯自由）《民生主义与中国政治革命之前途》,香港《中国日报》首发，修订后刊登在《民报》第四号（1906）
邹容《革命军》,收入张枬、王忍之编《辛亥革命前十年间时论选集》第一卷下册

五、后人论著（按作者拼音、字母顺序）

Adler, Patricia A. Peter Adler and Andrea Fontana, "Everyday life sociology," *Annual Review of Sociology*. 13(1987)
阿甘本（Giorgio Agamben）《时间与历史：瞬间与连续性的批判》，收入氏著《幼年与历史，经验的毁灭》（*Infanzia e storia: Distruzione dell' esperienza e origine della storia*）第 2 版，尹星译、陈永国校，开封，河南大学出版社，2016 年
彼得·埃文斯、迪特里希·鲁施迈耶、西达·斯考克波（Peter B.

2012年

连云港市博物馆、东海县博物馆、中国社会科学院简帛研究中心、中国文物研究所编《尹湾汉墓简牍》,北京,中华书局,1997年

张德芳主编,杨眉著《居延新简集释》第二卷,兰州,甘肃文化出版社,2016年

甘肃简牍博物馆、甘肃省文物考古研究所、甘肃省博物馆、中国文化遗产研究院古文献研究室、中国社会科学院简帛研究中心编《肩水金关汉简(壹)》,上海,中西书局,2011年

——《肩水金关汉简(叁)》,上海,中西书局,2013年

唐长孺主编《吐鲁番出土文书》(图录本),北京,文物出版社,1992—1996年

赵超《汉魏南北朝墓志汇编》,天津,天津古籍出版社,2008年

周绍良、赵超编《唐代墓志汇编》,上海,上海古籍出版社,1992年

钱仪吉《碑传集》,北京,中华书局,1993年

胡海帆、汤燕编著《中国古代砖刻铭文集》,北京,文物出版社,2008年

三、档案

李国荣主编《清代军机处随手登记档》,北京,国家图书馆出版社,2013年

中国第一历史档案馆《清代官员履历档案全编》,上海,华东师范大学出版社,1997年

中国第一历史档案馆编《嘉庆道光两朝上谕档》,桂林,广西师范大学出版社,2000年

《筹办夷务始末》(道光朝),齐思和整理,北京,中华书局,1964年

中国第一历史档案馆编《鸦片战争档案史料》,天津,天津古籍出版社,1992年

1924—1934 年
《别译杂阿含经》,《大正藏》第 2 册
《悲华经》,《大正藏》第 3 册
《佛说弥勒大成佛经》,《大正藏》第 14 册
《佛说决定总持经》,《大正藏》第 17 册
《陀罗尼集经》,《大正藏》第 18 册
《佛说祕密三昧大教王经》,《大正藏》第 18 册
《五佛顶三昧陀罗尼经》,《大正藏》第 19 册
《一字佛顶轮王经》,《大正藏》第 19 册
《宝悉地成佛陀罗尼经》,《大正藏》第 19 册
《仁王护国般若波罗蜜多经陀罗尼念诵仪轨》,《大正藏》第 19 册
《一切如来乌瑟腻沙最胜总持经》,《大正藏》第 19 册
慧皎《高僧传》,点校本,北京,中华书局,1992 年
道宣《续高僧传》,点校本,北京,中华书局,2014 年
僧祐《弘明集》,影印本,上海,上海古籍出版社,1991 年

刘勰《文心雕龙》,范文澜注,北京,人民文学出版社,1958 年
司马光《续诗话》,景印《文渊阁四库全书》"集部·诗文评类",
 第 1478 册,台北,台湾商务印书馆,1986 年

王应麟《玉海》,据浙江书局本影印,扬州,广陵书社,2003 年
黎靖德编《朱子语类》,王星贤点校,北京,中华书局,1986 年
王阳明《王阳明全集》,吴光等编校,上海,上海古籍出版社,
 2011 年
王艮《重镌心斋王先生全集》,沙志利点校,《儒藏》精华编二五
 八册,北京,北京大学出版社,2017 年
戴震《绪言》,收入《孟子字义疏证》,北京,中华书局,1961 年
林则徐全集编辑委员会编《林则徐全集》,福州,海峡文艺出版
 社,2002 年

二、出土文献

陈伟主编《秦简牍合集》,武汉,武汉大学出版社,2014 年
——《里耶秦简牍校释》第一卷,武汉,武汉大学出版社,

荀悦《前汉纪》，《两汉纪》上，点校本，北京，中华书局，2002 年
司马光《资治通鉴》，校点本，北京，中华书局，1956 年
李焘《续资治通鉴长编》，点校本，第 2 版，北京，中华书局，2004 年
联合报文化基金会国学文献馆整理《清代起居注册·道光朝》，台北，联合报文化基金会国学文献馆，1985 年
《清宣宗实录》，影印本《清实录》，北京，中华书局，1986 年
刘知几《史通》，浦起龙通释，王煦华整理，上海，上海古籍出版社，2009 年
章学诚《文史通义新编新注》，仓修良编注，北京，商务印书馆，2017 年

翁心存《翁心存日记》，点校本，北京，中华书局，2011 年
上海图书馆编《汪康年师友书札》，上海，上海书店出版社，2017 年

卫宏《汉官旧仪》，收入孙星衍等辑《汉官六种》，周天游点校，北京，中华书局，1990 年
长孙无忌等《唐律疏议》，刘俊文笺解本，北京，中华书局，1996 年
杜佑《通典》，王永兴等点校本，北京，中华书局，1988 年
王溥《唐会要》，点校本，上海，上海古籍出版社，1991 年
徐松辑《宋会要辑稿》，点校本，上海，上海古籍出版社，2014 年
马端临《文献通考》，影印本，北京，中华书局，1986 年
于敏中等《国朝宫史》，《摛藻堂四库全书萃要》史部
托津等《钦定大清会典（嘉庆朝）》，影印本，《近代中国史料丛刊三编》，台北，文海出版社，1991 年
《大清光绪新法令》，上海，商务印书馆，1909 年

陈振孙《直斋书录解题》，上海，上海古籍出版社，1987 年

《杂阿含经》，《大正藏》第 2 册，东京，大正一切经刊行会，

参考书目

一、传世文献

孔颖达《周易正义》，阮元《十三经注疏》上册，影印本，北京，中华书局，1980年

孔颖达《礼记正义》，阮元《十三经注疏》下册，影印本，北京，中华书局，1980年

程颐《周易程氏传》，王孝鱼点校，北京，中华书局，2011年

段玉裁《说文解字注》，第二版，上海，上海古籍出版社，1988年

《史记》，点校本，北京，中华书局，1959年

《汉书》，点校本，北京，中华书局，1962年

《后汉书》，点校本，北京，中华书局，1965年

《三国志》，点校本第2版，北京，中华书局，1982年

《晋书》，点校本，北京，中华书局，1974年

《宋书》，点校本，北京，中华书局，1974年

《南齐书》，点校本，北京，中华书局，1972年

《梁书》，点校本，北京，中华书局，1973年

《北史》，点校本，北京，中华书局，1974年

《新唐书》，点校本，北京，中华书局，1975年

《旧五代史》，点校本，北京，中华书局，1976年

《宋史》，点校本，北京，中华书局，1977年

《金史》，点校本，北京，中华书局，1975年。

《清史稿》，点校本，北京，中华书局，1976年

与思考,从史学根本处入手。邓正来在对中国法学的批判中,提出建构中国法律理想图景的设想,激起了众多的讨论①。其做法与设想,无疑,对史学是有启发性的。从另一角度看,史学在这方面具有基础性的地位②。

激活中国史学自身的问题与理论生产能力,并非重返孤立封闭的自说自话。中国乃历史中生成的,并非仅靠内部观察就足以认识,中国成为论域与对象,是在近代世界格局下,人类历史成为世界历史后才出现的,无法将其切割下来孤立观察。需要的是敞开胸怀兼收并蓄,同时,反思既有的提问方式与使用的概念,真切地立足这片土地上的人类经历,发现内在于过往生活实际的问题,归纳现象,提炼概念,构筑解释,在与古人、今人的反复对话中构建史学认识。认识一定是复数的,不同角度的观察带来的是多元的结果,在对话中减少偏蔽、增进认识。知之外更要行,只有实践才能真正改造现实,让人类更好地共存与发展③。

路在何方?路就在自己脚下。

---

① 邓正来《中国法学向何处去——建构"中国法律理想图景"时代的论纲》第二版,2006 年初刊,北京,商务印书馆,2014 年;孙国东、杨晓畅主编《检视"邓正来问题":〈中国法学向何处去〉评论文集》,北京,中国政法大学出版社,2011 年。
② 这一点从孙国东批评"邓正来问题"中缺乏社会-历史维度分析,不难看出,见氏著《"邓正来问题":一种社会-历史维度的考察与推进》,孙国东、杨晓畅主编《检视"邓正来问题":〈中国法学向何处去〉评论文集》"代序",第 13—46 页。目前这方面最系统的思考见汪晖《现代中国思想的兴起》,相关评论甚多,不同立场的评论见吴励生《思想中国——现代性民族国家重构的前沿问题》卷三"汪晖现代性思想追问",北京,商务印书馆,2011 年,第 157—251 页。
③ 关于中国史学主体性的建设,郭震旦最近有所梳理,可参,见氏著《根植本土:当代中国史学主体性的崛起》,《文史哲》2019 年第 4 期,第 142—154 页。

亦不例外。如余英时先生观察所发现的："理论上的'西方中心论'和实践中的'西方典型论'构成了中国史研究中的主流意识。"① 问题、方法与理论几乎无不自西方引进，开阔了视野，丰富了问题，是好事，不假思索地照单全收，则是坏事。外来学术的刺激下，20世纪30年代就开始了中国化的摸索②，1949年之后遭到中断，90年代重新起步（台湾到大陆），至今仍在摸索前行。20世纪50—80年代教条化的马克思主义一统天下，遏制了自由探讨，问题集中在少数，这些问题的确很重要，无法自由展开讨论，且多是以"以论代史"的方式呈现，研究变为了理论的婢女，空耗了众多学者的精力，无助于史学的发展。

最近几十年，旧有的理论风光不再，新进的理论醉迷人眼，无论西洋宏论、东洋成说，"拿来主义"的消费态度改观有限。舶来的问题与思路，难免过淮为枳，窒息了学者的主动思考。自身生产重要问题的自觉与动力不足，乃是史学深层的危机。

走出西方生产/中国消费、社会科学生产/史学消费的格局，仅凭愿望无法实现，需要的是脚踏实地的深入研究

---

① 余英时"余英时作品系列"总序，收入《朱熹的历史世界：宋代士大夫政治文化的研究》上册，北京，生活·读书·新知三联书店，2004年，第6页。
② 可参吴文藻《现代社区实地研究的意义和功用》，1935年初刊，《社区的意义与社区研究的近今趋势》，1936年初刊，《中国社区研究计划的商榷》，1936年初刊，均收入氏著《论社会学中国化》，北京，商务印书馆，2010年，第432—478页。

与事件、与复数的意义衔接起来。关联的方式,因文化而异。观察这些需要在特定的空间内(复数的)顺时而观+(复数的)后见之明,同时将研究者自己置于时空之中,承认自己的历史性即局限性,放弃上帝之眼的傲慢①。不是寻求新的大历史,而是透过富有层次的人与事,牵连出背后更丰富多样的过去,如同多角度观察涌到岸边的浪花,去发现大海的深邃,或许可为中国史学未来的发展添砖加瓦②。

不时会有人问,研究出土文书简牍能改写王朝历史吗?现在的体会是研究出土简牍,提供了观察过去的新立足点。从这个意义上说,正在改写历史。如果没有研究这些,我不会对"事"有更饱满的理解,无法对人与制度的互动有更真切的体察,更不可能去反思事件史、制度史等等。地窖与阁楼间的往来穿梭,改变了观察过去的单向思路,不正是走在改写历史的旅途中?

近代以来,中国的人文社会科学因外力刺激或产生,或发展,或转型,中国成为西方各路学术的试验田。史学

---

① 参斯科特《六论自发性:自主、尊严,以及有意义的工作和游戏》第六章,第187—201页;宋怡明《被统治的艺术:中华帝国晚期的日常政治》,钟逸明译,北京,中国华侨出版社,2019年。
② 中国哲学界,21世纪以来不断有学者返回传统,寻找新路,其中"事"亦是启发新思的来源之一,如冯达文《"事"的本体论意义——兼论泰州学的哲学涵蕴》,《中国哲学史》2001年第2期,第37—41页;赵仲牧《事象、关系、过程——兼论"物"、"心"和"人"》,《思想战线》2001年第5期,第1—12页;唐少杰《说"事"》,《清华大学学报》(哲学社会科学版)2011年第5期,第78—84页;杨国荣《"事"与人的存在》,《中国社会科学》2019年第7期,第27—42页;2019年3月6日—13日,杨国荣在清华大学哲学系进行的系列演讲,总的标题是"人与世界:以'事'观之"。

出发。

当然，是带着新的眼光、以新的姿态，捡拾起历史中被遗忘的含义，恢复了人、事、时间更为饱满的内涵，并将三者的关系作为关注的对象①。人做事离不开不同类型的物，从动物、植物到人造物，以及想象物（神灵），物亦成为人进一步做事的凭依。做哪些事亦生产意义（从命名、分类到解释，加上后见之明的比较，从做哪些事与不做哪些事的对照中更可以发现时人未必明言的意涵），意义亦催生新的做事。如何做事又产生种种规矩、惯例，形成制度，甚至借助文字构成成文法，制度成为做事时遵循的习惯。现在恒言的"结构"就体现在做事之中，既是结构的生成，亦是其延续与变动，正如萨林斯所说"结构深嵌在惯习中"②，端看人做事时是自觉还是无心。对那些不安分守己的人来说，也会产生人与制度之间的博弈，带动制度的变化。人为了自身的延续亦需形成固定的结合，做事很少能个人独立完成，亦少不了众人合作，催生人与人之间稳定或短暂的交往与互动（从婚姻、贸易、奴役、统治到战争）。文字产生、国家出现后，又会借助文字，从经历的事中"制造"出"事件"并赋予更丰富的后设意义。在人/事关系的丰厚历史世界中，将人与人、与物、与制度、

---

① 限于篇幅与时间，空间问题，书中未及梳理，鲁西奇有不少思考，可参，见《中国历史的空间结构》一书。此属于史学研究深嵌其中的一环，只是常常因country王朝作为默认的对象而遭到忽略。作为研究对象的应该是加上空间的四者之间的关系，这里暂且讨论空间以外的三者。
② 萨林斯《历史之岛》，第75页。

题加以研究时，就已然带有了后见之明。

历史上的日常统治研究与重返人/事关系的历史世界，乍看相去甚远，实则一体两面。对国家出现之后的文明时期而言，更是从不同角度对史学研究走向的期许。

这既是对象化的探索，亦是切己的追问。我们所研究的，既是外在于我的历史世界，同时又与我的由来有或密或疏的联系。

中国史学向有区分"纪言"与"纪事"的传统，从《尚书》《春秋》对举到"纪传""编年"两体的划分（《史通·两体》），《尚书》乃圣人之言，《春秋》属君臣所为，实则涉及的不过人、事与时间、空间四者。《说文·又部》云"史，记事者也"，刘知几亦云"史书者，记事之言耳"（《史通·因习》），章学诚多次强调"史为记事之书也"（《文史通义·书教下》）、"史以纪事者也"（《文史通义·史篇别录例叙》）。汉代以后历经发展至宋代，形成了纪传、编年与纪事本末三体。梁启超说："盖纪传体以人为主，编年体以年为主，而纪事本末体以事为主。"[1] 实则"事"无法离开人，也无法超越时空。即便自然史，也因人的观测与分析而产生。观察角度可以不同，但四者缺一不可。历千山万水、东洋西洋，返归起点，回到了人、事与时空，回到这些词语的老家[2]，返本开新，重思传统再

---

[1] 梁启超《中国历史研究法》，第20页。
[2] 维特根斯坦说："当哲学家使用一个词——'知识''存在''对象''我''命题''名称'——并试图把握事物的本质时，人们必须经常地问自己：这个词在作为它的老家的语言游戏中真的是以这种方式来使用的吗？——我们所做的乃是把词从形而上学的使用带回到日常的使用上来。"《哲学研究》116，第72—73页。

发现背后各种各样的人物（往往是复数的作者、所述对象、作者预计的读者、观者与使用者，后来不同时代的实际读者、观者、解释者，可能还有抄写、刻印的传播者），以及人与人、与名/事/物、与制度之间的各种显在与潜在的联系，回到时间进程、空间坐落中的人/事，表达与实践，及其之间的种种关系，重建他们创造历史的具体场景与想法。不是传统意义上的记人/记事，是经历了现代洗礼、追根与反思，赋予了（复数）特定视角的人/事："人"不只是帝王将相，还包括普通官吏、百姓，不再言行分离，不再是孤立的个体；"事"不仅是重大事件，更是事务，是日常琐事；时间不仅是单向、线性的，古今未来交织共存于此，端看时人如何作为，研究者如何观察。眼光亦超越了只关注结果而无视时人意图的后见之明，更重要的是不再分而治之，而是关注历史中的人/事关系。重大事件多半是王朝/国家立场上后见之明的建构，事件如何从"事务"中脱颖而出，由此亦成为需要探讨的新问题，不再是当然的研究对象。不是只会行动的人，而是既行动也有想法与追求的人，是两者交汇互动而成的历史。既是自上而下的统治，也是参与统治中融入自己的诉求、扩张自己的利益、顺从、抵制与反抗交织的经历，众人的经历汇成历史。是众人生命不断推衍的汇聚，是后人在前人奠定基础上不自觉、自觉的接续，亦是今人古人的持续对话。日常统治研究或可成为观察过去的新窗口。这既是后见之明，亦是主位观察与顺时而观，是三者的统一。不消说，当我们选择某个问补充新的视角，开拓新的视域，发现新的问题，激发新的认识，增进对过去的感悟。

我们无不身处自己与他人、与事、与物、与制度的关系之中，前言往行，既可提供启发，亦可诲以教训，帮助我们更好地认识自己如何而来，何以成为自己，有助于把握当下，创造未来，让史学重新成为人类走向自我解放与全面发展的有益工具。

关于方法，书中并无专门的介绍，这倒是有意的安排。它并无特定的方法，需要研究者根据研究对象与问题，具体地利用既有的方法，或创造适切的新径。抱着消费主义的心态，希望从手册或指南中找到包治百病的灵丹妙药，定然会失望。研究什么、如何研究是开放的、建设中的，需要各位研究者慎思明辨，从反思自己当下的处境与立场开始，从问题的反省与建构、史料的分析与批判，到针对问题应用适当的方法或开发新的方法，从提供事实到提供解释，到贡献概念与理论、视角。在交流碰撞中积累认识，增进人类的智慧。

小荷才露尖尖角，日常统治研究不同于既有的专史，需要有意于此的学者的参与和建设。众人拾柴火焰高，未来能否带来新的洞见，还要靠学界同人的参与和努力，本书不过是抛砖引玉。

拆掉头脑中固化的界桩，将已沦为无意识的分类与标签重新"历史化"。带着新的眼光，甚至可以说是不一样的史观，重新细读各种史料，透过文字、图像与器物等等，及的事质本身的关系发生动摇。①

"事质",英文本译作"subject-matter"。海德格尔所说的事质领域划分中包含了历史,至于史学是否属于科学,今天恐怕见仁见智。书稿几乎完成后翻书至此,他对实证研究与基本建构和基本概念关系的看法②,的确让我怦然心动。

正式着手日常统治研究,已逾十年,系统加以梳理,因准备此书方实现。2013年完成的《近观中古史:侯旭东自选集》自序中,提到了三对表述:新与旧、变与常、近与远,以及希望到最基本的事实中寻找最强有力的概念,对于如何揭示"日常",仍感困惑。六年后,的确有些进步。不再拘泥于方法,从史学处理的核心问题开始思考。探索日常的意味,清理"事"与"事件"的含义演变以及"事件史"如何产生,"制度"如何成为"制度史",附带梳理了"人"与"统治"的含义。对目前史学界几种流行的思考方式,做了一番审视。同时,也整理了日常统治研究所强调的视角:主位观察优先,辅以客位观察;顺时而观优先,辅以后见之明;日常视角;还有最重要的以人为中心的关系思维。关系中的实体,实体上的关系,以关系思维统摄实体思维。它并不指向特定的领域,而是若干视角所体现的观察过去方式的集合,可以施用于各种问题。希望

---

① 海德格尔《存在与时间》,第11页。
② 关于这几段话的具体含义,可参张汝伦《〈存在与时间〉释义》上册,第21—26页。

八、结语：重返人/事关系的历史世界

穿过词语的丛林，终于来到不是终点的终点。意外邀请创造的契机，迫使自己对历史上的日常统治研究做了一番思考。与其说是对既成事实的盘点，不如说是对未来的期许与瞻望，虽然看起来述说的都是前言往事，别人的与自己的。

海德格尔说过：

> 虽说（科学）研究始终侧重于这种实证性，但研究所取得的进步却主要不靠收集实证研究的结果，把这些结果堆积到"手册"里面，而主要靠对各个领域的基本建构提出疑问，这些疑问往往是以反其道而行之的方式从那种关于事质的日积月累的熟知中脱颖而出。
>
> 真正的科学"运动"是通过修正基本概念的方式发生的，这种修正的深度不一，而且或多或少并不明见这种修正。一门科学在何种程度上能够承受其基本概念的危机，这一点规定着这门科学的水平。在科学发生这些内在危机的时候，实证探索的发问同问题所

的方式从屈从、合作、共谋到抵制、反抗等等，表达与实践的关系，以及这些复杂多向的言行如何相遇，如何在与皇帝、官吏的互动中开拓自己的空间。归结到一点，即处于王朝/国家不同位置的人不同方向的追求与行动，如何汇聚创造了自身并构成了历史？

统治、被统治与抵抗三者相互缠绕，难解难分。统治因被统治者的存在而存在，被统治者既有顺从、安于被统治的一面，亦不乏以各种形式抵抗的一面，同时被统治者中又会不断分化、成长出一些"武断乡曲"、带有支配性的地方精英。研究统治，同时就是研究后两者，以及三者之间的关系。

我做过的工作涉及范围有限，还需要更多的研究，期待有更多的学者参与其中，共同将历史的复杂性、偶然性与人的力量与无力、人的自知与盲目发掘出来。不只是知识的丰富，更是见识的增长与自我完善的帮助。

限，不易开展，将来还需更加精细地发掘与阅读史料，捕捉百姓微弱的声音。晚近时期，相关资料颇为丰富，还可走入田野，实地考察，大有可为。

除了前引米歇尔·塞托的大作，斯科特发掘现代马来西亚农民反抗统治的"日常形式"[1]，影响深远，他的后续成果颇有不少，更激发了众多跟进研究[2]，宋怡明的新著亦是这方面的力作[3]，是中国史方面的借鉴与拓展。刘永华的论文同样带给我们观察明代统治展开的另眼，颇有意义[4]。这些研究均可以矫正只关注统治与支配，或大规模公开的、有组织暴力反抗的单向度思维，将关系思维下的日常统治/被统治的丰富内涵展现出来，同时也能超越官（治人者）-民（治于人者）简单而僵硬的二分法。

关系思维下探索统治的展开，挖掘不同位置上统治者（皇帝、各级官吏）如何发挥作用，不只是为了统治，也包括如何为了自身的利益去利用自己的权势，甚至去挖墙脚，乃至降低统治的效率、增加统治的损耗（不只是官吏，也包括皇帝自己）；百姓（被统治者）如何与官吏周旋，周旋

---

[1] 斯科特《弱者的武器：农民反抗的日常形式》。
[2] 如 Marta Iniguez de Herdia, *Everyday Resistance, Peacebuilding and State-making: Insights from "Africa's World War"*, Manchester: Manchester University Press, 2017, pp. 50-74.
[3] Michael Szonyi, *The Art of Being Governed: Everyday Politics in Late Imperial China*, Princeton: Princeton University Press, 2017. 感谢屈涛与陈韵青君代为搜寻此书。
[4] 刘永华《明代匠籍制度下匠户的户籍与应役实态——兼论王朝制度与民众生活的关系》，《厦门大学学报》（哲学社会科学版）2014 年第 2 期，第 50—57 页；《排日账与 19 世纪徽州乡村社会研究——兼谈明清社会史研究的方法与史料》，《学术月刊》2018 年第 4 期，第 128—141 页。

容无须赘述。值得注意的是,乾隆三十三年(1768年)江南发生的割辫案,只有少量谕旨收入《起居注》与《实录》,现代学者编的《清史编年》"乾隆三十三年"中据《实录》按时间先后收录了部分案情进展[①],但无论是在《清史稿》还是《中外历史年表》等中并无一席之地。主要是孔飞力的研究,将其从档案中打捞出来,将案件的进展与牵涉的人物,放在时空脉络中加以深描,并由此探讨君臣关系与王朝构造。此案激起的波澜成为透视百姓、时局、皇帝与大臣、中央与地方关系的水滴,清王朝盛世浮华下的颓势与衰相暴露无遗。自从1990年本书问世,一桩久被众人遗忘的陈年旧案,一跃成为学术上的"大事"[②]。

自己的研究更多地揭示皇帝与官吏如何借助事务、文书诏令、称呼、仪式与私人关系等施展统治,以及身在其中的官吏如何利用参与统治之机来谋取自己/家庭/亲人的利益。官吏如何消极应付、懈怠乃至反抗稍有涉猎,有不少资料,可挖掘空间不少。对于百姓活动,包括抵抗,仅《渔采狩猎》一文有所触及。只是早期帝国留下的史料有

---

① 见郭成康编《清史编年》第六卷"乾隆朝下","(乾隆三十三年六月)十二日戊辰(7月25日)""十六日壬申(7月29日)""(七月)初八日癸巳(8月19日)""(七月)十一日丙申(8月22日)""十八日甲辰(8月30日)""(九月)二十三日戊申(11月2日)""十月初五日己未(11月13日)""是月(十月)""(十二月)初五日己未(1月12日)"等,北京,中国人民大学出版社,1991年,第53—54、56—57、66、67、69、71页。
② 此前数年,日本学者谷井俊仁已发表了两篇论文讨论此案,如《乾隆时代の一広域犯罪事件と国家の対応—割辫案の社会史の素描》,《史林》70.6(1987.11)和《清代外省の警察機能について—割辫案を例に》,《东洋史研究》46.4(1988.3),但并未引起学界的广泛关注。作者还是将此案放在法制史的范围内去认识。

以及关系过程,则复蹈传统史家的窠臼,重申道义讨伐的陈词,难以看破这种关系长存的意义。

《宠》研究的是西汉一朝,实际汉家二百年只是作为个案出场,希望读者能由此及彼,贯穿古今,看到古今之间的反复与延续,在当下探索与创造新的可能。《代序》中说"'宠'其实是中性的",恐怕很少有读者会玩味其所指。书中所揭示的均是围绕"君宠"与"上宠"而生的现象,"宠"是否只能和君、上捆绑在一起?那只是一种选择,并非无所逃避的宿命。难道不能和民联系在一起?市场经济、陌生人社会的普遍化,不是提供了"民宠"的最好舞台?①走出万众争夺一块蛋糕的"洞穴",开创万众各展其能、各做蛋糕的新局面,马克思所预言的人的普遍交往形式的展开,不是就有可能实现?

除了已经完成的研究,未来还要对古代王朝的祭祀做些探讨。不是从礼制史的角度,是从祭祀作为皇帝、官员的日常事务角度,去观察懈怠与恭敬如何交织互动,儒生的表达如何将祭祀建构成一个持续不断的传统。只有补充了这一研究,才能更加贴合古人的世界。

此外,孔飞力的《叫魂:1768年中国妖术大恐慌》,也可以说是日常统治研究上的一个范例,大家都不陌生,内

---

① 一百多年前,梁启超就有过类似的看法,只不过是通过"专制国"与"立宪国"对比来表达的。他说:"专制国之求势利者,则媚于一人,立宪国之求势利者,则媚于庶人。媚一也,而民益之进不进,于此判焉。"见《新民说》第十一节"论进步",《新民丛报》第10号(1902)"论说",第6页。

关注的重点与逻辑却大相径庭，显示了实体思维与关系思维的差别。

若将目光停留在得宠者（宠臣）身上，实际是将这种反复出现的过程割断，仅取最耀眼的一段而已，无法揭示作为机制的"宠"。传统史家撰写《佞幸传》便是如此，近代学者往往不假思索便继承了这种分类与书写方式。臣下的各种类型学描述与研究（宠臣不过是一种，常见的如酷吏、良吏、循吏、权臣、宦官、清流等等），恰恰忽略了关系过程（即其流动性与反复性）与标签的见与不见（如晁错，对景帝而言，是能臣；但对袁盎及诸侯王而言，则是奸臣），因某种标签而将对象固态化或群体化，并将研究者的目光引向关注标签的内涵外延（有固定边界的）与所述对象之间的关系，忘记标签的关系性，漠视对象的变化与流动、他人对其看法的差异，将历史的复杂现实简单化、标签化，成为通过捕捉对象与对象之间关系来获取丰富现场感的障碍。

本书的一个重要目的，就是想提醒读者，类别与边界往往是他人或后人用言辞或文字构建的，并不是唯一与固定的，而在当时，现实往往是流动的。对"宠"而言，关系的一端（宠臣、求宠者一方）变动不居，另一端（皇帝）当时则是既定且明确的，关系本身是确定性/不确定性并存。皇帝统治离不开这种关系，因而是确定的；和谁结成此关系、能持续多久，则颇有随机性，体现了不确定性。仅注意宠臣，忽略其他求宠者、"宠"背后的皇帝与关系，虽尽量搜集，却一定有遗漏，且亦不是关键。一来史书记载不免会有取舍，二来史家乃后人与外人，其描述与看法亦难保证一定与当事人，尤其是皇帝的感知相符，更不用说这种关系并非恒定。这种方式近乎社会学家通过抽样来揭示机制，不过是按照皇帝进行的历时性抽样。既要揭示皇帝个体与时局的差异，也要探索其存在是否带有普遍性。大家都清楚，我们从不会要求社会学家穷尽样本。亦有别于一般史学研究抽取不同皇帝在位期间若干例证的方法，这种做法是默认皇帝个人风格无足轻重，将皇帝均质化为抽象的"皇权"。

将很多散布在西汉历史中、一般不会同处一文的人物，按照"宠"的关系与时间先后放在此部分，如宋昌、张武、邓通、赵谈、晁错、周仁、田蚡、卫青、张汤、东方朔、朱买臣、霍光、张安世、丙吉、石显、周堪、刘向、金敞、王凤、赵飞燕、董贤等等。以往的研究中，这些人会被安置在不同的类别中，如佞幸、宦官、酷吏、循吏、后妃、权臣、外戚等等，分别加以研究，或围绕事件或事件序列而登场。这里则采用新的角度与组合方式，围绕皇帝、围绕"宠"关系而组织在叙事中。

还有不少没有多少突出事迹的宠臣，或更多的努力过但没有成功者，史书中或只有一二句话提及，这些有名或无名者或纳入附录二，或在第四部分中予以揭示。借助他们，使此书的研究从通常所谓的"宠臣"走到了研究"宠"，走到了"关系过程"。"宠臣"与"宠"一字之差，式不尽相同，且不断在创新，随着时间推移而不断在各个朝代的不同空间中上演，以皇帝活动的空间——皇宫为核心而向心衔接，作为以皇帝为顶点的利益、名号与声望分配机制的寄生品，持续存在，构成了它的日常性。书中强调的"关系思维"亦是日常统治研究中作为基本出发点所坚持的。

书中论述的轴心便是第三部分。这里按照西汉十二个皇帝的先后次序，概括了各个皇帝在位期间信—任型君臣关系的情况。这部分出场的人物很多，有的读者认为有数人头之嫌，另外一些读者则感觉见到的都是老熟人，说的都是些老生常谈。这种感觉很正常，秦汉史史料不多，熟悉《史记》《汉书》者不少，加上《汉武大帝》一类电视剧的广泛传播，不会出现多少陌生人。正如列斐伏尔多次引用过的黑格尔的表述"熟知并非真知"，熟悉不一定是已知。屡见不鲜容易让读者忽略表面熟悉背后的陌生：这些人会同时出现在我们的历史叙述或历史剧的画面中吗？现实世界中类似现象的反复出现意味着什么？生活中熟视无睹的现象常常因其反复出现而被视为当然，不加深思，恰易成为人们认识上的盲区。学者的工作之一，就是"化熟为生"，将习见变为思考对象，探究内在的机制与意义。

书中之所以尽可能地搜罗出西汉十二个皇帝时期的宠臣，并分析他们与皇帝的关系及关系的演变，正是要论证这种关系作为一种机制的普遍性，强调的是各个皇帝在位时"有"宠臣与宠关系，至于找到的"宠臣"是否"全"，些恰恰是官吏们"能动性"的一个侧影，寄生在王朝体制之内，如影随形。跳脱朝廷的立场，这些实际就是"每天都在发生的匿名的、不声不响的常规性的实际反抗行动"[①]。更有意义的是，反抗行动的主体恰恰是官吏群体，而不是从属阶级——农民，让我们从更多的角度去认识官吏的复杂性，以及日常统治/反抗如何并存在一群人身上。官吏是否就可以不加思考地挂上统治阶级的签牌，也需要更仔细而全面的考察。只可惜，早期资料涉及他们观念世界的几乎没有，难以了解他们是如何思考的。

2018年出版的《宠：信—任型君臣关系与西汉历史的展开》一书，友人问起此书是否属于日常统治研究，从不同角度看，判断不尽一致。自短时段观之，宠与信—任型君臣关系的存在是超越礼仪型君臣关系之上的，不是日常，而是超常；但从秦代以降的王朝史看，宠与信—任型君臣关系又反复见于历朝历代，尽管小书只讨论了西汉一朝的情况，十一部正史中设立了《佞幸传》即见一斑，称为历史上"结构性的存在"不为过。由此看来，视之为历史上"日常统治"中如影随形的一部分亦不错。求宠→争宠→得宠→宠衰→失宠→新的求宠平行/交替出现，尽管采取的方

[①] 詹姆斯·C·斯科特《弱者的武器：农民反抗的日常形式》（*Weapons of the Weak: Everyday Forms of Peasant Resistance*），1985年初刊，郑广怀、张敏、何江穗译，郭于华、郗建立校，南京，译林出版社，2011年，第389页。他在另一部近著中讲述的美国军方在越战中如何制造数字来应付上司对战况胜负的了解，亦是一个足以对照的例子，见氏著《六论自发性：自主、尊严，以及有意义的工作和游戏》（*Six Essay on Autonomy, Dignity, and Meaningful Work and Play*），2012年初刊，袁子奇译，北京，社会科学文献出版社，2019年，第172—173页。

向的历史过程的把握。

此文的结论是农民的普遍化,始于战国,和国家转型、列国争霸的竞争局面分不开,亦是列国依靠威逼利诱制造出来的,百姓并非全然顺从,也有各种办法来对抗,逃亡山泽便是最为常见的办法。朝廷、官府与百姓之间的博弈持续了很长时间,文中估计到唐初才基本定型,前后近千年。这一缓慢而多歧的博弈,各地进展状况不一,且时有反复,是国家持续利用各种手段规训与塑造百姓的过程,同时也是百姓进行日常反抗的过程,虽然我们了解得更多的是见于记载的起兵、群盗之类,日常中通过改动户籍、欠缴赋税、脱籍逃亡、游食浮浪、经商贩卖等等隐蔽方式的对抗,应该更为常见与持久,也需要更多的关注。但在史书,特别是正史《循吏传》《良吏传》的叙述中,往往是在某位循吏劝导之下,一举改变了生计方式。这种夸张的叙事,与其说记述的是事实,不如说更体现了官府制造农民的急切心情,隐喻了这一过程的艰巨与复杂。

写此文时没有注意到斯科特《逃避统治的艺术:东南亚高地的无政府主义历史》一书,两者并观,可以发现更多有意思的对照与关联。

同样值得注意的是,官吏群体中持续存在的各种簿书欺谩、欺上瞒下、请托拉关系营私、粗心大意、应付差事(如吴简中的计算错误、文书上的"代署名"现象)、挖朝廷墙角、搭便车等等,斥为弊端不过是简单复制了朝廷的立场,失去了多角度认识官吏与制度之间关系的机会。这

2010年发表的《渔采狩猎与秦汉北方民众生计——兼论以农立国传统的形成与农民的普遍化》①，乍看题目，似乎属于经济史，的确，很多篇幅是在讨论战国秦汉民众的生计问题，其实本文的目的是在讨论农民如何普遍化，另一个更体现本文意图的题目便是"制造农民"。有几次演讲，用的就是这个更简洁而醒目的标题。

此文花费不少篇幅，且利用了众多历史地理、环境考古与动植物考古的成果，加上传世文献、简牍与画像石，来重建战国秦汉时期北方的自然环境状况，包括温度、动植物分布、陆地上的水体面积等，以及百姓生计的多样性，在此基础上分析战国以来列国争霸局面下，诸国如何通过法律手段强制将百姓固定在土地上，接受官府的授田从事农耕，为官府持续提供农产品。

农业起源是考古学的重要内容。个人感觉，这一领域不自觉的倾向是将中国农耕起源无限上推，对于发现的栽培作物存在的空间与时间范围缺乏仔细的研究，同时也对历史上许多现象缺乏有效的解释，如殷商和秦国墓葬大量使用人殉、人牲，以及甲骨中出现的很多关于田猎的记载。将农耕的发展视为一种单线的、不可逆的进化，一旦出现便只会扩大与深化，忽视了自然环境提供的丰富可能性，以及传统生计方式的惯性。这种假设无论是从文化人类学的研究还是历史记载看，都过于简单化，有碍于对复杂多

---

① 原刊《历史研究》2010年第5期，第4—26页，修改稿收入《近观中古史：侯旭东自选集》，第1—30页。

文标题亦如是①,但对何为"制度"的理解,却并不相同。笔者眼中,"上计"本是一种年度性反复出现的事务,立基于层层统计并上报的按月、时与年为单位的簿籍,按各种口径统计人、物的情况②,由郡国整理后派人到朝廷汇报。根据西北汉简以及尹湾汉简,还有其他地区出土的文书简牍,各级机构如何通过借助文书进行"计"与"课"可以有更清楚的认识。通常所说的"制度"现实中体现为持续不断的文书编制、核对、上报等等事务的循环往复,呈现在文书上的各类统计项目与数字不过是其结果,还有实际参与统计、抄写、核查、传递文书的里长、乡佐、隧长、候史、亭卒、传舍啬夫等等全国各地的各色官吏,以及每年接受上计的丞相、御史大夫,乃至关心上计数字真伪的皇帝。将"计"与"上计"还原为事务,便将原先投身其中的官吏,围绕"计"发生的各种争夺,包括所谓的"计书欺谩"重新纳入研究视野,看到的便是更为丰富的人与事务之间纠葛的展开,也就不会不假思索地将文献中零星出现的有关资料连缀成线,抽象为数百年间没有变化的"制度"。

---

① 安作璋、熊铁基《秦汉官制史稿》下册,便将"上计"放在第三编"官吏的任用、考课及其他各项制度"第三章"考课制度"下,济南,齐鲁书社,1985年,第388—403页。其余论文以"上计制度"为名者颇多,简要目录可参侯旭东《丞相、皇帝与郡国计吏:两汉上计制度变迁探微》,第100—101页。
② 具体情况,可参永田英正《试论居延汉简所见的候官——以破城子出土的"诣官"簿为中心》,收入氏著《居延汉简研究》,1989年初刊,张学锋译,桂林,广西师范大学出版社,2007年,第371—395页;李天虹《居延汉简簿籍分类研究》,北京,科学出版社,2003年。

最夸张的是《三辅决录》中的记载：朝会接见计吏时，东汉某位皇帝发现上郡计吏窦玄"仪状绝众"，一高兴，决定将公主下嫁给他。窦玄本已结婚，不敢违抗君命，只得与公主成婚。《艺文类聚》等文献还保留了其妻的别书。此外，皇帝接见计吏时常常会询问一些各地的风俗人物等，文献中保留了几例问题，如问日南郡计吏郡名的含义等，会推动计吏了解与关心本郡国的山川物产、风土人情①，所以有学者研究认为此举甚至推动了郡国"耆旧传""先贤传"之类文献的编撰②。

东汉皇帝接见成为计吏在洛阳活动的固定内容，带来一系列"意想不到"后果：从司徒与皇帝权力的消长，郡国计吏的精心选派，到郡志、杂传的编撰，等等。年度性事务中的关键性调整也引发了许多未曾料想的改变，如果仅仅停留在制度本身，不去考虑参与这一事务的各方人员如何应对，恐怕难以发现这些幽微而缓慢的变化③。

很多学者将"上计"视为一种制度，包括我自己的论

---

① 湖南郴州出土的西晋木牍计簿中，就记录了颇多当地的物产与古迹，可为一证。参戴卫红《从湖南省郴州苏仙桥遗址 J10 出土的晋简看西晋上计制度》，《中国社会科学院历史研究所学刊》第 8 辑，北京，商务印书馆，2013 年，第 155—173 页。
② 永田拓治《上计制度与"耆旧传""先贤传"的编纂》，《武汉大学学报》（人文科学版）65 卷 4 期（2012.7），第 49—61 页；林昌丈《汉魏六朝"郡记"考论——从"郡守问士"说起》，《厦门大学学报》（哲学社会科学版）2018 年第 1 期，第 134—136 页，此文承孙正军检示。
③ 以上详参侯旭东《丞相、皇帝与郡国计吏：两汉上计制度变迁探微》，《中国史研究》2014 年第 4 期，第 99—120 页。

"日常统治"并非真的仅限于每天发生的事务,只要是重复进行的事务,即便每年一次,亦无妨放在日常统治的视野中去分析。"兼行候事"即是一例,看不出固定的时间间隔,可能数月一次,只是反复出现。每年一次的郡国上计这样的大事,日常统治亦让我们看到不一样的风景。

上计,即年底时郡国派遣官吏到京师向朝廷汇报一年的工作,属于朝廷管理郡国的重要途径。宋代以来学者便开始关注,20世纪以后中外研究成果难计其数。仔细对照史料与后人研究,不难发现,上计中关于皇帝是否接见计吏一问题,众说纷纭,认真核查持肯定说者的证据,西汉时期不过是武帝时出现了四次接见而已,其他皇帝时未见任何一条史料,不免心生疑窦。回头再看前人研究,几乎都是两汉一以贯之加以分析,没有顾及其中可能发生的变化,产生上述误判亦不奇怪。

变化出现在东汉。光武与明帝有意扩张自己的影响,开始在正月旦日(初一)百官朝贺皇帝时让郡国计吏参加,且还有可能被授予一官半职。明帝更是增加了上陵礼,到光武帝的陵墓前汇报工作,也带着郡国计吏。由此成为东汉一代上计的一项固定内容,计吏拜官亦逐渐成为一种入仕的途径,不仅巧妙地削弱了原先司徒掌管的人事权,而且计吏能否获得官职取决于皇帝个人的现场感受,使得接见成为计吏们相互竞争与展示的舞台,也迫使郡国重视对计吏的选派。

> 的影响力,进而强化了属吏对他个人的迎合与依赖,因为赋予哪位属吏这种充满幻象的短暂权力的,正是候本人。不同的候主政时反复出现,长此以往,便会由对某个候"本人"的依附发展成作为"职位"/"个人"的"候"的依附,助长属吏对"候"(长吏)个人性的攀附与依赖。
>
> ……这种情况乃是从朝廷到地方,内地到边疆,各处各类官府运转中屡见不鲜的现象。一叶知秋,可以说,兼行候事之类的"兼行"反复运作下,在以事务为核心的制度运作之外,个人因素的重要性潜滋暗长,不知不觉中产生对制度的轻视、侵蚀、动摇、削弱乃至瓦解。当然,这一苗头从出现到蔓延,再到成为官场风气,在交往不甚便利的汉代要经历相当漫长的时间。长吏与属吏之间关系的紧密,乃至出现故吏现象,故吏含义的变化,是否与此有联系,都值得进一步思考。①

以上的看法难免推测成分,不过,当目光不再仅仅停留在规则与制度上,而是将制度规定、运行方式与具体的人联系起来,将人与制度的互动作为进一步思考的对象时,映入眼帘的就不单是"兼行候事"如何运行,还能看到更丰富的内涵。

---

① 侯旭东《汉代西北边塞它官兼行候事如何工作?》,收入张德芳主编《甘肃省第三届简牍学国际学术研讨会论文集》,上海,上海辞书出版社,2017年,第178—179页。

兼行候事的运作显示了西汉官吏制度中的矛盾性：一方面，体现了管理的严密与灵活，长吏不在岗，便要临时任命官吏代行其职，说明职位的重要性高过个人，具体文书处理坚持规则，又有所变通。另一方面，个人因素又在其运作中不断滋生壮大，一点一滴地蛀蚀着对事不对人的规则。长期来看，这一看似微小的蚁穴却会慢慢发展成侵蚀，乃至动摇秩序之堤的巨蠹。

因为"候"定期要到辖区各烽燧去巡视检查（当时称为"行塞"），还要不定期地到其上级都尉府（"诣府"），均要短期离开驻地，临时不在岗反复出现，"兼行候事"因而一再发生。这种情形的结果是：

尽管每次持续时日不长，但都会带来一些"反常"：原本身居下位的官吏，因此而暂时跃升为上级，对昔日的上司、同侪发号施令。无论是燧长或亭长，平时都是接受候长与关啬夫命令的下属，此刻一反常态，颠倒了往日的上下等级秩序，亦暂时拥有了凌驾往日同级的燧长与亭长等众朋辈之上的职权。士吏、候长、关啬夫与关佐等兼行候事时亦是如此。形成了暂时"反结构"的结构。不过，这种反结构依然是一种等级尊卑秩序，只是具体参与者之间的关系暂时产生了颠倒，秩序格局并无变化，其结果反而是巩固了秩序。同时，反复的运作中，无形间亦加强了候本人者进行的"使用"研究异曲同工。

西北汉简的研究,开展的工作没有三国吴简那么多,和日常统治有关的目前大概只有两篇:《西汉张掖郡肩水候系年初编:兼论候行塞时的人事安排与用印》[1]与《汉代西北边塞它官兼行候事如何工作?》。后面一篇值得介绍一下。

此文研究的是西北汉简所见军事候望系统中候官(与当时民政系统的"县"级别相当,故约略对应今天军队中的"团")的负责人"候"临时不在岗情况下,其他官吏(如属下的候长、士吏、关啬夫、关佐,乃至隧长、亭长等)如何暂时代行职务(当时称为"行候事"或"兼行候事")。最近不少学者关注此问题,高震寰、吉川祐资与鹰取祐司先后撰文讨论相关问题。我讨论的是其中内涵相对明确的"行/兼行",没有涉及"守""假"等其他名目的代理形式。此文系统收集了西北汉简中的有关资料,按照时间先后列表,揭示该现象存在的普遍性,并梳理与归纳了运行方式。一般的制度史研究恐怕就会止步于此,我不仅从简牍扩展到文献,指出这种工作方式在汉朝内从朝廷到地方、从民政到军事机构普遍存在,更想追问:临时代理的安排和具体被选中作为"兼行候事"的官吏之间的关系是什么;长远来看,这种安排又会带来什么意外结果(社会学所说的"非预期结果")。文中指出:

---

[1] 西北师范大学历史文化学院、甘肃简牍博物馆编《简牍学研究》第5辑,兰州,甘肃人民出版社,2014年,第180—198页。

这方面，可与 1973 年英国英格兰北部哈德良长城（Hadrian's Wall）南侧 Vindolanda 要塞遗址出土的 1000 多枚木简相媲美，当然无论是数量，还是内容，均远超后者①。研究上，中国方面，陈梦家结合考古学重建简牍内部的关系，垂范后世。日本方面，在森鹿三与藤枝晃带领下，几代学者沿着文书学的道路坚持不懈，聚沙成塔，成就斐然。永田英正集成各种簿籍，成功归纳出边地"候官"的职能，为汉制增添了新的一页。大庭脩不仅成功复原出"元康五年诏书"，为简牍册书复原与文书研究创立了一个珍贵的标本，引领后来者在复原道路上不断前进，还在此基础上，归纳出御史大夫日常政务中的职掌，而这并不见于《汉书·百官公卿表》。富谷至提出的"视觉木简"另辟蹊径，启发多多②。籾山明更是在反思古文书学研究取向的基础上，提出要关注文书的"工作取向"，试图将文书与使用者——官吏的工作结合起来，不再停留在古文书本身，他自己的具体研究很多正是践行了这一思路③。这一提法与笔

---

① 详情见牛津大学网页 http://vindolanda.csad.ox.ac.uk/exhibition/index.shtml 上的介绍。这些木简现收藏在大英博物馆，中文介绍，可参邢义田《罗马帝国的"居延"与"敦煌"——英国雯都兰达出土的驻军木牍文书》，1993 年初刊，后收入氏著《地不爱宝：汉代的简牍》，第 258—284 页。目前英国已在该长城沿线 20 处发现了木简，绝大多数是用金属尖笔刻画上去的，像 Vinlolanda 这些使用墨水书写的极少。可参 https://en.wikipedia.org/wiki/Vindolanda_tablets 上的介绍。
② 富谷至《文书行政的汉帝国》(《文書行政の漢帝國》)，2010 年初刊，刘恒武、孔李波译，南京，江苏人民出版社，2013 年，第 25—88 页。
③ 见籾山明《秦漢出土文字史料の研究—形態·制度·社会—》，東京，創文社，2015 年，第 353—355 页；具体评论见侯旭东《籾山明著〈秦漢出土文字史料の研究—形態·制度·社会—〉》，《日本秦汉史研究》18 号（2017.11），第 78—93 页；中文版收入《简帛研究二〇一七（秋冬卷）》，桂林，广西师范大学出版社，2018 年，第 334—342 页。

层层征集分配与转运，参与到维持孙吴王朝的进程中。

幸运的是，经济建设让消逝的历史部分复活。2002年偏僻的湘西龙山县里耶镇古井中发现了37 000多枚秦代的行政文书，2013年湖南益阳兔子山多口古井中出土了15 300余枚战国到六朝的行政文书，2014年湖南湘乡三眼井又有近万枚战国时期的官府文书露出了真容。还有长沙市内古井中出土的西汉、东汉简牍。一旦这些简牍全部公布，经过学者的研究，里耶秦简所展示的秦代洞庭郡迁陵县的运作，及其与下辖三个乡之间，与洞庭郡乃至秦廷之间的往来，以及益阳、湘乡简牍记录的当地历史的某些片段会大白于天下，这些司马迁、班固与陈寿都不曾见过的资料连接成另一条通往早期王朝隐秘历史的路径。在可以预见的未来，战国以来潇湘一带的历史将为之改观。局部的特写缀成多面显微镜，县以下世界的人事因此纤毫毕露。立基其上，自县（侯国）反观朝廷与国家，发现其间的关联，亦将成为新的视点。不再局限于王朝层面，关于早期王朝如何统治，会收获更为立体、多向的观察。这不仅在中国史上有意义，对于整个世界史而言，也将是颇具意义的成果。说不定，也会产生中国版的《朗格多克的农民》，甚至《蒙塔尤》。

汉武帝击退匈奴，控制了河西走廊，在西北设置了塞墙与烽燧，派兵驻守。20世纪初以来，烽燧遗址中不断出土简牍，数量已超三万枚，这些当年起草、抄录、编册、传递、存档、废弃的文书遗存，内容丰富，研究积累厚重。

册书开展工作，也开始受到学者的关注。通过最新一篇论文的逐层复原，从最常见的交纳诸米的册书复原到揭示处理册书的不同官吏，以及最终如何放入井中，在前人基础上对长沙走马楼 J22 古井出土三国吴简的性质，提出新的看法：

> 是临湘侯国主簿与主记史所保管的部分文书簿册（以仓曹、户曹上呈者为主，兼有少量田曹上呈的文书，其他曹文书则甚少）。①

论文在文字之外布满了表格与涂满各种颜色的揭剥图，研究吴简以外其他简牍的学者都望而却步，更不用说没有接触过吴简的一般魏晋南北朝史研究者，乃至普通读者了。虽然如此，正是在国内外有兴趣且能读懂的读者到不了百人的狭小领域中，公元 3 世纪初，三国时代孙吴王国下属的临湘侯国日常统治的神秘面纱正逐步被揭开。

将来同样需通过学者的"翻译"，一般读者才能迈进吴简的世界，明白在当时这个位于孙吴王国边陲的一个小小侯国中，百姓是如何受到官府的分类管理的，官吏如何与老百姓打交道，乡里如何设置、丘与里的关系为何，仓吏与库吏收到百姓的交纳物后如何处理，官吏计算错误与签署中体现的工作态度，这些百姓交纳的物品又是如何通过

---

① 侯旭东《湖南长沙走马楼三国吴简性质新探——从〈竹简肆〉涉米簿书的复原说起》，第 97 页。

除了君臣之间的文书往来,更为基层的郡县,乃至汉代西北边地军事候望系统的烽燧中出土的文书,也可以帮助今人重建当时不同层级的官府如何管理,如何维持统治。

过去二十年,花费了不少精力研究湖南长沙走马楼出土的三国吴简,一开始是盲人摸象式的探索,从"读简释词"到格式归纳,十年蹒跚。2008年以后才开始有意识地利用文书学的方法,借助揭剥图来复原简册,分析"吏民人名年纪口食簿"的性质与制作[①],最近又通过重建不同简册之间的关系,揭示不同层级的官吏在简册上的记号,尝试对吴简性质再做解释[②]。加上其他学者的努力,原先仅仅按照编号公布的竹简木牍,格式相同、内容相近,读完感觉平面、乏味、枯燥的一枚枚孤立的简牍,依据揭剥图、盆号、出土时的位置关系、编绳痕迹以及文字内容、格式等等,恢复或部分恢复为当时为特定目的而编制的册书。吴简中常见的几类文书在学者的努力下大多从散乱的简牍重建了旧有的联系,简册的原貌逐步呈现。更进一步,册书与册书之间的关系,不同岗位上的官吏如何制作与使用

---

① 侯旭东《长沙走马楼吴简〈竹简〉(贰)"吏民人名年纪口食簿"复原的初步研究》,《中华文史论丛》2009年第1期(总第93期),第57—93页;《长沙走马楼吴简"嘉禾六年(广成乡)弦里吏民人名年纪口食簿"集成研究:三世纪初江南乡里管理一瞥》,邢义田、刘增贵主编《第四届国际汉学会议论文集:古代庶民社会》,台北,"中央研究院",2013年,第103—147页。最新的修订本收入长沙简牍博物馆编《走马楼吴简研究论文精选》上,长沙,岳麓书社,2016年,第426—450、451—480页。
② 侯旭东《湖南长沙走马楼三国吴简性质新探——从〈竹简肆〉涉米簿书的复原说起》,长沙简牍博物馆编《长沙简帛研究国际学术研讨会论文集》,上海,中西书局,2017年,第59—97页;《湖南長沙走馬樓三国呉簡の性格についての新解釈》,收入藤田勝久、關尾史郎編《簡牘が描く中国古代の政治と社会》,東京,汲古書院,2017年,第199—222頁。

无足轻重的小事,从建议到讨论、批准与执行,自下而上、自上而下,让我们看到下级的建议如何推动朝廷官制上的微调。自一个小/大由人却完整的案例来认识"请"在帝国日常统治中如何发挥作用。

正如陈寅恪所说:"凡解释一字即是作一部文化史。"① 古人常用之字词尤其如此。除据新资料探索待解之僻字外,揭示生活与统治中常见关键性熟字熟词的含义及演变,对认识历史之蕴意的价值,恐不在小也②。这类研究从训诂学的角度没有太多新意可挖掘,主要是要将字词放在历史语境中,放在各种使用场合下,结合各种"事"加以分析,梳理字词与所指之间的关系,分析字词使用与人们活动之间的关联,以及时人赋予这些字词的意义很可能是复数的,并将这些意义放在更广阔的时空脉络中去理解,可以重建我们对一些基本问题的认识。这种做法和前面提到的"使用"视角内蕴相通。

---

① 陈寅恪来函语,见沈兼士《"鬼"字原始意义之试探》附录,收入葛益信、启功编《沈兼士学术论文集》,北京,中华书局,1986 年,第 202 页。
② 傅斯年早年曾在清人阮元《性命古训》(收入《揅经室集》"一集卷十",北京,中华书局,1993 年,第 211—236 页)基础上撰写《性命古训辨正》(1940 年初刊,重印本,桂林,广西师范大学出版社,2006 年),此前戴震《孟子字义疏证》便已开启这一研究,这种思路对于思想史之研究颇有意义。古文字领域此类研究颇多,于省吾的甲骨文研究之外,还有如杨联陞倡导的"训诂治史"以及对"报"的研究、裘锡圭对"格物"等的分析;涉及后代的,如秦晖对"平等"、陈熙远对"宗教"一词的梳理,等等;近代史中则有概念史与词汇史研究蓬勃发展,黄兴涛、孙江、金观涛、沈国威、陈力卫、冯天瑜、方维规、章可等用力尤多。另有复旦大学历史系编辑的《近代中国研究集刊》第 3 辑"中国现代学科的形成"(上海古籍出版社,2007 年)、第 7 辑"近代中国的知识与观念"(上海古籍出版社,2019 年),亦有不少论文涉及。其他领域,犹可深入分析的字词尚多,且不限于思想史领域的重要词语。感谢仇鹿鸣提醒我注意沈国威和章可的大作以及两本集刊。

墨迹浸渍，碑面已近黑色。问题似光，穿过似漆的碑文，隐在文字中的诸人恢复了片段生命，意义亦因时人位置与后人观察角度的不同而大小高下有别，呈现出丰富的层次。今天看来，这番探索，小中见大，甚至可以帮助我们重新认识王朝统治中臣民建议的作用，纠正过去强调皇帝支配的单向思维带来的认识偏差。

最初是想研究臣民对皇帝的各种目的的"奏请"，传世文献中反复出现，从涉及王朝江山社稷的请立皇后、请立太子、设立或改变制度、建议政策、重大案件的处理、官员的任免，到琐碎的小事，像乞求田地（如西汉成帝时张禹）。臣民创议虽很常见，却几乎未见进入学者的视野。这并不是一个可以忽视的枝节，涉及如何看待君臣关系、皇帝的作用，甚至王朝的性质。过去长期流行的是"皇帝专制论"或"皇帝支配论"，这种强调皇帝自上而下单向统御的视角下，"请"的资料再多，也会被遮蔽或遗忘。与此适可为比的是，君臣或臣下的"集议"，先后有永田英正与廖伯源两位的宏文讨论，以及秦涛的新著①，如果出发点依然是"专制论"或"支配论"，立场变成"过滤"资料与想法的筛子，资料再丰富，也无法经由实证来修订既有的结论。

关于"请"或"奏请"，资料十分丰富，一直有意加以研究，却苦于无从下手。读到了"乙瑛碑"，感觉是个可以入手的个案，尽管"乙瑛碑"镌刻的文书涉及的只是一件

---

① 秦涛《律令时代的"议事以制"：汉代集议制研究》，北京，中国法制出版社，2018年。

毋□□，如律令/令史□

这里的"须报府"便只能解释为"需要上报府"，而不是"等待上报府"。类似的用例《汉书》《后汉书》中更多。据此，"须报"二字，透露出司徒与司空二府在处理此事上的主动态势：是他们在引导桓帝如何处理，尽管表现方式是委婉的。这种委婉，应源自双方职分的不同。是否要"报"，毕竟当由皇帝（或代行皇帝职责的近臣）决定，二府只是建议，故须婉转暗示。

词汇的研究，一贯置于词汇史、语言学史中，很难和具体史学问题联系起来，揭示"乙瑛碑"文书上"须报"中"须"字包含的多重含义，为细腻把握当时司徒、司空与桓帝之间的关系，提供了可能。

这篇小文主要处理的便是文书中的四个词语，试图由词见人，揭示卷入这件事务的鲁相乙瑛与平、司徒吴雄与司空赵戒、桓帝、没有明确出场的权臣梁冀等等的作用，以及鲁国官民最后将文书镌刻于石碑的动机与意图。此事在皇帝与二府，乃至鲁相乙瑛眼中，属于不值一提的"琐事"，在鲁国臣民，特别是孔氏宗人心目中却是件"大事"，不惜刻碑纪念。孔氏后人更是奉若珍宝，历经近二千年而不毁，长期矗立在孔庙大成殿的东庑。自北魏郦道元以降，各代学者更是关注不断。

这件事在不同人眼里，轻重不一，幸亏留下了这方碑，提供了返回往事的契机。碑现高不到 2 米，经过反复锤拓，看《东汉〈乙瑛碑〉增置卒史事所见政务处理：以"请""须报""可许""书到言"为中心》[①]。

这篇小文直接的研究对象是保存在山东曲阜孔庙中的东汉桓帝永兴元年（153年）立的"乙瑛碑"（又称"孔子庙置卒史碑""百石卒史龡碑"）。因立在孔庙，很早就受到关注，宋代以来著录、题跋不断，书法角度的研究尤其多，史学角度的分析也有一些，但对刻在碑上的两份文书涉及的"增置百石卒史"一事处理，缺乏系统研究。小文从"政治过程"（现在看，称为"事务过程"更为准确）角度加以分析，重点考察了其中四个文书用语：请、须报、可许与书到言，借助辨析词语的含义，揭示背后的君臣之间微妙的关系，特别对与文书回复（报）有关的"待报""须报""未报"与"不报"内涵加以辨识，揭示了"待"字含义在西汉后期已从单纯的"等待"到衍生出"需要"义，最后则发展成为表示意愿的助动词、副词与连词，作助动词时意为"应当"。"须"字"需要"义的用例见于甘肃金塔县A32遗址出土的金关汉简，其中的甘露二年（前52年）"丞相御史书"（《肩水金关汉简·壹》73EJT1：3）中的一句：

　　廋索界中毋有，以书言，会月十五日，须报府，

[①]《中国中古史研究》第四辑，北京，中华书局，2014年。这是稍后发表的中文版，最先刊发的是日本版，收在藤田胜久先生编的论文集《東アジアの資料学と情報伝達》（東京，汲古書院，2013年，第235—271页）中。

的），也有旁人与后人眼中的（同样是复数的）。他虽是从语言角度来讲的，施用于其他领域亦然。因为在其他领域，人类的活动同样无法脱离语言来思考、交流与赋予意义。当我们历时性地观察如何"使用"以及其中生成的诸意义，就变为了人与人、人与事/物关系的历史研究。塞托关心的是对"使用者的使用方式"的分析，一般都会站在支配的角度，认为使用者处于被动状态，受到既有规则的支配，塞托则一反常道，通过调查去发掘"使用者独特的行为模式"，即消费者的生产，将福柯所揭示的规训机制下的消费者（被控制者）的实践方式展现出来，看他们是如何建立自己的反规训体系[①]。正像鲁斯·贾尔所注意到的，塞托的《日常生活实践 I 实践的艺术》中引用次数多的恰恰就是维特根斯坦[②]，显示了两者思想之间的联系。1840 年代马克思、恩格斯在《德意志意识形态》第一章"费尔巴哈"中反复强调的作为唯物主义基础的人的"实践"，"使用"不就是更多地体现为重复，且不见得处于"自觉"状态的"实践"吗[③]？上述著作研究的均非历史，更非中国，笔者前述研究与他们的思路颇有相合之处。事后拜读，让我平添了几分欣喜与信心。

哪些传统议题可以从日常统治的角度来研究？先来看

[①]《日常生活实践 I 实践的艺术》"总引言"，第 33—35 页。
[②]《日常生活实践 I 实践的艺术》"研究的历史"，第 20—21 页。
[③] 的确有学者从"实践"的角度将马克思与维特根斯坦的思想勾连起来，详见黄玮杰《马克思与维特根斯坦的相遇》，《世界哲学》2016 年第 3 期，第 17 页。

的想法、意图、欲望等等观念，使用过程中意义亦会叠加、变化或流失、争夺等等，行动与观念在此贯通无碍。

将"使用"从过去人们的生活实践中提取出来，作为视角来观察过去，把人与对象的关系及活动变为分析对象，涉及的问题便超越了人/事件/制度的区分，领域亦无限制，存在"使用"处皆可成为研究对象。限于资料的多寡，具体研究方式没有一定之规，既可以开展微观的透视，解剖麻雀，并立足于此，前瞻后顾、左顾右盼，上下打量；亦可以进行宏观的纵览与对比，揭示长时段下的延续与变迁。相关研究积累多了，自可产生新的总体性认识。

最近，先后读到维特根斯坦《哲学研究》以及米歇尔·德·塞托等著的《日常生活实践》，书中均关注"使用"。维特根斯坦后期哲学强调了日常语言的多重意义，有所谓"意义即使用"（meaning is use）[①] 的说法，一反他前期所服膺的分析哲学。这句话实际就表达了使用这种实践活动与（语言）意义生成之间密不可分的关系。当然，生成的意义应该是复数的，有当事人心目中的（这就是复数

[①] 此句有学者翻译为"意义就是用法"，将"use"译作"用法"。"用法"是语法意义上的表达，推敲维特根斯坦的后期哲学，他并不是在强调语言背后的唯一本质，而是突出了生活实践的意义，正如他所说的"语言的述说乃是一种活动，或是一种生活形式的一部分"，"一个词的意义就是它在语言中的使用"（the meaning of a word is its use in the language），"只有存在对路标的有规则的使用，存在一种习惯时，一个人才按路标走"，见维特根斯坦（Ludwig Wittgenstein）《哲学研究》（*Philosophical Investigations*）23、43、198，1953 年初刊，李步楼译，北京，商务印书馆，1996 年，第 17、31、120 页，因此，这里翻译为"使用"，才更能传达出他的想法。陈嘉映在《维特根斯坦读本》"导言"中亦是如此翻译的，北京，新世界出版社，2010 年，第 XV 页。

积陈重，1925年就出版过研究全世界人名避讳的专著；陈垣先生的研究，中国学者更耳熟能详了。将人名使用与国家构造联系起来，日本学者尾形勇做出过开创性的贡献，相关的研究后续还有一些，笔者只是将这种角度的分析做得更通贯与彻底一些。这些例子表明，日常统治研究并不一定要指向特定的领域与对象，而更主要体现的是研究的视角与方法，尤其是那些"日用而不知"的现象，若能捕捉到其内在的逻辑，化熟为生，别开生面，也会收获意外之喜。

"使用"是现实生活中稀松常见的实践活动，可以涉及所有人，如人名的使用，或部分人，如传舍的使用，以及我没有研究过的很多问题，如文字的使用、律令的使用、车马的使用、各种官爵名号的使用，等等。既可以是具体的实物或设施，又可以是规章，还可以是各种符号信物，如符、节、印章，等等，甚至也包括思想。更重要的是，"使用"是人施加于对象而产生的行为与活动，将人与对象勾连起来，是行为与意义交织的互动关系。这种勾连并非今天的研究者所构建的，而是历史中确实存在的现象。有些甚至能将国家内部上下的诸多层级、不同位置的人并置一处，参与其中者为数众多，反复发生，属于事务、小事件，而非"大事件"，亦非限于一时一地，甚至跨越朝代而存在。卷入其中的制度或律令亦不再是供在官府中的抽象条文，而是镶嵌在文书中的文字、官吏处理事务时不离左右的规章，活跃在反复的命令、转述与复述中。

使用亦不只是不加思考的重复动作，包含了使用者们的理解,莫衷一是①,无论如何作解,孔子所言是对子路关于为政何为先提问的回答,正名与为政之间存在紧密的关系,在孔子那里是肯定的。这里所说的"名"的内涵,应该十分丰富。名与为政秩序之间的关系,并非仅仅为孔子所关注,亦一向受到古代帝王的重视。汉文帝时宦者中行说投降匈奴单于,于是教单于改变文书中的称谓表达与简牍规格,汉廷给单于的文书,牍长一尺一寸,写"皇帝敬问匈奴大单于无恙",中行说令单于给汉廷的文书用一尺二寸的牍,而印与封检都比汉廷的大,上面写的是"天地所生日月所置匈奴大单于敬问汉皇帝无恙"(《史》110/2899),以示其倨傲。东晋南朝反复多次的"沙门不敬王者"争论,亦包含是称贫道,还是称名问题②。《隋书·东夷传》记述的倭国给隋朝的国书曰"日出处天子致书日没处天子无恙",引得炀帝不悦,说"蛮夷书有无礼者,勿复以闻"(81/1827),等于拒绝再与倭国往来。称呼与秩序紧密联系,牵动着皇帝的神经。

翻检一下学术史或看一下这些论文开头部分的综述,不难发现,上述问题并不新鲜,前人成果相当丰富,只是具体处理的角度与方式与众不同。有些角度,前人也已注意到,并做过探索,如分析人名使用,早的如日本学者穗

---

① 相关解说,可参曹峰《孔子"正名"新考》,收入氏著《中国古代"名"的政治思想研究》,上海,上海古籍出版社,2017年,第97—114页。
② 见僧祐《弘明集》卷五慧远"沙门不敬王者论"、卷一二"尚书令何充奏沙门不应尽敬"以下诸篇,影印本,上海,上海古籍出版社,1991年,第30页下—33页上、80页下—86页上;《高僧传》卷一三《兴福·齐释法献传》,第489页。

使用关系到帝国秩序的建立及其维系与运转。这些日常生活中体现出来的人名使用习惯，不断被重复、再现，逐渐发展到"日用而不知"的地步，尽管如此，人名使用所带有的意义依然潜在地制约着人们间的关系。

总之，立足"人名如何使用"这样一种最为常见的现象，去探讨古代中国国家是如何构成与维系的，较之马克斯·韦伯等的概括可能更贴近中国历史的实际。

使用人名是生活中最为常见而琐碎的现象，绝大多数人对此麻木无感，不会去关心与思考背后的逻辑。其中到底有何奥妙？深挖下去并不简单。国家对每个人的统治，可以说部分就是落实在细碎而平常的人名上，人名成为管理每个人的工具，让每个人各司其职，在不断的重复中成就与延续着秩序，实现着统治。

今人熟视无睹的现象，古人却颇为敏感。孔子在回答子路询问如何在卫国为政时，说过一段颇为有名的话：

> 必也正名乎！……名不正则言不顺，言不顺则事不成，事不成则礼乐不兴，礼乐不兴则刑罚不中，刑罚不中则民无所措手足。（《论语·子路》）

强调了"正名"的关键作用。当然，古往今来学者对此段称名与不称名在西周春秋以来的日常交往中体现和确认交往双方地位的尊卑高下，这种传统一直保持到近代。这也是世界上许多民族中广泛存在，或存在过的现象。而西周春秋的册命礼以及后来出现的"策名委质"则通过书写人"名"将尊卑关系发展成隶属关系，并使这种关系固定化，这是一次性的"称名"的发展，具有确立统-属关系的作用。后代出现的百官"名籍"也带有"策名"的含义，相应的则有"除名"。战国时产生的"四境之内，丈夫女子皆有名于上"的户籍制度也是一种"策名"，秦汉时期直接将户籍称为"名数"更显示了"名"与控制的联系。

通过"策名"确立了统治与隶属关系后，由"士、农、工、商"组成的百姓又进一步以"名"为媒介建立了与不同性质的"物"的责任关系：一是"物勒工名"所体现的工匠、监造官吏对器物质量的责任关系；二是"名田宅"所体现的"农"对系于其名下的田地负有的向官府交纳赋税、服役的责任，这种"名田宅"似乎难以用土地所有制加以解释；三是官文书上的署名所包含的有关官吏所承担的性质不同的责任，借此搭建起帝国内几类人与物的基本关系构架。

以人名在不同场合不同形式的使用为媒介，确立了统治者与被统治者的关系，被统治者与物的关系，构建出帝国的君—臣—民的等级关系体系，臣民的分工体系以及各类人的命运。从这个角度观察，人名的地展现在读者面前。

更早完成的对中国古代人名使用的研究,当时还没有具体提炼出"日常统治"这样的表达,现在想来,这一研究不仅首次将"使用"变为一种研究视角,而且也构成最早系统分析"日常统治"如何进行的案例。

此文名为《中国古代人"名"的使用及其意义——尊卑、统属与责任》,刊发在《历史研究》2005年第5期,修订后收入《近观中古史:侯旭东自选集》。文章初稿完成于2003年夏天"非典"肆虐北京期间,缘起是拜读了杨振红先生的大作《秦汉"名田宅制"说——从张家山汉简看战国秦汉的土地制度》(后刊发在《中国史研究》2003年第3期),引发了我对"名"的兴趣。此前研究汉魏六朝父系意识的成长时,便曾涉及姓名问题,这次又再度聚焦于"人名",很快就注意到清代以来学者"姓名"研究颇多,但主要集中在"姓氏"上,如"姓"的含义、得姓与改姓等;对于"名"则主要讨论取名的原则、"名"与"字"的关系、改名与排行等,仅个别学者注意到姓名的使用问题。一旦将问题从如何取名转移到有了人名之后如何使用、在哪些场合使用,便可以将称呼(如父前子名、君前臣名)、仪式(如策名委质)、名数(户籍)、物勒工名、官文书上官吏的签署以及名田宅制这些不同场合下"人名"的使用联系起来,进而归纳出"尊卑、统属与责任"三个相互关联的意义(功能)。论文最后的结论如下:

动与王朝存续的关系，折射出国家的某些特点。"传舍的使用"这样一类反复发生的"日常事务"开启了一个观察不同的人与律令、制度、机构的利用、对峙与争夺，展示官吏如何生存、皇帝的统治如何遭遇难以克服的困境、王朝日常如何运转与维持的生动窗口。

如果悬泉汉简的资料全部发表，还可以进一步去探索"悬泉置"的各种物资供应情况，目前仅有马匹与作为食材的"鸡"的供应，有学者做过分析①。资料一旦全部公布，或许可以开展更为丰富的研究，揭示当地百姓、县级机构等与置、传舍的关系。若此，"传舍使用"可以勾连更多的历史侧面，获得更广泛的延展，成为观察王朝下及百姓、上达皇帝的绝好窗口。

这类机构汉代以后诸朝亦反复设立，世界各主要帝国亦是如此。类似机构的设置与反复使用，也可以成为观察古代帝国及其统治的一个切入点。

略微转换视角便带来新视野与新问题，这不过是个例子。"传舍的使用"的提出，恢复了原本被切分到不同制度史领域的对象原有的内在联系，一系列新的观察与新的问题随之而生。日常统治也因之不再是抽象、干瘪的词语，通过特定时空中有名有姓的人物的细碎活动，具体而鲜活

---

① 张俊民《"县泉置元康四年正月尽十二月丁卯鸡出入簿"辨析》，《敦煌研究》1995年第2期，第180—184页；王子今《敦煌悬泉置遗址出土〈鸡出入簿〉小议——兼说汉代量词"只""枚"的用法》，《考古》2003年第12期，第77—81页；张俊民《悬泉汉简马匹问题研究》，收入氏著《敦煌悬泉置出土文书研究》，兰州，甘肃教育出版社，2015年，第300—383页。

究的焦点，围绕传舍出没的各色人等随之销声匿迹。如此处理后的传舍及其附属设施的历史与当时传舍运转的实态距离有多远，可想而知。

考虑到这些，过去研究人名时想到的"使用"再次迸发了活力：从传舍、传车、传马、传食与传信的孤立研究到"传舍的使用"。"使用"打破以往单独处理的对象之间的壁垒，相互贯通，更重要的是，将旧思路下遭到排斥的各色人等重新引入历史的前台，传舍成为在场的与不在场的各方人等与机构之间互动的历史现场，今人循此可以窥见汉朝统治如何展开。

当目光从甘肃敦煌悬泉 50×50 米的遗址扩展到整个汉王朝，不难想见，这样的舞台不止一处，遍布帝国各个角落的 2000 多个同类机构、同样的舞台会反复上演类似的故事，前前后后持续了数百年，与汉朝相始终。遭遇的不是重大事件，几乎都是反反复复、琐琐碎碎的日常事务。它所勾连的是各类人（官吏，皇帝，西域诸国的使者，甚至包括百姓——获准使用传舍的百姓）、制度（律令）运作、诏书、具体行为（朝廷眼中合规与不合规的）与传舍（机构）。"传舍如何使用"宛如一面可以转动的透镜，随着它的转动，看到的不仅是不同的人（不同处境中的官吏——传舍的管理者、签发传信的不同层级官员、使用传舍的官吏、西域使者以及皇帝——从签发传信、有请诏到无奈的诏书）与机构、围绕机构的律令、事务（合法使用与溢出律令之外的行为）的互动，甚至可以观察到传舍、这些互对相关问题的研究颇多,除了对传舍的专门研究,多半是放在交通、邮传或旅馆制度下,探索使用传舍所持有的"传"或"传信",往往附属于关津制度的研究[①]。分门别类的成果相当丰富,最近若干年,简牍资料不断出土与公布,从悬泉汉简到尹湾汉简、岳麓秦简、里耶秦简、长沙走马楼西汉简,涉及"传舍"及相关问题的不少,也催生了不少新的研究。

总体而言,无论传舍、传车与传马,还是传食与传信中的哪一个,前人研究都不算少,绝不是待垦的处女地或新领域。不断出土的新资料,推动相关研究仍在前进,但似乎所得也就是围绕这些问题的具体事实,没有多少可供开掘的空间。

既有的传舍研究实际被肢解到不同的领域去分别处理:无论是交通史,还是邮传制度,抑或关津制度,传舍的整体分析亦被称为"传舍制度"。因传舍是为官吏提供食宿与车马的机构,其存在无法脱离各种方式进入传舍的人:按照职分,负责直接管理传舍的官吏——传舍啬夫、传舍佐、为在传舍中食宿的官吏提供传食的"厨"的吏卒、驾车的"御"、照看传马的厩中官吏;负责签发"传信"的官吏——皇帝、御史大夫、郡守,乃至县令、候;使用传舍的各色官吏;以及根据诏书有资格使用传舍的百姓。

传统制度史/专史的视角下,机构、职掌与规定成为研

[①] 2008年以前相关问题研究的学术史,可参侯旭东《传舍使用与汉帝国的日常统治》,第61—63页。

吏以闻。①

所谓"无饰厨传增养食",就是不要改善住宿条件、提高接待的饮食标准。据《汉书》,类似的诏书宣帝元康二年(前64年)五月就曾颁布过,提到:"或擅兴徭役,饰厨传,称过使客,越职逾法,以取名誉,譬犹践薄冰以待白日,岂不殆哉!"(8/256)"饰厨传,称过使客,越职逾法"的批评,与上引敕文的内容没什么差别,敕文或许就是根据这道诏书提炼出来的。"冰冻三尺非一日之寒",同样的敕年年念,表明同样的问题年年得不到解决。皇帝的无奈与无力于此可见。增加传舍与置开支的各种因素相互叠加、日积月累,拉动官府财政负担不断攀升,以致不堪重负,成为制度变化的一个重要推手。到了东汉时期,朝廷已无力承受这方面的开销,只好大量裁减这类机构。而继之而起的新王朝为统御广土众民的疆域,不得不重建类似的机构,名称前后不同,功能类似,遭遇的弊病与问题亦类似②。

这一遍布汉朝各地的机构,《史记》《汉书》等传世文献中并无专门记载,只是在纪传叙事中偶有提及。宋代以来的类书(如《玉海》卷一七二"宫室·邸驿")或笔记(如明人谢肇淛《五杂俎》卷三"地部一"、顾炎武《日知录》卷二九"驿"等)开始注意。20世纪以后,中日学者

---

① 卫宏《汉官旧仪》卷上,收入孙星衍等辑《汉官六种》,周天游点校,北京,中华书局,1990年,第39页。
② 参侯旭东《皇帝的无奈:西汉末年的传置开支与制度变迁》,第32—44页。

此简无年代,从本探方(0213)地层②出土的带有纪年的简推断,应该不出元帝、成帝时期(前49—前7年)。西汉的金城郡枝阳县在今天甘肃省兰州市西北不远处。县长夫人与奴婢并非官吏,却同样享受传舍提供的免费口粮,等于占官府的便宜。她们从敦煌一路走到枝阳,相当于从今天的敦煌到兰州,恐怕都是如此。根据路途与沿途传置数量,从敦煌到枝阳一共要经过30个传舍或置,若每处仅食一顿,四口人总共要消费官府口粮:

30 处 × 1 食 × 0.12 石 = 3.6 石

原因也不难猜测,县长夫人的身份恐怕起了决定作用。类似"官太太"的消费记录,其他遗址还有发现①。一次违规接待消耗的口粮不多,如若全国2057个传舍或置都不时出现这类"跑冒滴漏",加在一起,口粮的数额恐怕就可观了。西汉时,每年年底各地郡国都会派遣官吏到朝廷"上计"。上计结束,返回郡国之前,丞相都要令人重复宣读同样的敕,其中就包括:

> 诏书无饰厨传增养食,至今未变,或更尤过度,甚不称。归告二千石,务省约如法。且案不改者,长

---

① 见甘肃金塔县A32遗址出土的汉简73EJT30:208B,见《肩水金关汉简(叁)》中册,第201页。这枚残牍记载了为接待到来的"居延都尉夫人",还有"使守阁熹取二斗",以下残。熹所取可能是米,用来招待尉夫人。这是金关接待经过的上级官员夫人记录。另有一枚仅存一半的签牌73EJT7:98AB记录"永始二年正月以来居延都尉夫人及吏、吏从者库吏奴婢名"(《肩水金关汉简·壹》中册,上海,中西书局,2011年,第164—165页),或许和此事有关。

図Ⅰ 「元延二年日記」関係地図

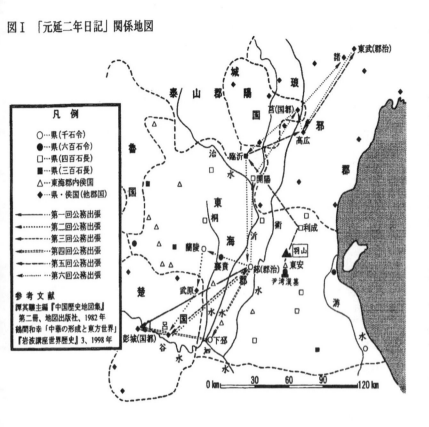

这套看似严密的制度现实中也抵挡不住官吏们有意无意地"搭便车""挖墙脚"或"假公济私"。悬泉置遗址出土过一枚传食记录，记载了这样一次接待活动：

> 出米一斗二升，十月乙亥，以食金城枝阳长张君夫人、奴婢三人，人一食，东。
>
> Ⅱ90DXT0213②：112①

---

① 胡平生、张德芳《敦煌悬泉汉简释粹》例86，第74页。

敦煌悬泉置便出土过若干这些注明了"有请诏"的"传信"抄件，即是实际行用后留下的记录。

当时官吏外出使用"传舍"的情况，可从师饶墓出土的竹简略知一二。该墓除了随葬器物外，还出土了23枚木牍和133支竹简。竹简中有完整或经过缀合复原的46支，还有残缺的断简10支，内容是在预先编制成册的成帝元延二年（前11年）历谱上的记事，整理者定名为"元延二年日记"，更新的研究还提出不同的名称，暂且不论。

"元延二年日记"的内容大多是哪天出发、到哪里住宿、和什么人见面等。这些写在历谱上的记事文字，秦代墓葬中就有发现，不是汉代才出现的新现象。有意思的是，根据日记，师饶这一年离开治所"郯县"到郡内外出差15次，出差时住宿的机构，使用最多的是各县的"传舍"，一共在13个传舍中先后住了37晚，这些传舍属于东海郡的5个、西南楚国的5个、东北琅琊郡的2个、北方城阳国的1个；其次在"亭"中住了29晚，涉及17个亭；"邮"与"置"中各1晚。元延二年一共354天，这一年中师饶有十分之一的日子是住在传舍中[1]，官吏外出利用"传舍"的频繁程度可见一斑。当时全国103个郡国，1587个县级机构，小吏工作中是否都是如此？下图是日本学者高村武幸所绘[2]：

---

[1] 详参侯旭东《传舍使用与汉帝国的日常统治》，第65—74页。"元延二年日记"的图版与释文见连云港市博物馆等编《尹湾汉墓简牍》，第61—67、138—144页。

[2] 见高村武幸《前漢末屬吏の出張と交際費について—尹灣漢墓簡牘'元延二年日記'と木牘七·八から》，《中国出土资料研究》第3号（1999），后收入氏著《漢代の地方官吏と地域社会》，東京，汲古書院，2008年，第138页。

次为驾,当舍传舍,如律令。(A)

Ⅱ90DXT0214③:73

为管理传舍及其附属设施,秦汉朝廷制定了颇多的律令,比较集中的是"传食律",有关条文亦散见其他的律中,如"置吏律""行书律""金布律"等。这些律令规定涉及传舍使用的诸多方面,归纳起来如下:

《二年律令·置吏律》:规定"乘传"人的范围。

《汉书·平帝纪》应劭注引"律":乘传凭证的颁发与传车规格。

《二年律令·传食律》:规定享用"传食"者的范围、标准与天数、享用传食的随从数量、马的饲料标准。

《二年律令·置吏律》:规定"传"内容对持传者的约束。

《二年律令·行书律》:规定传车使用的时间。

不详律名的"律":规定马匹如何登记名籍、死后如何处理等。

除了律令,皇帝的诏书则可以突破律令条文的规定,给予原本无法享用传舍的人以使用的资格。针对一些频繁要使用传舍的官吏(如驻守西域的北军军吏往返长安与轮台),原本需要皇帝批准才能签发的"传信",也可在履行了"有请诏"手续之后,没有得到皇帝批准便可持"传"上路。

令贺兼行丞事，谓敦煌以次为，当舍传舍，如律令。

　　　　　　　　　　　Ⅴ 1311③：315

郡级官府签发：

河平元年八月戊辰朔壬午，敦煌太守贤、丞信德谓过所县、道，遣广至司空啬夫尹猛，收流民东海、泰山，当舍传舍，从者如律令。

八月庚寅过东。（A）

　　　　　　　　Ⅱ90DXT0315②：36

御史大夫签发（非承制）：

神爵四年十一月癸未，丞相史李尊送获（护）神爵六年戍卒河东、南阳、颍川、上党、东郡、济阴、魏郡、淮阳国诣敦煌郡、酒泉郡。因迎罢卒送致河东、南阳、颍川、东郡、魏郡、淮阳国，并督死卒传棐（槥）。为驾一封轺传。御史大夫望之谓高陵，以次为驾，当舍传舍，如律令。

　　　　　　　　Ⅰ91DXT0309③：237

御史大夫签发（承制）：

甘露二年十一月丙戌，富平侯臣延寿、光禄勋臣显承制诏侍御史曰，穿治渠军猥候丞□万年漆光、王充诣校尉作所，御史大夫定国下扶风厩，承书为驾二封轺传，载从者各一人，轺传二乘。传八百卌四。以厩徒与马医。

使用传舍者需要持有官府开具的"介绍信",当时称为"传"或"传信"。"传"或"传信"具体注明了持传者的官职、任务与目的地等,持传者到达某一传舍后,传舍官吏拆开"传"的封检,并据此依律令规定的标准供应膳食、提供住宿,有些还要根据"传"的要求提供车辆。同时传舍官吏抄写一份"传"的副本(时称"副")留作档案。持传者离开前,在"传"原件上注明享用"传食"的最后日期并重新封好,交给持传者带到下一传舍。接待任务完成后,传舍官吏还会根据消费食物情况做记录,恐怕会和留作档案的"传"副本一道定期汇总上报。

由不同机构签发的传与传信抄件各举一例如下:

县级官府签发:

> 永始二年三月丙戌朔庚寅,泺涫长崇、守丞延,移过所,遣□佐王武逐杀人贼朱顺敦煌郡中,当舍传舍,从者如律令。
>
> Ⅰ0110①:5

郡签发(以令为驾):

> 使乌孙长罗侯惠遣斥候恭上书诣行在所。以令为驾一乘传
>
> 甘露二年二月甲戌,敦煌骑司马充行大守事,库

传舍也备有车马,称为"传车""传马",需要时亦动用它们来完成传送任务。因此,传舍附有"厩"饲养、管理马匹,对频繁使用的"传车"也有细致的管理。下图是悬泉置中汇报传车状况的文书。

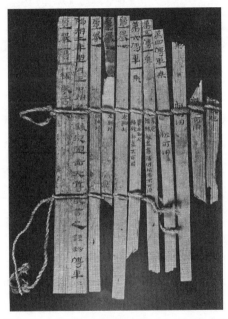

图四 悬泉置出土的西汉成帝阳朔二年(前23年)传车亶擧簿

传舍所需各种物资均由官府供应,马匹亦由官府调拨,只有官府马匹不足时,才会调用百姓的私马从事运输活动。从悬泉置出土的简牍看,它相当于今天的一个"全额财政拨款机构"。

负责传舍的官员称为"传舍啬夫",另有副手"传舍佐",厨与厩亦设有啬夫与佐,厩还有厩御(负责驾车)、

图三 谷歌地图上敦煌悬泉置遗址的位置

内地传舍设于县,因而,分布并无一定之规。西北边地大约是平均60汉里(约50华里)设一置。酒泉郡内交通线长694汉里,有"置"11处,悬泉置西边有遮要置,东边为鱼离置。文献所见内地传舍十余处,据简牍与遗物,西极敦煌,东至江苏,南抵长沙、四川,均发现了涉及"传舍"的简牍或文物。

传舍主要为官吏因公出差提供免费食宿,兼及一定级别的赴任、卸任官员及军吏、县道有急事或言变事等服务,有时还要提供车马。服务对象不仅包括官吏及其随从,亦要为马匹提供食物,当时称为"传食",因此传舍设有"厨"来供应膳食。

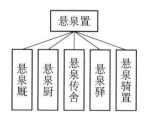

35 000多枚简牍,有文字的多达23 000多枚。资料正式发表2019年才开始,部分的披露以及相关的研究,早已进行了二十多年。根据发掘者、整理者公布的部分资料,以及他们的研究[①],悬泉置的基本情况已大致清晰。我们主要根据悬泉置以及前述师饶墓出土的简牍来窥见西汉时期"传舍"的使用情况。

图二　甘肃敦煌悬泉置遗址航拍照片

内地传舍应当与邮、置分别设置,西汉末东海郡就是如此。这些机构功能上又有重合之处,因此,文献中常常不加区别。

---

① 主要有甘肃省文物考古研究所《甘肃敦煌汉代悬泉置遗址发掘简报》《敦煌悬泉汉简内容概述》与《敦煌悬泉汉简释文选》,均收入《文物》2000年第5期,第1—45页;胡平生、张德芳《敦煌悬泉汉简释粹》,上海,上海古籍出版社,2001年;郝树声、张德芳《悬泉汉简研究》,兰州,甘肃文化出版社,2009年;以及张俊民《敦煌悬泉置出土文书研究》,兰州,甘肃教育出版社,2015年。全部资料2019年起,分八卷由上海中西书局出版。

一直都存在，直到今天。唐代称为客馆与驿①，宋代叫馆驿②，元代名为驿站（站赤)③，明清两代沿用驿站之称④，各朝各代的管理方式不尽相同。

传舍一般设置在县或县以上的治所，或在城内，或在城外，未必统一。边陲地区，如敦煌、酒泉郡，人烟稀少，各县相距较远，或为减少开支，传舍则与其他负责传递文书的"置""驿"等并置一处，且不一定位于县治。

1990—1992年在甘肃省敦煌市东北挖掘了悬泉置遗址，该置当时行政上隶属于敦煌郡效谷县，却位于悬泉，其中包含了传舍，还有驿、骑置、厩与厨。这一遗址出土了

---

① 有关研究见大庭脩《吐鲁番出土的北馆文书——中国驿传制度史上的一份资料》，1959年初刊，中译本收入《敦煌学译文集——敦煌吐鲁番出土社会经济文书研究》，兰州，甘肃人民出版社，1985年，第794—817页；鲁才全《唐代的驿家和馆家试释》，《魏晋南北朝隋唐史资料》第六辑（1984），第34—38、33页；孙晓林《关于唐前期西州设"馆"的考察》，《魏晋南北朝隋唐史资料》第十一辑（1991），第254—262页；李锦绣《唐代财政史稿》第三册第一章三"交通运输费用·驿馆"，1995年初刊，北京，社会科学文献出版社，2007年，第159—181页；荒川正晴《ユーラシアの交通・交易と唐帝國》第Ⅱ部第4章"唐代公用交通システムの構造"，2000年初刊，名古屋，名古屋大学出版会，2010年，第157—225页；孟彦弘《唐代的驿、传送与转运》，2006年初刊，收入氏著《出土文献与汉唐典制研究》，北京，北京大学出版社，2015年，第100—124页。
② 宋代馆驿的分布、职能及与递铺的关系、驿券使用方式等，参曹家齐《宋代交通管理制度研究》第一章"域内人员往来制度"，开封，河南大学出版社，2002年，第11—75页；《地方志与域外汉籍：揭开宋代驿传制度奥秘的钥匙——兼谈正史、政书、类书等文献对宋代典章制度记载之局限性》，2007年初刊，收入氏著《宋代的交通与政治》，北京，中华书局，2017年，第23—33页。
③ 党宝海《蒙元驿站交通研究》，特别是第四、五、六章，北京，昆仑出版社，2006年，第159—277页。
④ 参杨正泰《明代驿站考》"综述"，1994年初版，增订本，上海，上海古籍出版社，2006年，第2—5页；吕景琳、若亚《略论明代驿传之役》，收入中国明史学会编《明史研究》第5辑（1997），第149—155页；刘文鹏《清代驿传及其与疆域形成关系之研究》，北京，中国人民大学出版社，2004年；《清代驿站考》，北京，人民出版社，2019年。

第32—43页。《「朝宿の舍」から「商舗」へ——漢代の郡国邸と六朝の邸店についての一考察——》，收入大阪市立大学大学院文学研究科東洋史学専修研究室編《中国都市論への挑動》，東京，汲古書院，2016年3月，第97—132页。

《皇帝的无奈：西汉末年的传置开支与制度变迁》，《文史》2015年第2辑（总111辑），第5—66页。"The Helpless Emperor: The Expenditure on Official Hostel System and Its Institutional Change in the Late Former Han China," World History Studies 3.2 (December 2016): 1 - 23.

"传舍"是官方设立的，为官吏外出公务以及卸任、赴任官吏等提供免费食宿与车马的"招待所"。最早见于战国后期，秦代亦设置①，一直沿用到东汉末期。我曾经做过推算，按照30汉里设置一个来计算，西汉末年全国1587个县级机构，加上22条主要交通线上单独设置的一共当有2057个这类机构②。魏晋以后，名称有变化，但此类机构

---

① 湖南大学岳麓书院藏秦简《三十四年质日》三月己巳日注"治传舍"（简0633）（朱汉民、陈松长主编《岳麓书院藏秦简·壹》，上海，上海辞书出版社，2010年，第14页）；湖南龙山县出土的里耶秦简8-801 始皇卅年（公元前217年）"作徒簿"，提到两位仗城旦"治传舍"，见陈伟主编《里耶秦简牍校释》第一卷，第229页，应该就是"某县舍"。
② 侯旭东《皇帝的无奈：西汉末年的传置开支与制度变迁》，《文史》2015年第2辑（总111辑），第15—18、45—55页。

七、日常统治研究的初步探索

道理讲了很多，这些视角与方法是否有价值，需要通过具体研究来检验。不妨先来看看本人的研究，观察一下揭示历史上的日常统治究竟能带给我们什么新视野。

一个比较充分的个案是围绕汉代传舍使用的研究。就这一问题前后发表了五篇论文，从不同侧面对"传舍使用"这一王朝统治中各地反复出现的事务进行了深描。论文具体信息如下：

《传舍使用与汉帝国的日常统治》，《中国史研究》2008年第1期，第61—82页。

《西北汉简所见"传信"与"传"——兼论汉代君臣日常政务的分工与诏书、律令的作用》，《文史》2008年第3辑（总第84辑），第5—53页。

《汉代律令与传舍管理》，《简帛研究二〇〇七》，桂林，广西师范大学出版社，2010年，第151—164页。

《从朝宿之舍到商铺——汉代郡国邸与六朝邸店考论》，《清华大学学报》（哲学社会科学版）2011年第5期，到现代的厕所①。没有关于日常统治的书,更没有相关的研究会与刊物。

英文世界中,也没发现类似的说法。因此,还需要更多的努力去厘清、阐发与论证,充实与明确"日常统治"的内涵,在有意识的建构中逐渐将其发展成学术术语。这一过程中产生的学术成果,也会丰富我们对古今的认识。

刘永华在思考如何研究"物"的过程中,亦强调从"物"与"人"的关系过程加以分析:从"物"的生产、分配、交换与消费入手,打通经济过程、社会关系与意义体系,焦点落实在日常中。不只是琐碎的日常,亦包含了微观权力运作的舞台的日常,提出了一个物质文化史的宏观框架②。侧重点与我的想法略有不同,追求上相近或相合之处颇多,值得并观。

---

① 京都,ミネルヴァ書房,2016 年。
② 刘永华《物:多重面向、日常性与生命史》,《时间与主义》,第 157—178 页。

门、崇政殿、凤凰楼、清宁宫,联成一条中轴线,是皇太极进行日常统治活动和后妃居住的地方。"(第44页)1982年第2期《景德镇陶瓷》,李知宴《唐英铭款青花花卉供瓶——兼谈清乾隆时期的制瓷成就》云:"养心殿是明清皇宫西六宫最大的一所宫殿,清代雍正以来是皇帝居住和从事日常统治活动的中心。"(第9页)1986年第4期《南洋问题》,陈碧笙《华侨问题的实质》云:"(西方殖民者)在日常统治中,又故意采取挑拨离间政策,制造不和,进行分化,分而治之,使各族人民互相猜忌,不易团结对敌。"(第40页)这些均是描述性的表达。

检索"华艺数位台湾学术文献"(数据库),则找不到以"日常统治"作为题名或关键词,或摘要中包含此用语的论文。

日本出版的大型工具书《歷史学事典》卷六"历史学の方法"在"領域:史的類別"一类下列举了56个具体史学门类,从国家史、国制史到陶瓷史、度量衡史、食物史、服饰史、景观史。没有提到生活史、统治史,更没有日常统治史[①]。

这毕竟是二十年前出版的工具书。翻翻2017年第5期的《史学杂志》,倒是见到家具史,甚至成立了屎尿·下水研究会,且出版了论集《トイレ:排泄の空間から見る日本の文化と歷史》,从绳文时代遗址出土的"粪石"一直讲

---

① 尾形勇等主编《歷史学事典》第六卷,東京,弘文堂,1999年。

者与死者之间的联系①。

中国传统中的"人观",颇为复杂,这里无法详细展开,只需注意古人心目中"人"产生与存在所含的各种"关系性":从天地、阴阳、鬼神到祖先、君臣父子、君子小人等等。各种文化中对"人"的理解也是颇有差异,无法简单套用西方近代的"个人"与"个人主义"作为不证自明的前提②。

截至当下,"日常统治"在中文世界,主要用作描述性的词语,尚未成为一个带有明确意涵的学术术语。

2019年5月2日检索知网,论文篇名带有"日常统治"的,只有我2008年发表的《传舍使用与汉帝国的日常统治》一篇;关键词有日常统治的,只有三篇,外加孙闻博的两篇论文;摘要有"日常统治"的17篇,涉及商、汉、唐、宋、元与民国时期;全文使用过"日常统治"的177篇,有综述、引文和论文。最早使用的是1976年第6期《文物》对故宫的介绍:"(故宫)后部有乾清宫、交泰殿、坤宁宫及东、西六宫等,是封建皇帝进行日常统治活动和后妃居住的地方。"(第84页)同年第9期沈阳故宫博物馆《从盛京宫殿看清初对东北的统一》有类似的表述:"大清

---

① 可参高木智见《先秦社会与思想——试论中国文化的核心》第三章"永存的血族",2001年初刊,何晓毅译,上海,上海古籍出版社,2011年,第129页;杜正胜《从眉寿到长生——医疗文化与中国古代生命观》"生死篇——生死之间是连续还是断裂",第307—332页。
② 扼要的对比与分析,可参马赛尔·毛斯《一种人的精神范畴:人的概念,"我"的概念》,第276—286页;黄应贵《人观、意义与社会》"导论",第1—26页。

必形体精灵相会,然后物生,故云鬼神之会。……秀,谓秀异,言人感五行秀异之气,故有仁义礼知信,是五行之秀气也。"①《正义》所言将人如何形成与产生,说得很明白,是天地阴阳鬼神等交汇和合而成。按照《礼运》的说法,作为贯穿性的物质,则是"气"。这种观念并非自古如此,而是春秋战国才出现,此前对人的认识则经历了由外而内的发展,五脏六腑与气论,均是在周代,特别是春秋战国时期才成长起来的②。

中国传统医学的成型与这种观念密不可分③。儒家亦接受此说,但更多的是偏重于人在不同群体中身份与关系的建构,从"仁者爱人"到强调"君臣父子"人伦关系,以及对心性修养的推崇④,看似与前者有别,但在人并非是一个不可分的实体上却是共通的。

此外,生者亦是在与死去祖先的互动中存在,互动主要体现为持续进行的子孙祭祀祖先/祖先庇护子孙。至少殷商以来便是如此,原先主要流行于王室与贵族之间,后来逐渐扩散到百姓中。这同样显现了人存在于关系之中:生

---

① 孔颖达疏《礼记正义》卷二二,阮元《十三经注疏》下册,北京,中华书局,1980年,第1423页上。
② 杜正胜《从眉寿到长生——医疗文化与中国古代生命观》"形神篇——中国传统对'人'的认识",台北,三民书局,2005年,第79—154页,特别是第89、109、149页。
③ 传统医学发展出一套被称为"数术的身体观"的基本认识,相关研究见李建民《发现古脉——中国古典医学与数术身体观》,北京,社会科学文献出版社,2007年,第149—173页,关于该身体观的概括,见第158—159页。
④ 关于儒家的身体观及与医学上气论的关系,可参杨儒宾《儒家身体观》,修订二版,台北,"中央研究院"中国文哲研究所,2003年,第1—26、41—43页。

于"人"的理解各有差别①。英文中的"individual"源自拉丁文"*individuus*",本意是"不可分割",17世纪之后才用来表示个人概念②。近代的这种新意,恰恰是与中国传统的观念相对立的。

中国传统的"人观"也是经过漫长的历史发展而成形的,成形之后,也并非单数的,儒家与道家、医学上的看法各有侧重,不过,有一点却是相同的,即人并非不可分割的实体,而是由各种不同的部分构成的。如《礼记·礼运》中所说:

> 故人者,其天地之德,阴阳之交,鬼神之会,五行之秀气也。……故人者,天地之心也,五行之端也。食味、别声、被色而生者也。

《礼记正义》在解释前一句时说:"天以覆为德,地以载为德,人感覆载而生,是天地之德也。……阴阳则天地也,据其气谓之阴阳,据其形谓之天地。独阳不生,独阴不成,二气相交乃生,故云阴阳之交也。……鬼谓形体,神谓精灵,《祭义》云'气也者,神之盛也,魄也者,鬼之盛也',

---

(接上页)朗西斯·福山《政治秩序的起源》,第30—34页。
① 一些例子可参黄应贵主编《人观、意义与社会》,台北,"中央研究院"民族研究所,1993年。
② 参雷蒙·威廉斯《关键词》,"Individual"(个人、个体)、"Personality"(人格、性格),第231—236、348—352页;马赛尔·毛斯(Marcel Mauss)《一种人的精神范畴:人的概念,"我"的概念》,1938年初刊,收入氏著《社会学与人类学》(*Sociologic et anthropologie*),1950年初刊,佘碧平译,上海,上海译文出版社,2003年,第287—297页。

思想传统①到人名)、与事、与物、与制度之间构建与维持关系的一种特定方式，强调的是人对后者的驾驭、开发与将后者作为工具来实现人的各种目的。因目的不同，具体内涵会不止一种，如人名使用所揭示的，呈现的是前者与后者之间持续的工具性关系。

如何理解史学所关注的"人"，特别是中国历史上的"人"，关系思维也提供了重要的启发，有必要在此略加讨论。现在作为前提而广为接受的"个人"与"自我"，是近代西方的产物。一般认为，"个人主义"与资本主义密切相关，也有学者认为早在13世纪的英格兰便已出现②。无论如何，不是东方原发的思想与行为。20世纪初，与"个性解放"等等一道，作为西方思想的一部分传入中国。此前普遍存在的是作为"社会性动物"的人③，不同的文化，对

---

① 王汎森在研究近代思想史时就特别提到"除探讨思想的本质外，也应及于它后来在形形色色的'使用'之中所扮演的历史作用"，"除了留心重建思想的面貌，应当留意思想传统如何被以形形色色的方式在'使用'，以及在不同的时代脉络之下，不同的'使用'所发生的历史作用"，见《中国近代思想中的传统因素》，1997年初刊，后收入氏著《中国近代思想与学术的系谱》，第152、179—180页。亦见该书《引论：中国近代思想文化史研究的若干思考》，第3—5页。
② 可参雅各布·布克哈特（Jacob Burckhardt）《意大利文艺复兴时期的文化》（*The Civilization of the Renaissance in Italy*）第二篇"个人的发展"与第四篇"世界的发现与人的发现"，1860年初刊，何新译，北京，商务印书馆，1979年，第139—183、335—390页；C. B. 麦克弗森（Crawford Brough Macpherson）《占有性个人主义的政治理论》（*The Political Theory of Possessive Individualism: Hobbes to Locke*），1962年初刊，张传玺译，杭州，浙江大学出版社，2018年；以及艾伦·麦克法兰（Alan Macfarlane）《英国个人主义的起源：家庭、财产和社会转型》（*The origins of English individualism*），1978年初刊，管可秾译，北京，商务印书馆，2013年。
③ 关于"个人"与"个人主义"观念在中国近代流行的情况，可参金观涛、刘青峰《观念史研究：中国现代重要政治术语的形成》，第147—174、510—512页；人类历史上"社会性"先于"个人"的分析，见弗（转下页）

思维定式与单一自上而下俯视的认识方式,在中国,这种单向的视角已经存在并风行了二千多年。同时,关系思维下的观察将观察本身亦纳入思考,不再是主观-客观二分意义上的观察,而与观察者现实中的生活实践相结合,带来的不只是多元的认识,还有对未来实践的启示。

"关系思维"为何强调是"以人为中心的"?这里的人,是具体时空下的具体的人,就是为了避免重蹈主体/客体二分的弊端以及这种观念支配下出现的结构主义或网络关系分析这类抽象的关系研究。尽管我们也可以剥离了语境、场合来谈论关系,谈论关系与人,但这只不过是一种人为的抽象物。关系的建立、维持、破坏、重建与认知,均无法离开具体的人,即便是自然界中的关系,如银河系中天体之间关系的发现,亦是源于人类的观测与研究,人类历史中更是如此。人与人之间的关系,自不待言,人与事、与物、与制度之间的关系,同样如此。"关系的关系"引入了后见之明,那只是补充了后人从历史结果角度的观察,后人不是个抽象的符号,而是某个时期特定视角下的具体的人。①

后文在介绍笔者的研究时,多次提到了作为研究角度的"使用"。漫言之,"使用"也可以视作一个视角,进一步分析,它不过是以人为中心的关系思维的一种具体展开。"使用"作为视角所呈现的,乃是人与名(从词汇、概念、

---

① 李溪提醒我注意现象学强调的"交互主体性"概念,谨谢!

必须指出,"实体思维"相对于特定的参照系是足以成立的,只是不能将其绝对化。它与"关系思维"之间的关系是共存与互补的,换言之,应该用"关系思维"来看待两种思维方式,不是简单的非此即彼、相互取代,而是针对具体情况,相互启发、并行不悖。根据研究所处的状态选择恰当的思维方法与研究路径。相对而言,实体思维是更为基础性的,只有先将"是什么"解决好,才能更上层楼,扩展视野,将对象放在语境中去分析。从另一个角度看,仅仅限于实体思维,解决了"是什么"的问题还不够,还需要补充"关系思维",将对象放到语境中、放到关系网络中、放到结构中去认识。追求的是"关系中的实体""实体上的关系",以关系思维统摄实体思维。

关系思维意味着多元与互动,从不同角度去看待关系。即便最简单的"A与B的关系",至少可以从三个角度去观察:A的角度、B的角度与A和B的关系的角度。如果再引入"关系的过程",则还需要增加时间维度的过程分析:A_1与B_1的关系……A_n与B_n的关系如何发展到A与B的关系。考虑"关系的关系",即"A和B的关系与C的关系",至少还需增加三个角度的观察。如此可以将主位观察与客位观察、内部视角与外部视角、局内人与局外人的视角、顺时而观与后见之明结合起来,挖掘被抑制、遮蔽的声音,借助对人与人/事/物的关系、言与行、可能与现实关系的分析,为面向未来、立足于人的解放的史学提供基础。复数目光的注视下,有可能突破"发号施令、风行草偃"的就历史研究回应了相对论中对参照系的认识,强调了研究者的意义及其自身的历史性,意味着我们并非历史的终点,不过是不间断的过程中的一环,需要将自己、自己的认识放到历史进程、放到关系及其进程中加以相对化。德国哲学家卡西尔将近一个世纪前就指出,概念的真正意涵来自于各种关系,近代科学的标志就是关系的思维方式①。

2019 年 6 月,偶然注意到日本著名的新马克思主义哲学家广松涉(Hiromatsu Wataru)的著作。他也是从物理学进入西方哲学与马克思主义研究,建立了关系主义存在观。强调"关系第一性",倡导"事的世界观",反对基于"实体主义"的"物的世界观",以及主观-客观二分的图式。他认为"在现代科学中曾是实体主义'最大据点'的物理学领域,已经出现了从实体主义向关系主义的急剧转换"。他的理论不仅基于物理学,也吸收了 20 世纪西方哲学的进展,特别是胡塞尔与海德格尔的思想,具体内容颇为复杂②,这里不拟详论。广松涉的思想与罗嘉昌的思想颇有相通之处,都为笔者从关系思维出发的研究提供了哲学上的基础。

---

① Ernst Cassirer, *Substance and Function and Einstein's Theory of Relativity*, Chicago: Open Court Publishing Company, 1923, pp. 53 – 54, 227 – 229, 255 – 256, 305 – 306.
② 广松涉的著作颇多,部分有中文译本,涉及他自己思想的有《事的世界观的前哨》(《事の世界観への前哨:物象化論の認識論的=存在論的位相》),1975 年初刊,赵仲明、李斌译,南京,南京大学出版社,2003 年;《存在与意义——事的世界观之奠基》(《存在と意味:事の世界観の定礎》)第一卷、第二卷,1982、1993 年初刊,彭曦、何鉴译,张一兵校,南京,南京大学出版社,2009 年。有关说明,见《存在与意义》第一卷"序言",第 1—13 页,引文见第 4 页。

表现,从而否定了绝对与本质。因而,对物质、时间、空间等的认识,无法脱离参照系,亦无法脱离观察者。这些均需放在与参照系构成的关系中去认识。这些是先于对象而存在的,就如同父母关系是先于具体的父母而存在的。所以罗嘉昌提出的"关系实在论"中有一点便是"关系先于关系者"①。自然世界无法脱离观察者——人来认识,人类社会亦然。对人类而言,时空亦非绝对的。马克思早在1845年就先知般指出"人的本质并不是单个人所固有的抽象物,在其现实性上,它是一切社会关系的总和"②。一个多世纪以后,诠释学理论集大成者,德国哲学家伽达默尔说:

> 一种真正的历史思维必须同时想到它自己的历史性。只有这样,它才不会追求某个历史对象(历史对象乃是我们不断研究的对象)的幽灵,而将学会在对象中认识它自己的他者,并因而认识自己和他者。真正的历史对象根本就不是对象,而是自己和他者的统一体,或一种关系,在这种关系中同时存在着历史的实在以及历史理解的实在。一种名副其实的诠释学必须在理解本身中显示历史的实在性。③

---

① 罗嘉昌《从物质实体到关系实在》,第49、50、5、113—122页。
② 马克思《关于费尔巴哈的提纲》,1845年笔记本中的稿本与1888年恩格斯发表的版本中,此段一致,见马克思、恩格斯《费尔巴哈》,第85、89页。
③ 汉斯-格奥尔格·伽达默尔(Hans-George Gadamer)《真理与方法》(*Wahrheit und Methode*),1960年初刊,修订译本,上册,洪汉鼎译,北京,商务印书馆,2016年,第424页。

于商周，产生于战国时期①。普鸣的研究实际是将这种思维方式的出现语境化，而非视为中国文化一以贯之的抽象本质，自然是颇有意义的推进。

的确，正像古希腊人同样存在"关联性思维"②，中国文化传统中"实体思维"并不罕见。史书撰写中常常争论"断限"，就是在确定王朝的时间边界，为王朝找到可以接受的起点与终点③。各种形式的"类传"亦弥漫着实体思维，郡志、家传与谱牒也都在用不同的方式建立某种边界清晰的叙述实体，进而使读者以为现实中存在那样的实体，再利用这样或那样的实体来构建他们对生活或历史的想象。只是中国传统中"定义"与"因果分析"并不发达。

关系思维亦非仅流行于中国，更非限于历史，科学界亦是如此。爱因斯坦的相对论以及量子力学的产生，带来的科学革命就包括此点。在相对论中，空间长度（因而形状）、时间间隔、质量等成了随观察者所选取的参考系而改变的东西。牛顿力学与常态下被视为物质本质属性的东西，光速下则会发生变化，不再是不变的本质属性。同时，时间也会发生弯曲，即所谓时间空间化，打破了常态下时空的绝对性。性质的变化，实际是参照系不同而产生的相对

---

① Michael J. Puett, *To Become a God: Cosmology, Sacrifice, and Self-Divinization in Early China*, Cambridge: Harvard University Asia Center, 2002, pp. 5 – 29, 40 – 79.
② 郝大维、安乐哲《期望中国——对中西文化的哲学思考》，第 41—50、137—138 页。
③ 可参饶宗颐《中国史学上之正统论》（五）"晋初及北朝修史断限之争论"，1977 年初刊，再版，上海，上海远东出版社，1996 年，第 23—29 页。

事件，首先就要将它置于一个按照类比关系组织起来的系统中，这些类比关系是为这系统挑选出来的事物之间的关系；然后要思索这些关系的含义，并据以行动。

因果思维同实体观是十分一致的；关联思维则最适合于把世界理解为过程的认识。①

作者使用的是"correlative thinking"，被翻译为"关联思维"，与"关系思维"并无不同。按照普鸣（Michael J. Puett）对这一问题谱系的梳理，西方学者最早注意到此的是葛兰言（Marcel Granet），承袭并发展这一认识的有李约瑟（Joseph Needham）、牟复礼（Frederick Mote）、张光直（K. C. Chang）、葛瑞汉（A. C. Graham）。这种思路普鸣称为"cultural-essentialist approach"（文化本质主义思路），实际源自马克斯·韦伯对中国的认识，不过韦伯是从否定的角度出发，这些学者则态度肯定。韦伯自己则强调了西方理性主义突破的优越性，持进化论的思路。普鸣反对这两种对立化的思路，采取历史化与语境化的方式，梳理商代到西汉的历史，认为这种关联式的宇宙观与思维方式不见

---

① 《期望中国》，第 221、150、166—167 页，个别译词有改动。有类似观察的中外学者不少，详见侯旭东《宠：信—任型君臣关系与西汉历史的展开》，第 30 页注释 42。还可补充的是人类学家 Eric R. Wolf 亦强调需要超越对国家、文化与社会的孤立观察，要放到相互关系中，放到 1400 年以来的全球史中去认识西方与没有历史的人民，他还提到了创立依附理论的弗兰克，以及提出世界体系论的华勒斯坦，见氏著 *Europe and the People without History*, Berkeley and Los Angeles: University of California Press, 1982, 兹不赘引。

最终目的。①

关于中国文化传统，两位认为：

> 中国传统的特点是情境（situation）高于使然作用（agency）。作用者总是处于一个世界中，因此，他是根据那些构成这个世界的关系来加以规定的，这些关系确定了他的地位。这样一种出发点否定了诸如本质的同一性这样一些熟悉的观念。中国传统一般总是将每一个情境的关系型式的独特性作为其基本前提，它从根本上说是美学传统，因而，阐释这样一个传统，分析不是适当的方法。②

> 已被称作"关联性思维"（correlative thinking）的传统事实上支配了中国古典文化的发展，而且也是作为当代中华世界中最重要的思维模式而存在。

> 关联思维主要是"水平的"（horizontal），其意思是，它关涉的是那些具体的、可体验的东西的连接，通常不求助于任何一种超凡的领域。

> 从关联思维的视角来看，要解释一个东西或一个

---

① 郝大维（David L. Hall）、安乐哲（Roger T. Ames）《期望中国——对中西文化的哲学思考》（*Anticipating China: Thinking through the Narratives of Chinese and Western Culture*），1995 年初刊，施忠连等译，上海，学林出版社，2005 年，第 16、17、21、89、150、176 页。
② 郝大维、安乐哲《汉哲学思维的文化探源》（*Thinking from the Han: Self, Truth, and Transcendence in Chinese and Western Culture*），1998 年初刊，中文版作者自序，施忠连译，南京，江苏人民出版社，1999 年，第 4 页。

古希腊人对静止和永恒的偏好,为他们倾心发展数学和形而上学思辨这一点做了最好的注脚,而这类思辨导致了量的观念的形式化。……

三种主要的说明方式引领我们进入思辨的殿堂。它们是神话、逻各斯和历史。逻各斯在我们传统中的特权地位决定了我们理解神话和历史的方式。……

这些说明类型中的每一种——神话、逻各斯、历史——都肯定了相对于过程和变化的那种永恒、结构、稳定性和规律观念的优越性。……

他(苏格拉底)关注定义,……苏格拉底认识到,定义的活动就是找到我们所称的客观的内涵。这一活动巩固了对客观"本质"或"自然性质"的信念,……于是,理性认识便以客观的内涵避免了主观性,理智借助定义行为发现本质意义,以寻求完满的结局。

因果思维同被用作类名称的形式的或抽象的概念相联系,而类名称则是按照客观的内涵组织起来的。

假定一个单一的连贯的世界,可作为描述和解释的努力的基础和目标,或假定一个本质化的心或自我,它们可能为思想、决定和作用者的行动提供基础,此外还有一种固定的作用者的观念,这种作用者可作为各种思想的创始者,或将行动和决定的责任感归因的的处理方式，以及归纳或探索研究对象的本质、规律与深度的思考方式，都带有实体思维的印记。

实体思维与实证方法虽有重叠，却并非一事，不能相混。前者主要体现为设定研究对象的思路，后者是在证据与结论之间建立联系的方法。

关系思维恰恰相反，放弃了现象与本质两分的假设，不关心"是什么"这样的问题，不去追求本质或通过不断的切分来追究更微观的本质。而认为现象即本质，因而转向注意现象之间的关系，关心"A与B的关系，以及A与B的关系和C的关系"，借助语境来体现说明对象的特点，并将研究者与对象的关系纳入思考。这种思维方式在古代中国颇为常见。太极图即是明显的一例。《老子》五千言，充满了关系思维，自不待言。中医强调辨证施治、因人而异，最能体现"关系思维"。我们不去抽象地界定"人参的成分与药用功能"，而是说人参对于虚寒者有益，对实症、热症与阴虚者有害。后一种表达便是基于关系思维。《礼记·曲礼》云"夫礼者，自卑而尊人"，亦是关系思维下表达"礼"的作用。日语中敬语的使用，要考虑自己与对方的关系，亦是如此。我们虽然也可以对人参的成分、中医、礼或日语的敬语下定义，但这些定义均脱离了具体的语境，无法让人获得一种具体实践中身临其境的现场感，收获的只是一种主/客观二分基础上的知识论意义上抽象的言语表达。

美国学者郝大维、安乐哲指出：

关于何为"本质",颇为流行的《西方哲学史》中,罗素指出:

> (亚里士多德)说:一个定义就是对于一件事物的本质性质的陈述。本质这个概念是自从亚里士多德以后直迄近代的各家哲学里的一个核心部分。但是我的意见则认为它是一种糊涂不堪的概念。①

李德顺认为,实体思维表现在实践和科学中,主要就是人们相信世界上一切都有一个最终的、可靠的实体作基础,或一切现象、一切表现都一定是某个实体的存在,或它的属性。所以无论解释什么,都要找到一个什么"体"、什么"子",或把它说成一个什么"性",这样才能够解释。实体思维(亦称为"概念思维")的缺陷有三:抽象性、隔离性和凝固性。源于西方哲学中的本体论传统。主要回答"是什么"②。

以上是哲学家们的解说。实体思维并非仅存在于哲学,通过中学、大学的教育,弥漫在生活与思考的方方面面。具体到史学研究,大到层出不穷的强调领域划分的各种专史与寻求创立××学,小到将对象分门别类加以层层拆分

---

① 罗素(Bertrand Arthur William Russell)《西方哲学史》(*A History of Western Philosophy*),1945 年初刊,上册,何兆武译,北京,商务印书馆,1963 年,第 259 页。
② 李德顺《21 世纪人类思维方式的变革趋势》,《社会科学辑刊》2003 年第 1 期,第 5 页;还可参考孙美堂《从实体思维到实践思维——兼谈对存在的诠释》,《哲学动态》2003 年第 9 期,第 9—11 页。

略加说明。

罗嘉昌指出:

> 实体是西方哲学最核心的范畴,二千多年来支配着西方哲学的思考。……
>
> 按熟悉的哲学史描写,在亚里士多德看来,实体就是常住不变的作为其他东西的主体、基础、原因、本质并先于其他东西而独立自存的东西。
>
> 以原子论为代表的古希腊自然哲学,以某种具体的物质实体来作为世界的本原、万物的始基。以柏拉图为代表的理念哲学则把超验的精神实体视为万物的本质。它们都把自己所认定的本原、实体看作先于其他事物而独立自存的,并把对方的本原看作自己本原的产物或属性。本书将这两个看上去截然对立的哲学派别所共同遵循的思想模式,称为实体思维。以这种思维方式来追问世界的本原,探索存在的最普遍的本质根据,进而提出的本体论学说,称为实体本体论。①

---

① 罗嘉昌《从物质实体到关系实在》,1996年初刊,再版,北京,中国人民大学出版社,2012年,第1页。关于西方哲学中"实体"概念的地位及其演变,还可参周振选《西方哲学中实体思维模式的演变》,《外国哲学》第12辑(1993),第11—30页。西方哲学对亚里士多德哲学中"实体"(substance)的研究极多,无须详列,扼要的分析见 Hugh Lawson-Tancred 为《形而上学》新英译本写的导言,他说"实体是亚里士多德整个哲学体系的枢纽","实体是《形而上学》太阳系中的太阳,其他问题是行星、彗星、小行星和流星",见 Aristotle, *Metaphysics*, trans. by Hugh Lawson-Tancred, London: Penguin Book, 2004, pp. xxvii, xxxix, 感谢张琦惠示此书。

剖析，同样具有视角与问题上的启示。"日常"作为视角，超越了仅将其作为领域，仅针对普通人的狭隘理解，关注的是所有人的日常。需要将精英——皇帝与官僚们的日常及日常中形成的关系纳入视野，打通上下、古今与中外。

除了西方学术的启发，清代史家章学诚反复提到的"人伦日用"，尽管强调的是对现实的积极肯定与认可，反对一味师古、泥古，这里倡导"日常"视角意在重拾与拓展这一久被遗忘的传统。

最后，也最为重要的是"以人为中心的关系思维"。拙著《宠：信—任型君臣关系与西汉历史的展开》一书的"引言"中，特别提到了"实体思维"与"关系思维"，希望补充"关系思维"来弥补"实体思维"的局限。2003年思考《中国古代人名的使用》一文，在理解"名"时，就模糊感悟到场合的重要意义，无法脱离具体场合来给"名"下定义。事后追想，这就是"关系思维"的要点之一，现在重新思考，"关系思维"并不够，还要加上"以人为中心的"，不是无人的或抽象的"关系思维"。先说"关系思维"。2018年暑假，偶然读到罗嘉昌先生的《从物质实体到关系实在》，整本书都是在阐述"关系实在论"，具体分析如何从"实体逻辑"到"关系的逻辑"。作者物理系出身，主要基于牛顿力学与相对论、量子力学的科学哲学理论展开，很多细节与论证，非我所能理解。不过，他的基本看法不难领会，使用的术语略有差别，基本想法与鄙见颇为契合。在解释"关系思维"的特点之前，需要先对"实体思维"

如果我们不是抽象地谈论生产力、生产方式与交往方式，将其学说作为直接消费的药方，而是按照他们的逻辑，具体地分析人们如何通过劳动创造自己的物质生活、精神产品与交往，反复而持续进行生产、生活、交往以及建基其上的"虚幻的共同体——国家"的活动，"日常"自然不会缺席。对社会学来说，当把自身称为"社会学"（sociology），以"社会"作为分析的根本，将研究对象定位为个人与行动、交往、互动、意义与结果等等时[1]，就已经排除掉英雄人物与重大事件等等史学数千年来的常见议题，显示了对普通人之间反复出现的行为的关注。宏观社会学的流行某种程度上偏离了这一初衷，近年宏观/微观走向融合的发展再度将"日常"置于显要位置，更不用说后人发明出"例行化""文明化"以及"日常生活的结构化""惯习""微观权力技术""治理术（governmentality）"等等直抵"日常"、沟通日常与结构的概念以及统计分析、访谈、谈话分析等等多种具体操作方法。人类学家自马凌诺斯基开创的民族志研究方法[2]，深入到研究对象生活中长时间进行参与观察成为立学根本，积累了众多异文化的解读，提供了反思当下的镜鉴。人类学家对日常生活的深入观察与

---

[1] "society"一词最早表示"友谊""同伴关系"，后来又发展出表示"交往""关系"等抽象含义，"sociology"的含义则是基于前者这些抽象的含义，可参雷蒙·威廉斯《关键词》"society"和"sociology"条，第446—454页；马克斯·韦伯《经济与社会》第一卷第一部分第一章"社会学基本术语"，第91—155页。

[2] 马凌诺斯基（Bronislaw Malinowski）《西太平洋的航海者》（*Argonauts of the Western Pacific*），1922年初刊，梁永佳、李绍明译，北京，华夏出版社，2002年。

学、社会学到人类学,这些学科的关注点与传统史学均有所不同。无论是对生产实践的强调,还是对人际互动,以及普通人日常生活的持续观察,都将我们的目光从帝王将相,从重大事件、制度、规则转移到普通人日复一日的生活实践本身,扩展了研究视野,丰富了研究领域,亦改变了我们对人类的认知。

当马克思与恩格斯强调生产活动的基础地位时,就已开启了"日常"的视角。他们指出:

> 人们生产自己的生活资料,同时也就间接地生产着自己的物质生活本身。
>
> 它(生产方式)在更大程度上是这些个人的一定的活动方式,是他们表现自己生活的一定方式、他们的一定的生活方式。个人怎样表现自己的生活,他们自己也就怎样。因此,他们是什么样的,这同他们的生产是一致的——既和他们生产什么一致,又和他们怎样生产一致。
>
> 这种活动、这种连续不断的感性劳动和创造、这种生产,正是整个现存感性世界的基础,哪怕它只中断一年,费尔巴哈就会看到,不仅在自然界将发生巨大的变化,而且整个人类世界以及他自己的直观能力,甚至他本身的存在也会很快就没有了。①

---

① 马克思、恩格斯《费尔巴哈》,第10、11、21页。

当时主流朴学的做法截然对立的[①],1930年代,陈寅恪提出"了解之同情"与此前后呼应。这种态度亦应是研究历史的基本出发点。

这一点是上一点在历史研究中的延伸。我们常说"当局者迷,旁观者清",强调旁人、外人与后人观察问题上的优势,贬低行动者自身的认识。这种论调同古诗所云"不识庐山真面目,只缘身在此山中"一样,不免后人与外人的傲慢,看轻历史活动直接参与者的自我感知与追求,及其在历史中的作用。客位观察与后见之明的确能从外部与后来的结局中看到时人所无法了解的情况,发现时人身在局中而浑然不知的情状。但从外面与事后的观察,脱离了现场,常有隔靴搔痒的疏离,有得有失,不能过分倚重。应如上所言,需要主次搭配,并置合观。

复次,日常的视角。前文专门讨论过"日常的意味",从个人生活、皇帝的日常活动入手,"日常"作为史学研究对象需进入视野。"日常"还应从观察与分析的对象转化为观察过去与现在的视角,透过反复与例行化的活动(事务/小事件)观察过去的变与不变。将史学从仅仅观察"变化"与独特性的狭隘关注中解放出来,在延续反复中揭示关键性事件是如何产生、被感知与叙述的。

这一视角主要源自西方近代以来的社会科学。从经济

[①] 山口久和《章学诚的知识论:以考证学批判为中心》,1998年初刊,王标译,上海,上海古籍出版社,2006年,第297—302页。

规"一文,其中第八条说:

> 人不幸而为古人,不能阅后世之穷变通久,而有未见之事与理,又不能一言一动处处自作注解,以使后人之不疑,又不能留其口舌以待后方掎摭之时出而与之质辨,惟有升天入地,一听后起之魏伯起尔。然百年之后,吾辈亦古人也,设身处地,又当何如?①

在前一年完成的《文德》篇中,他亦指出:

> 不知古人之世,不可妄论古人之文辞也。知其世矣,不知古人之身处,亦不可以遽论其文也。身之所处,固有荣辱、隐显、屈伸、忧乐之不齐,而言之有所为而言者,虽有子不知夫子之所谓,况生千古以后乎!圣门之论恕也,"己所不欲,勿施于人",其道大矣。今则第为文人论古必先设身,以是为文德之恕而已尔。

此段之前,章学诚专门指出"恕非宽容之谓也,能为古人设身而处地也"②,他深知古今差别,个人处境、表达亦然,常常提到"设身处地"或"设身处境"来理解古人。他所强调的这种能力,学者称为"共感能力和感情移入",是和

---

① 章学诚《文史通义新编新注》,上册,第 398 页。
② 同上书,第 136—137 页。

另有学者称为"在时、开放史观"(within-time and open-ended),"所谓'在时',即强调在研究某个特定的历史事件时,从事件正在发生的彼时彼刻观察问题,因为事件的发展有各种各样的可能性同时存在,而事件的参与者不像后世史学家那样,能够清晰地预知正在进行的事件的可能结果。谓其'开放',是因为这种方法不像革命或现代化的目的论史学那样,将中国近现代史加以'关闭',亦即基于各种不同的目的论假想,而明确界定历史的'结局'"[①]。还有从事历史人类学研究的学者称作"逆推顺述":即"将在自己的田野点观察到的、依然活着的结构要素,推到它们有材料可证的历史起点,然后再从这个起点,将这些结构要素一一向晚近叙述,最后概括出该区域历史的结构过程",并认为"'逆推'的起点虽然是当下的世界,但能'推'到哪里其实就是找到某一个历史上的节点,然后使这个节点再成为'顺述'的起点","'逆推顺述'又不仅是一种研究技术和叙事技巧,而是另一种观察历史的方法论"[②]。

无论如何表述,内涵都是一致的,即是在清醒认识到史家后见之明的得/失之后提出的分析策略。历史结果对于先于此的古人之不可测,前人早有感悟。1797年,章学诚读罢孙星衍的《问字堂集》,写下了"与孙渊如观察论学十

[①] 李怀印《重构近代中国:中国历史写作中的想象与真实》,第279页。
[②] 赵世瑜《结构过程·礼仪标识·逆推顺述——中国历史人类学研究的三个概念》,《清华大学学报》(哲学社会科学版)2018年第1期,第8、10页。

个是 Z→A。"事件发展的逻辑"是顺着时间之流往前看,前面是未知的,历史工作者要用很大的力量来使自己变得"未知"……

后见之明式的推断还有一个特色,因为太了解后来的结局,所以不知不觉地误以为对于历史行动者而言,未来是"已知"的。……

太过耽溺于"后见之明"式的思考方式,则偏向于以结果推断过程,用来反推回去的支点都是后来产生重大历史结果的事件,然后照着与事件进程完全相反的时间顺序倒扣回去,成为一条因果的锁链。但是在历史的发展过程中,同时存在的是许许多多互相竞逐的因子,只有其中的少数因子与后来事件发生历史意义上的关联,而其他的因子的歧出性与复杂性,就常常被忽略以至似乎完全不曾存在过了。如何将它们各种互相竞逐的论述之间的竞争性及复杂性发掘出来、解放出来,是一件值得重视的工作。……

对这两种逻辑之间重大差异的自觉,恐怕是史家所应时刻保持的。①

王汎森所言是针对思想文化史而发,实际整个史学研究均需时刻保持对两种逻辑差别的自觉,并优先开展"顺时而观"。

---

① 王汎森《引论:中国近代思想文化史研究的若干思考》,收入氏著《中国近代思想与学术的系谱》,第 5—8 页。

所有历史学家都有可能陷于其中的未经反省的思维习惯。①

他批评的靶子是英国史,移用在古往今来中国历史的记述与研究上,也挺合适。即便到了当下,这种思考方式依然市场广大,不刻意加以提防,仍会成为史学研究的严重障碍。

多年前,王汎森对此有清晰而详细的阐发,值得再三回味。他说:

> 对某一个定点上的历史行动者而言,后来历史发展的结果是他所不知道的,摆在他面前的是有限的资源和不确定性,未来对他而言是一个或然率的问题,他的所有决定都是在不完全的理性、个人的利益考虑、不透明的信息、偶然性,夹杂着群众的喧嚣吵闹之下做出的,不像我们这些百年之后充满"后见之明"的人所见到的那样完全、那样透明、那样充满合理性,并习惯于以全知、合理、透明的逻辑将事件的前后因果顺顺当当地倒接回去。……
>
> 换言之,"事件发展的逻辑"与"史家的逻辑"不同,在时间与事件顺序上正好相反,一个是 A→Z,一

---

① 赫伯特·巴特菲尔德(Herbert Butterfield)《历史的辉格解释》(*The Whig Interpretation of History*),1931 年初刊,张岳明译、刘北成校,北京,商务印书馆,2012 年,第 10、11、21 页。

所继承的活动，另一方面又通过完全改变了的活动来改变旧的环境。然而，事情被思辨地颠倒成这样：好像后来的历史是先前的历史的目的，例如，好像美洲的发现的根本目的就是要促使法国大革命的爆发。于是历史便具有了自己特殊的目的并成为某个与"其他人物"（像"自我意识""批判""唯一者"）"并列的人物"。其实，先前历史的"使命""目的""萌芽""观念"等词所表示的东西，无非是从后来历史中得出的抽象，无非是从先前历史对后来历史发生的积极影响中得出的抽象。①

八十多年前，巴特菲尔德坐在摇手椅上提醒我们：

> 以"当下"作为准绳和参照来研究"过去"，是辉格式历史解释的重要组成部分。……这种解释对于理解历史仍然是一种障碍。
>
> 基于这同样的参照系，辉格派的历史学家们会画出一些串联特定历史事件的线索。……这种方法的全部结果，将是把一种特定的形式强加于整个历史情节之上，并且产生一个表现整个历史必然美好地汇聚到今日的通史图式。
>
> 历史的辉格解释不仅仅是辉格派的专利，……是

---

① 马克思、恩格斯《费尔巴哈》，1846年完成，中译本，北京，人民出版社，1988年，第32—33页。

人类学家深入到其观察对象的生活之中,且研究对象多半是无文字社会,除了神话,难以探讨其历史,故多采取"共时性分析",不会对观察的角度与时间的关系过多思考。史学不然,力图返回历史现场之后,还须考虑如何置身时间脉络,进行"历时性分析"。

其次,开展"历时性分析",应"顺时而观"优先,辅以"后见之明"。具体而言,首先,立足当时,力图站在当事人的角度,顺着他/她们言行展开的时间顺序与空间范围去叙述与分析,看看众人的言行如何交汇、碰撞形成现实的历史,出现的实际历史结果与时人的想法之间是什么关系,揭示恩格斯所说的"合力"造成的历史结果。然后,才能站在不同时代的后人、外人与今人的角度再加以分析,提供一些局外人的"后见之明"。两种分析依次进行,才有可能克服成王败寇的眼光、历史的辉格解释或倒放电影式的思路,看到时人的想法、行动及其交织产生的结果之间的复杂关系,捕捉到历史的多种可能性与产生的结局之间的张力,体会到个人意图、作用与结果之间的互动。

"以今度古",后人追述往昔时常常难以避免,马克思、恩格斯与英国史家巴特菲尔德很早就指出这一点。马克思和恩格斯指出:

> 历史不外是各个世代的依次交替。每一代都利用以前各代遗留下来的材料、资金和生产力;由于这个缘故,每一代一方面在完全改变了的环境下继续从事

抑"与"无视"中释放出来,重新置于史学舞台之上。

要走进历史现场,接近古人的言行,史学研究中言/行分治的传统亦应突破。需要重建言行之间的关系,为行动者安上头颅,为思考者装上躯体,将人恢复为人。不能将他们肢解为只思考不行动的思想机器,或仅行动而无头脑的行尸走肉。

主位观察之后,还需要补充客位观察。这同样是复数的,包含了处在各种不同时间点上的后人的认识。身居现代的学者亦有不同的立场与角度,各有侧重,见与不见并存。后人与历史行动者的实际言行之间存在长短不等的距离,看到了言行的后果、结局与影响,不过,他们身居事后,所有的判断均无法影响言行本身,只能左右后人对前言往行的理解,在此意义上,属于"客位观察"。今人对过去的研究同处这一脉络之中,只是今天可能拥有较前人更多元的视角,有时甚至能接触到前人未曾得见的资料,反而更能体察时人的言行,做出更为妥帖的解释。

钱穆先生早在1950年代讲述中国历代政治得失时,曾提出要区分"历史意见"与"时代意见"。前者指的是"在那制度实施时代的人们所切身感受而发出的意见",后者指"后代人单凭后代人自己所处的环境和需要来批评历史上已往的各项制度"①,与上述人类学家的区分颇有相通之处,值得合观并用。

---

① 钱穆《中国历代政治得失》"前言",第3页。

或叙事文本,包含着时人或史家的意图与想法,以及表达上的套路与模式。要想从中打捞出历史行动者的言、行与背后的思考,除了开展"主位观察",既需要开辟新史源,寻找更接近历史现场的资料,也需要剥去后人添加的层层外衣,对传世资料的"史料批判"与历史书写分析必不可少。

元代以降,存世的同时代域外观察者记录颇多,这些文献,亦是自外而内的"主位观察",不同文化的对照,更能觉察到许多本土士人"习而不察"的常态与常情。即便是早期王朝,各地出土的文字、实物资料层出不穷,是相关时代最为原始的"无意史料"。虽是管中窥豹,却也开启了走近历史现场最珍贵的几扇窗户,同时也提供了比较传世文献的另一尺度。这些均与直接深入田野、参与观察简单的部落社会显然有别,需要有明确的意识。

晚近时期,资料激增,全部阅读已无可能,越是如此,我们越需要直面最为接近历史现场的资料,不能图一时便利,使用后人编辑的资料集。不然会在不知不觉中坠入前人的问题预设之中,哪怕是《清实录》与《筹办夷务始末》这类与实际发生的历史年代相隔不过十多年的官书。需要到清廷、州县的原始档案,到村落、庙宇、田间地头的历史现场,去找寻更真实的过去。在这里,才有可能跳脱种种后来的成见、定见,切近古人所行、所思,欢愉与烦闷、兴奋与无奈,体会各地百姓、官员与皇帝的生活如何创造了历史。将这些看似琐碎的日常从制度化的"拣除""压返回行动者进行历史活动的处境中，设身处地，"理解他人的理解"，揭示他们的言与行，他们如何分工合作，遭遇歧路时如何抉择，如何解决分歧，无数的选择如何汇合在一起，从远古延伸到当下。

人类学家倡导的"主位观察"与"客位观察"，主要针对的是简单社会，多半是单数的。应用到复杂的文明社会，存在阶层分化与等级区分，站在不同的"主位"看到的历史场景并不相同。单一角度观察感知的画面仅呈现了部分图景，只有不同角度投下的多向的光线，才能照亮更多的侧面。因此必须自觉开展复数的"主位观察"。要做到这一点，取决于资料，更取决于研究者的问题意识。时间越早，资料的性质往往越单一，不易捕捉不同的声音，需要勤于将资料置于产生的语境中，透过文本捕捉人，细心辨析资料如何出现，谁说的、对谁说的，表述的背景是什么、意图是什么，等等，方能抽丝剥茧，明晰行动者言说的立场。将同一时代不同立场行动者的言说与行为并置，重建其间的关系网络，或可贴近古人言行的世界。

必须注意的是，人类学家的田野工作和参与观察，可以直接生活于被调查者的社区，朝夕相处，旁观人们的实际生活，更可以反复进入与持续观察、追踪调查。相比之下，历史学家就没那么幸运。后者多半只能通过各类遗存来尝试复原过去的片段，除了部分属于古人无意中存留下来的"无意史料"，更多的则是经过时人或史家加工的"有意史料"，有些甚至经过不止一次的加工。各种形式的记述需要的视角也与常见的史学研究有所不同。大致而言，最为核心的是"以人为中心的关系思维"（也可以称为"关系视角"），还有"主位观察"优先、辅之以"客位观察"，"顺时而观"、辅之以"后见之明"，以及"日常的视角"四点。先来讨论后面三点。

首先，主/客位观察结合，主位优先。主位观察（emic，取自 phonemic 后四个字母）与客位观察（etic，取自 phonetic 后四个字母）方法，是美国语言学家与人类学家 Kenneth L. Pike 于 1954 年提出的观察者分析语言与文化的两种角度。Pike 当时基于结构的立场，根据研究目的来区分两者，并没有强调当事人自身认知与理解的作用，认为他们并不一定意识到其行为单元的模式化系统，而要由观察者来发现和描述。后来用两者来表示局内人（insider）与局外人（outsider）对行为的立场[1]。后续讨论不少，这一区分对人类学及其他学科的研究方法自觉有深远的影响[2]。

研究者与研究对象之间的关系该如何处理？毕竟历史是历史上的人们创造的，我们不过是后来的观察者，需要

---

[1] Kenneth L. Pike, *Language in relation to a unified theory of the structure of human behavior*, Glendale, CA: Summer Institute of Linguistics, 1954, pp. 8–11. 当时 Pike 是用 internal/domestic 和 external/alien 来表示。

[2] 吉尔兹（Clifford Geertz）《文化持有者的内部眼界：论人类学理解的本质》，收入氏著《地方性知识》（*Local Knowledge: Further Essays in Interpretive Anthropology*），1983 年初刊，王海龙、张家瑄译，北京，中央编译出版社，2000 年，第 70—92 页；Thomas N. Headland, Kenneth L. Pike, and Marvin Harris eds., *Emics and Etics. The Insider/Outsider Debate*. Newbury Park, CA: SAGE Publications, 1990. 近年亦有质疑此区分的，见 Jeppe Sinding Jensen, "Revisiting the Insider-Outsider Debate: Dismantling a Pseudo-problem in the Study of Religion," *Method & Theory in the Study of Religion*, 23.1 (2011): 29–47。

明显的上对下或外对内单向的操控与统御义。再追溯,与东方专制主义说有内在的关联,突出了国家的作用,但因其单向度的观察角度,不免会排斥历史中其他的面向,用来作为基本的术语,并不合适。

"价值中立"或"客观",不过是近代科学主义下产生的高贵梦想,实无可能。现实的研究都无法逃脱研究者的立场、背景、关怀与视角,以及时代赋予的限定。虽然如此,我们也需要选择更具包容性的表达,作为研究的基础。上面一番粗略的对比,不难发现,"统治"应该是个更为合适的词语,既体现出国家统摄,又蕴含了统摄与维持秩序(治)之间的紧密联系,且动词含义犹存,可以避免静态化,有助于贯通古今。

2. 视角

日常统治研究从事件、事件序列、制度转向关注小事件、事务,关注人与事务的关系,同时亦由关注"变"转向关注"常",以及"常"中如何产生"变"。反复发生的行为,乃至历史上人们的行动模式成为分析的重点,它所

(接上页)仓幕府的编年体史书《吾妻镜》"文治元年(1185年)五月五日"条,1887年以后,产生出"ある条件または、ある人の考えや行动などを规定し束缚すること"(限制某些条件或某些人的想法和行为等),见《日本国语大辞典》第二版第六卷"しはい"(支配)条,第994页。后一含义已近乎"dominate",应该是在"统治"义上发展出来的。

省也不会作注,且指出当时的对应表达。"支配"大概最初是朝廷物资人员管理调配用语,《唐会要·尚书省诸司中》"户部尚书"条引"开元二十四年敕":"以每年租税杂支,轻重不类,令户部修长行旨条五卷。诸州刺史、县令替日,并合令递相交付。省司每年但据应支物数进画颁行,附驿递送。其支配处分,并依旨文为定。"(58/1186)这里的"支"应与"度支"有关,"支配"恐怕原是"度支"+"调配",使用中简化为"支配"①。宋代以后使用稍多,尤其是在《宋会要辑稿》中,出现了十多次,主要表示"调派与安排",如"真宗咸平元年(998年)三月,诏新衣库支配军衣服,委监库使逐领印记给散"(《辑稿·食货》五二之二四)、"天禧元年(1017年)八月四日,诏:'戎州市得夷人马,旧送遂州拣选。自今有小弱不任支配者,委峡路钤辖司估其直出卖。'"(《辑稿·兵》二二之二),与"dominate"稍有关系,主要的对象是军队或物资,均是具体的人或物,没有见到用于抽象的场合。《清宣统政纪》中九次使用了"支配"一词,几乎都是"分配"意,不具引。而与西方词语的对应,应该是来自近代日本的翻译与引入②。"支配"的近代含义带有

---

① 《通典》卷六"食货六·赋税下·大唐"讲到"权衡度量之制"云"诸课役,每年计账至尚书省,度支配来年事,限十月三十日以前奏讫",第108页。可见其最初的用法。
② 刘禾(Lydia H. Liu)将此词归入"回归的书写形式借贷词:现代汉语中源自古汉语的日本'汉字'词语",见氏著《跨语际实践:文学、民族文化与被译介的现代性(中国:1900—1937)》(*Translingual Practice: Literature, National Culture, and Translated Modernity-China, 1900-1937*)附录D,1995年初刊,宋伟杰译,修订译本,北京,生活·读书·新知三联书店,2008年,第402页。"支配"在中古日语中就带有"统治"的含义,见记载镰(转下页)

"用人行政"一词颇常见，尚是动宾含义。后面两个现在已是名词，难以包含持续过程之义。"治理"虽仍可以做动词，相比"统治"，偏重于臣下的工作，上对下的支配的含义不那么突出，会淡化国家存在的意义。此外，"政治"暗含着近代以来形成的政治、经济、文化、社会的领域划分，"行政"的现代用法与马克斯·韦伯（Max Weber）创立的官僚政治理论关系密切，隐含的是"理性"的统治活动，内涵较窄，与古代中国的实际情形颇有出入。两词都暗中赋予了国家某种近代西方才具有的现代性，会遮蔽那些中国古代王朝统治中看起来不太符合近代政治/行政的侧面，如祭祀与礼仪活动等。

"支配"一词，中国学术界使用不多，而是日本学界自1930年代以来一直使用的表达①，亦出自中国典籍。宋代以前甚少出现，最早见于《北齐书·唐邕传》"世宗（高澄）崩，事出仓卒，显祖（高洋）部分将士，镇压四方，夜中召邕支配，造次便了，显祖甚重之"②，《通鉴》"武帝太清三年"（549年）条"邕支配须臾而毕"胡三省注云"支，分也。配，隶也。支配，犹今人言品配"（162/5027），此处表示分配调遣。即便到了元代，其使用不能算广泛，不然胡三

---

① 较早使用该词的论文，如金持一郎《植民的活动に於ける政治的支配に就て——植民的活动の本質—》，《經濟論叢》32卷5期（1931.5），第870—878页；著作如《日本资本主义发达史讲座》第一部《明治维新史2》中有一篇名为《明治维新における政治的支配形态》，東京，岩波书店，1932年。日本自然科学界研究中自1910年代以来使用此词更频繁。
② 《北齐书》卷四〇，点校本，北京，中华书局，1972年，第530页。又见《北史》卷五五《唐邕传》，唯"将士"做"将校"，点校本，北京，中华书局，1974年，第2001页。

作及其结果,如"治理有声""治理有效""清修有治理""甚有治理"①,偶见"(帝王)治理天下""见(唐)太宗之治理"的说法,"治"与"理"亦常可互换使用,两字含义接近。连用的含义较"统治"窄②。"政治"原本是主谓词组,后来发展为名词,《尚书·洪范》"曰人君行敬,则雨以时而顺之;曰人君政治,则旸以时而顺之";《尚书·周书·毕命》"道洽政治,泽润生民";《尚书·周书·文侯之命》"人和政治,则汝显用有德之功成矣",后基本凝固为名词。"行政"源自周代"共和行政",多指大臣临时执政,亦用于君主,原本是动宾词组。《史记·齐太公世家》:"九年,献公卒,子武公寿立。武公九年,周厉王出奔,居彘。十年,王室乱,大臣行政,号曰'共和'。二十四年,周宣王初立。"(32/1482)《汉书·异姓诸侯王表》序:"昔《诗》《书》述虞夏之际,舜禹受禅,积德累功,洽于百姓,摄位行政,考之于天,经数十年,然后在位。殷周之王,乃繇卨稷,修仁行义,历十余世,至于汤武,然后放杀。"(13/363)《新五代史·司天考二》:"王者君天下,子生民,布德行政,以顺人心,是之谓奉天。"(59/706)《明史》中

---

① 《后汉书》卷一六《邓骘传附朱宠传》,"宠字仲威,京兆人,初辟骘府,稍迁颍川太守,治理有声。及拜太尉,封安乡侯,甚加优礼",第618页;《南齐书》卷二八《苏侃传》,"出为绥虏将军、山阳太守,清修有治理,百姓怀之",第528页;《梁书》卷五三《良吏·庾荜传》,"出为辅国长史、会稽郡丞、行郡府事。时承凋弊之后,百姓凶荒,所在谷贵,米至数千,民多流散,荜抚循甚有治理",第767页。
② 《汉书》卷五一《贾山传》师古注,第2333页;《旧五代史》卷四七《后唐末帝纪中》,"朕常览贞观故事,见太宗之治理",第646页。关于"治理"一词的含义,可参卜宪群《中国古代"治理"探义》,收入《中华思想史研究集刊》第3集,北京,中国社会科学出版社,2019年,第73—83页。

"统",《说文·糸部》云"纪也。从糸,充声",段注引《淮南子·泰族训》云"茧之性为丝,然非得女工煮以热汤,而抽其统纪,则不能成丝",并说"按此其本义也"①,指丝发端部分,统领、统帅之义皆由此而来。《三国志·魏书·文帝纪》注引《献帝传》册命中说"四海不可以一日旷主,万机不可以斯须无统"(2/72),正是此义。"统治"可视为"统"+"治",统领与治理。

"治"是当时人们惯用的字,时人常说"治所""治迹""治国""共治天下""治世""文景之治"等等。《汉语大词典》据先秦两汉资料归纳出的"治"的含义有:治理;统治。政绩。整治;整理。有规矩;严整。作;为。备办。设置。惩处。医治;医疗。心绪安宁平静。政治清明,社会安定。与"乱"相对。王都或地方官署所在地。建立治所。通"辞",指诉讼;告状。其通"司",主管等。其中包括若干动词用法,如统治、整治、备办、惩处、设置、医治、诉讼、建立治所、主管,涵盖了诸多方面的官府行为。同时,"治"的义项亦含括了作为行为结果的多种理想状态:政绩;有规矩、严整;政治清明、社会安定;心绪安宁平静。此外还带有表示空间的意思:王都或官署所在地。可以说包含了王朝统治的几乎所有面相及其理想结果。

"治理""政治"与"行政"三个说法,均属古已有之的表达。治理,战国晚期就见使用,多指大臣在地方的工

---

① 段玉裁《说文解字注》,第二版,上海,上海古籍出版社,1988年,第645页上。

配"等。为何是"统治"？而不是其他表达？"统治"，既是动词又是名词，暗含着持续的过程，意味着对内在机制的探索，而不只是条文与规章、制度，亦可以消解对一次性独特事件的过分偏重。同时，关系视角下去研究统治，则统治与抵抗、合作与逃避等等都会进入视野，而不只是单向的上对下的"统治"，可以突破惯常的领域思维与阵地意识。实体思维下的"统治"与古人共享了"风行草偃"的单向的支配逻辑，这不过是复制了传统精英一厢情愿的认识而已。现代史学已经发掘出被统治者的诸多声音，虽然多半集中在晚近的时期，推而广之，更早的时期也不会只能沉默地被统治，只是需要更为细致的挖掘。用一个依然带有动词含义的词语，提醒我们，这并不是一个远离我们的历史现象，我们依旧生活其中，甚至更隐蔽却更全面地经受国家的控制。

"统治"一词最晚汉代已出现。孔安国在解释《尚书·夏书·益稷》中"咸建五长"一句时说"诸侯五国，立贤者一人为方伯，谓之五长，以相统治"①。《后汉书·丁鸿传》注引《东观记》曰："元和二年，车驾东巡狩，（丁）鸿以少府从。上奏曰：'臣闻古之帝王，统治天下，五载巡狩，至于岱宗，柴祭于天，望秩山川，协时月正日，同斗斛权衡，使人不争。'"（37/1265）"统治"一词包含了统领与治理两方面的含义，且至今依然保留了动词含义。

① 《史记》卷二《夏本纪》集解引，第81页。

其下的统治结构,以及与这种统治结构之关系'",虽然中文版的书名译作《统治史》,实际上本书是围绕国家建设、军事组织方式、信仰体系、社会分层与时间跨度(statebuilding, military formats, belief systems, social stratification, and timespan)五个主题展开,尽管包含了政治过程,但重心还是放在统治方式的结构性特点,以及不同政体之间的比较上,具体的人与事只涉及了那些构成所谓的历史线索的"大事"。作者作为分析框架而提出的分类与组合实际成为剪裁史料的剪刀,那些溢出其外的史事无法进入作者的叙述,再加上他的研究是基于别人论著的二手归纳。

英文中"government"包含"governance"(The manner in which something is governed or regulated; method of management, system of regulation. *OED* 第三版,2015),特别是前者最基本的含义是统治与支配、治理(The continuous exercise of authority over a person, group, etc.; guardianship, protection; control, 约 1400 年),统治机构与政体乃是后起义(约 1450 年、1544 年、1553 年)。中文的语境中,"政体"与"统治"虽有关联,却一静一动,一抽象一具体,相距甚远,尤其"政体"的近代义源于西方词语的中译,反倒不如本土中的"为政体要"那样与"统治"更为接近,译作"统治史"多少有点名实不符。这倒也提供了一个反思何为"统治"的"裂缝"的机会,包括本书为何使用"统治",亦需借此予以说明。

和"统治"相近的词语有"治理""政治""行政""支

六、 日常统治研究的追求

简单说来，日常统治研究关注的是国家产生之后，围绕具体时空中的人，透过反复发生的事务，从人与事（制度）/物关系的角度探讨秩序是如何构成、展开与维持，并遭遇抵抗的，这些不同方向的力量如何汇聚成历史，从悠远的古代一步步走到今天。与以往有别的，主要是观察过去的视角。

1. 为什么是统治
/

二十多年前，英国学者塞缪尔·E·芬纳（Samuel Edward Finer）出版过一部巨著 *The History of Government from Earliest Times*（1997、1999），从公元前 1700 年两河流域的苏美尔王国、埃及王国、波斯帝国一直讲到工业革命，中国也占有不少的篇幅。英文版长达 1701 页，如果不是作者去世，应该会继续写到 20 世纪。按照作者自己的描述，此书"系政体之历史，政体可以定义为'人们生活于的",事件序列的建构正是基于这种单一的线性时间观。甚至社会科学化的历史学依然继承了这种单线的时间观。布罗代尔提出的"三时段"的时间观相当程度挑战了这种单一线性时间观,开启了广阔的研究领域①。勒高夫对商人时间与教会时间的分析②,亦揭示了欧洲中世纪时间观念的复杂面貌。哲学层面对时间的不断思考,亦丰富了认识过去的层次与面向③。我们需要重新认识时间的多元性,包括与人之间的关系性,思考研究者与研究对象之间的关系,在此基础上重新定位如何研究古代的王朝与国家。

---

① 伊格尔斯(Georg G. Iggers)《二十世纪的历史学》(*Historiography in the Twentieth Century: From Scientific Objectivity to the Post-Modern Challenge*)绪论、第五章,1997年初刊,何兆武译,沈阳,辽宁教育出版社,2003年,第3、4、57、64—65页。
② Jacques Le Goff, *Time, Work, and Culture in the Middle Ages*, Chicago: Chicago University Press, 1980.
③ 西方学界对时间的研究甚多,无法备列。海德格尔《存在与时间》是颇为重要的一部,强调了从"此在(人)"的角度去把握时间、时间对人而言的有限性,超越了客观、绝对与抽象的时间,他的整个论述,亦基于时间与存在的根本关系,"任何一种存在之理解都必须以时间为其视野",第1页。有学者认为该书最伟大的创见就在于"从时间(而非永恒)的视角来理解存在以及存在的真理",见张旭《海德格尔与形而上学》,收入张志伟主编《形而上学的历史演变》,北京,中国人民大学出版社,2016年,第244页;又如 Paul Ricoeur, *Time and Narrative*, Vol. 3 "Narrated time",其中不仅分析了奥古斯丁与亚里士多德等关于时间的争论、胡塞尔与康德对于时间的分歧,以及海德格尔关于流俗时间等,亦概括了他关于时间如何通过叙事而呈现的看法。Trans., by Kathleen Blamey and David Pellauer, Chicago: University of Chicago Press, 1985. 阿甘本(Giorgio Agamben)《时间与历史:瞬间与连续性的批判》,收入氏著《幼年与历史:经验的毁灭》(*Infanzia e storia: Distruzione dell' esperienza e origine della storia*)第2版,尹星译,陈永国校,开封,河南大学出版社,2016年,第130—158页。有关中国史方面对于时间的思考,可参司徒琳(Lynn A. Struve)主编《世界时间与东亚时间中的明清变迁》(*Time, Temporality, and Imperial Transition: East Asia from Ming to Qing. The Qing Formation in World-Historical Time*)上下两册中司徒琳所写的引论,2004、2005年初刊,北京,生活·读书·新知三联书店,2009年,上册,第1—37页;下册,第1—72页。感谢赵凯欣提醒我注意此书。

历史叙述的中心少说也有二千多年,"民史"的提出,只有短短百余年,名副其实的"民史"数量也并不多。"民"占了"人"中绝大部分,但也非"人"的全部。当然,"人"和"民"一样,都是人为的抽象,国家与人之间亦难截然两分。利维坦诞生之后,人的命运就与国家相勾连,无论是山居的化外之民、疍民一类流动的水上居民,还是编民,或统治者,乃至高高在上的君主,都与政治体发生深浅不一的联系。的确需要思考以哪个为主,从什么角度入手。以人为主体和出发点,将具体的人之间的互动关系、他们与官府的关系作为分析的重点,反观国家,应能发现更多以往被遮蔽的真实。

史学研究所秉持的时间观念亦是需要加以反思的。二十多年前,华勒斯坦等人在分析"我们现在应该建立什么样的社会科学"时,希望围绕一些最主要的理论/方法论问题建立起新的、探索性的共识,第二个问题便是"如何将时间和空间当作对我们的分析具有建构作用的内部变量,而不仅仅是当作社会宇宙存乎其间的不变的物质现实,而重新安插进来"[①]。正如伊格尔斯所概括的,从希罗多德和修昔底德到兰克,与从兰克一直到 20 世纪的历史著作的结构,存在三个共享的基本前提,其中之一便是"他们是随着一种一维的、历时的时间观念在运作的,其中后来的事件是在一个完整一贯的序列之中随着较早的事件相续而来

---

① 华勒斯坦等《开放社会科学》,第 82 页。

中"本纪"恒定是太阳,但这毋宁说是一种"皇帝制度叙述",因皇帝个人情况不同,实际与此有多少不等的差距。皇帝大多缺乏"超凡魅力"(Charisma),天命亦是后世的刻意涂抹与装扮,与萨林斯笔下的"神圣王权"① 有相当的距离,只有后人眼中的三代"圣人"才接近那种一呼百应的英雄。同时,秦代以来,中国一直拥有强大的官僚系统,辅助皇帝统治天下,条文化的规矩自秦至清,都颇为发达,"理性"的成色虽要打不少折扣,却也构成整个王朝统治基调的一脉。整个王朝时代的架构,用韦伯的概括,属于"家产官僚制",若干看似矛盾的逻辑并存其中。将这种观察过去的方式加以修订应用于古代中国,能够带来一些洞见。

数年前,刘志伟在与孙歌的对谈中提出"从国家的历史到人的历史",如刘志伟所指出的"现代史学虽然受近代以来的社会科学很大影响,但在基本的范式上,并没有走出以国家作为历史主体的套路",原因是"历史学方法以国家为分析的逻辑起点这个传统根深蒂固",他强调要"转到以人为主体的历史,从人的行为及其交往关系出发去建立历史解释的逻辑","由人的能动性去解释历史活动和历史过程"②。这种转向的意义自然十分重大。国家的历史占据

---

① 关于神圣王权与英雄史观,见马歇尔·萨林斯《他者的时代、他者的风俗:历史人类学》,收入氏著《历史之岛》,第60—104页。
② 访谈2013年进行,文稿收入刘志伟、孙歌《在历史中寻找中国——关于区域史研究认识论的对话》,2014年初刊,简体版,上海,东方出版中心,2016年,第16、17、20、21页;鲁西奇亦有类似的呼吁,见氏著《人为本位:中国历史学研究的一种可能路径》,《厦门大学学报》(哲学社会科学版)2014年第2期,第1—10页。

种"事"之间的复数关系，挖掘与重建更多视角下多元的事件等级，以及记述的"空白"，亦是将目光从传统史书的"纪事"——王朝单一视野下构建的一元化事件等级、事件序列叙述——中解放出来的过程。

构建新的事件分析路径，前引李猛的论文曾做过比较充分的剖析，笔者对道光年间政务处理的分析，亦是在反省将"鸦片战争"作为一重大事件研究的学术传统。进言之，与"事件"分析密不可分的是断代史传统，亦是近代"新史学"的产物。这种截断众流的做法，带来了聚焦于特定时期与问题的方便，因专门化而得以深入，但也会陷入"只知秦汉，无有魏晋"、画地为牢的困境，甚至会放大或突出自己所熟悉时代的某种现象，丧失对全局的把握。加上进化论的深刻烙印，更易于招致此类弊病。天下没有两片相同的叶子，带着显微镜去观察，到处都是不同与变化，我们会迷失在细节的差异上，忽略"异"中的"同"，"变"中的"不变""反复"与"延续"。因此，事件史，更准确地讲，埃里克松和李猛所概括的"大事件因果分析"，连同作为其存在基础的英雄史观、目的论的立场，还有进化论，均需要加以"悬置"。经过审视与清理，重新确定进入"过去"的姿态与观察、提问方式。

埃里克松分析的是资本主义时代产生的新现象，李猛揭示的"小事件因果分析"看起来更适用于资本主义以来的时代，能否扩展到前资本主义时代不无疑问。仔细分析王朝时期的中国，虽然是一君众臣万民的体制，正史叙述起来，形成惯例，构成约束人的结构，不失为一种适切的选择。

2003年，邓小南提出"活的制度史"的主张，希望将制度史研究动态化，关注作为过程与作为关系的制度史①，在演进中、在人的互动中认识制度。在她带领下，宋史研究开始关注文书行政、信息渠道、政治空间等新问题，取得一系列新成果②。这一视角当扩展到整个史学，以人与制度关系的探讨推动制度研究开辟新的方向。这一取向更可以和"事"的研究相结合，制度不过是例行化的事务，而事务由人来完成，这样，人、事务与制度便衔接在一起。

围绕王朝确立的大事、事件、事件等级、事件史与传统正统史学的"纪事"之间相互转换、相互强化，亦产生遮蔽与遗忘。需要回到"事"的丰富含义，回到"事"更为多元多层的主体。这既是解构，同时也是建构，将《春秋》以来相沿数千年的叙事主角与叙述方式相对化。换言之，即是从不同角度去研究各种意义上的"事"：非"事"、常事、琐事与"大事"，去重现不同位置、身份的众人与各

---

① 邓小南《走向"活"的制度史：以宋代官僚政治制度史研究为例的点滴思考》，2003年初刊，后收入氏著《朗润学史丛稿》，北京，中华书局，2010年，第500—503页。
② 最新的成果可参邓小南主编《过程·空间：宋代政治史再探研》，北京，北京大学出版社，2017年。其中分为五个专题：文书性质与日常政务、制度因素与政治理念、地方军政与中央决策、仪式空间与政治文化、周边关系与内政措施。如邓小南在《序言》中所言"观察一时代的政治史，可以有许多不同的角度。本书的作者，相对注重制度方面的内容"，"希望对制度载体、运行过程、实际效用有比较实在而非浮泛的观察"，第2页。此前还有两部论集：邓小南主编《政绩考察与信息渠道——以宋代为中心》，北京，北京大学出版社，2008年；《文书·政令·信息沟通——以唐宋时期为主》，北京，北京大学出版社，2012年。

政，固然与"经世致用"的传统有关，同时亦是时人心目中两者紧密相连之认识使然，古史研究因而深受其左右[①]，带着此种"制度观"来观察古代王朝，和近代形成并流行的种种"标签化"认识相互支持亦在所难免。

独立且带有本体论意义的"制度"既然是近代一种参照西方产生的观念，将不同时代的"制度"衔接起来形成的"制度史"成为这种制度观的历史投影，其能否独立存在就要打个问号。我们需要将这种后见之明"悬置"起来，返归古代王朝的具体时空，回到人（无论是圣人、君王还是官员、百姓）/事关系，甚至天道/人事关系中，去认识制度的产生、实态及其变化。

4. 展望

统治秩序在中国历史演进中至关重要，不能不将研究关注的重点置于此。如何将以往默认的国家重新纳入分析？栖息在 20 世纪初形成的思路与结论下，率由旧章，仍有不少隙地可耕耘，但它们筛落与遮蔽的现象也不少。寻找新的思路正当时。搁置概念化的抽象认识与结构性的解释框架，将动态的、由具体人的活动汇聚而成的统治作为观察对象，分析反复发生的事务，看它们如何将人的言行衔接

[①] 大致情况可参张舒《近代中国思想中的政体简化论与古史叙事》，《学海》2017 年第 3 期，第 23—29 页。

往往漠视这一侧面。

大致可以说,多方力量的作用下,到了1920年代,制度史作为一门专史,已经大致成型。

古人如何认识"制度",以及近代以降,西方的冲击下对"制度"认识的变化如何影响了史学与现实,寻求改变现实的各方如何努力将"典章""掌故"转化为脱离人/事、带有本体色彩的"制度",并催生出作为专史的"制度史",上面只是个粗略的梳理。

遗憾的是,今天当我们在追述有关问题的学术史时,常常止步于建制化的成果或个别名人的研究,忽略20世纪初年探讨国家、人民前途时迸发的各方思想与讨论内容,清末新政的刺激,以及这些讨论与后来学术问题之间的关系,以至时至今日,我们已经淡忘了这些学术问题的时代意涵与现实来历①。而20世纪以来研究古史者热心参与时

---

① 一般介绍中国政治制度史研究时,只是简单提及戊戌以来的政治制度研究,如白钢《二十世纪的中国政治制度史研究》中说:"从戊戌变法到辛亥革命,无论是资产阶级改良派,还是资产阶级革命派,他们的思想武器之一,都是自觉地运用西方的历史经验,来推动中国的政治运动。因此,学习西方的政治制度,曾经成为他们政治主张的实际内容……所有这些政治主张的提出,都是以资产阶级的进化史观对中国传统的政治制度进行研究与批判为前提的。这些研究与批判,对促进用资产阶级史学新方法研究中国政治制度史,起到了推动作用。"具体研究只提到了梁启超的《中国专制政体进化史论》与王国维的三篇论文,以及章太炎的研究设想,其他只是一笔带过,见《历史研究》1996年第6期,第157—158页。只有刘后滨提及政治制度史研究的兴起和梁启超倡导的"新史学"转型有关,不过亦没有更进一步的分析,见氏著《汉唐政治制度史中政务运行机制研究述评》,《史学月刊》2012年第8期,第97页,感谢孙正军君示知此文。阎步克亦将制度史观的开山之作追溯到梁启超的《中国专制政治进化史论》,见氏著《一般与个别:论中外历史的会通》,《文史哲》2015年第1期,第7、9页。

> 同。……无论何时何国，实际上的政治和制度上的政治都不能相同。……所以研究政治史的人一面讲政治的组织，表面上形式如此如彼，一面尤其要注意骨子里政治的活用和具文的组织发生了多大的距离。……①

他将"文物专史"置于五种"专史"中最重要的地位，超越于人/事之上，当与前引《新史学》中强调"制度"高于"事"的看法一脉相承，而称"非纵剖的分为多数的专史不可"，便是相信需要超越具体朝代来通贯地研究不同类别的典章制度史，尽管他没有使用这种说法。统摄政治专史研究的几乎都是来自西方的观念：从民族国家（民族、国土、政治）到各种政体的演进，以及关于不同政体的组织形式，等等。"部落社会""宗法社会""政体""专制""自治""政权""民主""行政"等等译介的新词或填充了新意的旧词构成基本的分类与概念工具，甚至包括政治、经济、文化三分，以及通史与专史的分类亦是一种全新的框架。

此外，上述亦包含了一个为后人所忽视的面向，即他对政权运用的重视，注意到政治的活用与具文的组织之间的距离，尽管这些被他安排在了第三部分，也是最后一部分，从属于国家与制度。能看到这一层面，恐怕与他亲身参与过戊戌变法与民国初年的政治有关。后代的研究者，大多缺乏相应的体验，亦对"制度"持有更加绝对的理解，

---

① 梁启超《中国历史研究法》附《中国历史研究法补编》，第145—146、267、269—272页。

的目的。我们做文物专史，非纵剖的分为多数的专史不可。

我以为人生活动的基本事项可分为三大类，就是政治、经济、文化三者，现在做文物的专史，也就拿这三者分类。……

政治专史最初应该从何处研究起？最初应该研究民族。……

第二步就应该研究国土。……

第三步就要研究时代。关于时代的划分，须用特别的眼光。我们要特别注意政治的转变从而划分时代，不可以一姓兴亡而划分时代。……

第四步还要研究家族和阶级。……

政治专史的第二部分就是讲政治上制度的变迁。这种应当从部落时代叙起，远古有无部落？如何变成宗法社会？如何变成多国分争？如何变成君主统一？统一以后如何仍旧保留分立形式？如何从封建到郡县？郡县制度之下如何变成藩镇专横？如何又变成各地自治？君主制度又如何变成民主？……

其次又要研究中央政权如何变迁。某时代是贵族专制的政体，某时代是君主专制的政体，某时代对于中央政府如何组织？各种政权如何分配？中央重要行政有多少类，每类有如何的发展？……

第三部分是讲政权的运用。上文讲的是政治组织上的形式，其实无论何时，和实际运用都不能相法考》之类有其实而无其名的著作,以及上述以"制度史"为名的论著,亦见于梁启超的《中国历史研究法补编》(1926—1927年),不过当时尚归入"文物的专史"下的"政治专史",体现了初创期称呼上的摇摆不定。

在此系列演讲中,梁启超对史学如何分类与如何开展研究,做了颇为系统的论述。他将史学区分为"通史"与"专史"两类,指出"作通史本不是一件容易的事情,专史没有做好,通史更做不好。若是各人各做专史的一部分,大家合起来,变成一部顶好的通史了"。"专史"分为"五类":

> 人的专史。即旧史的传记体、年谱体
> 事的专史。即旧史的记事本末体
> 文物的专史。即旧史的书志体,专以文物典章社会状况为主
> 地方的专史。即旧史之方志体
> 断代的专史。即旧史的断代史体

每类"专史",他都做了具体的表述。关于"文物的专史",梁启超指出:

> 文物专史是专史中最重要的部分,包括政教典章、社会生活、学术文化种种情况,……这种断代体和近似断代体的文物史都不能贯彻"供现代人活动资鉴"

因新形势的出现而屡屡挑动政界、学界的神经,如土地问题、地方自治问题等。另一方面,大学的普遍化与完善,众多持各路观点的读书人在大学或其他教育机构中安身立命①,使得上述思考与争辩逐渐在教育机构中沉淀、转化为学术问题,将早年论战中比较粗疏的论述精细化,并传授给学子,各种名目的"制度史"便是成果之一。

以"制度史"为名的论文与著作,据笔者很不全面的搜索,出现于1920年代②。1920年《妇女杂志》第6卷第9号刊有瑟庐的《娼妓制度史考》,或是目前所见最早出现了"制度史"的文章。而以"制度史"为书名的著作,除了吕思勉的四部制度小史刊行于1929年外,此前还有张慰慈编《英国选举制度史》(上海,商务印书馆,1922年)、瞿兑之编撰《汉代风俗制度史前编》(北平,广业书社,1928年)。1930年之后,论文、著作更多,主题亦更趋多元,涉及财政、奴隶、家族、行会、考试、土地、仓储、兵役等③,中国学者的论著之外,亦包含若干译著。

制度史作为一门专史,进入史学行列,始于《历代刑

---

① 粗略的介绍可见刘龙心《学术与制度:学科体制与现代中国史学的建立》,第263—268页。
② 此前还出版过《中国教育制度沿革史》(郭秉文,上海,商务印书馆,1916年)等书。
③ 据《1900—1980八十年来史学书目》(北京,中国社会科学出版社,1984年),有常乃悳《中国财政制度史》,上海,世界书局,1930年;顾素尔著、黄石译《九族制度史》,上海,开明书店,1931年;邓嗣禹《中国考试制度史》,南京,考试委员会,1936年;陈登原《中国土地制度史》,上海,商务印书馆,1932年;蔡芹香《中国学制史》,上海,世界书局,1933年;全汉昇《中国行会制度史》,上海,新生命书局,1934年;薛人仰《中国教育行政制度史略》,上海,中华书局,1939年等。相关论文不备列。

最急者，在以新学之眼光，观察以往之事实耳"①。作者倡导新眼光来治史，不像梁启超那样激进，依然承认正史的价值，对传统史学的认识却也在悄然发生变化，典制之学获得了某种独立的地位。

以上不论国内国外，无关立场、观点，所有的讨论都不是孤立地就中国论中国②。加入了中外比较的视野，各种制度便逐渐脱离了人与时代，按照类别，前后相连，中外互映，贯通为可以用来相互阐发的基本骨架，获得了人/事之上的超越性与稳定性。人/事过于短暂，难以充当讨论政体优劣的直接资料，在"制度史"的视野中被边缘化③。

随着清帝退位、民国建立，几经反复，共和政体最终变为现实，原先争论的不少问题随之烟消云散，另有一些

---

① 《东方杂志》第 5 卷第 6 期（1908 年），第 89—93 页，引文见第 91、92 页。
② 此乃时代潮流。陈平原观察晚清文人，亦发现："晚清以降的中国文人，讨论问题时，无法完全摆脱其西学背景"，"即便走出'杂抄文学概论'的困境，超越简单的比附，西学作为重要的理论资源，依然潜在地制约着探索者的思考"。见氏著《中国现代学术之建立：以章太炎、胡适之为中心》，北京，北京大学出版社，1998 年，第 386 页。
③ 如 1941 年 11 月钱穆在一篇短文中说"只缘清末人，熟于西洋 18 世纪时代如法人孟德斯鸠辈的政论，他们以为国体有君主、民主之分，政体有专制、立宪之别。中国有君主而无国会无宪法，便认是君主专制。不知中国政体，如尚书礼部之科举与吏部之诠选，已奠定了政府组织的基础，不必有国会而政权自有寄托。如有名的唐六典，大体为宋代以来所依照，极精密极完整的政权分配，使全个政府的行政机关各有依循，便不必有宪法而政权自有限节。而况明代以前，宰相为行政领袖，与王室俨成敌体。王帝诏命，非经宰相副署，即不生效。君权相权有时互为轩昂，正如法国、美国总统制与内阁之互为异同"，便均是取中国古代的制度作为证据来反驳专制说，见氏著《历史教育几点流行的误解》，收入《中国历史研究法》附录，第 162—163 页。

关于这一变化的概况，参桑兵《晚清民国的知识与制度体系转型》，《中山大学学报》（社会科学版）2004 年第 6 期，第 90—98 页；《分科的学史与分科的历史》，《中山大学学报》（社会科学版）2010 年第 4 期，第 66—71 页。

位。具体课目中有"古代阶级制度""古代封建上下""古代之礼制上下""古代之官制""古代之田制上下""古代之兵制""古代之刑法""古代之学校"等。在出版的第一册与第二册中，各有36课，专门介绍各种制度的就分别有11课与21课。第二册最后一课"论读本期历史之旨趣"中指出"欲研究之厥有四法"，"四曰周代之制多与西政相符"，列举他认为的与西方制度相符的不少例子，正贯彻了"凡例"中所说的"今日治史不专赖中国典籍，……今所编各课于征引中国典籍外，复参考西籍，兼及宗教社会之书。庶人群进化之理可以稍明"①。本书的设计中，"制度"已崛起成颇为重要的内容，与梁启超的看法相呼应。

相形之下，两册中涉及远古及三代事迹的课时，第一册中只有第三课"五帝之事迹"、第四课"夏代之兴亡"、第五课"商代之兴亡"，以及第二册中第一课"西周之勃兴"、第二课"西周之兴亡"而已，72课中仅占5课，足见作者对"制度"与"事迹"的轻重态度。

1908年7月，署名蛤笑的发表了《史学刍论》一文，概括了中国史学的类型与弊端。正史之外将中国史学分为三派：典制之学、议论之学与考证之学。指出"典制之学，如杜氏佑之《通典》、司马温公之《通鉴》、郑渔仲之《通志》、马贵与之《文献通考》"，不过，作者认为"居今日而言史学，则以上所举之三大派，皆成已陈之刍狗"，"所

---

① 以上见《刘师培全集》第四册，影印《刘申叔遗书》本，北京，中央党校出版社，1997年，第275、370页，各课名称见第276—369页。

这段话中便提到许多典章制度，更多的则是肯定，与一般的革命派不同。讨论的目的，是将来建设新政府的需要，并非简单的学术问题。言说的背景与判断优劣的标准，还是西方的三政体说，以及晚近产生的社会主义。

此外，新史学的探索也在起步，"制度"亦成为重要议题。1905年11月，刘师培《中国历史教科书》第一册出版，第二册于次年出版。是书参照西方史书，改造本国史，在"凡例"中说"西国史书所区分时代，而所作文明史，复多分析事类。盖区分时代近于中史编年体，而分析事类则近于中国三通体也。今所编各课咸以时代区先后，即偶涉制度文物，于分类之中亦隐寓分时之意"，并概括中国史书的弊病云"中国史书之叙事详于君臣而略于人民，详于事迹而略于典制，详于后代而略于古代。今所编各课其用意则与旧史稍殊"。他说的分析"事类"近于中国三通体，指的应是制度文物。刘师培所关注的主要有五点：

> 一历代政体之异同
> 二种族分合之始末
> 三制度改革之大纲
> 四社会进化之阶级
> 五学术进退之大势

可以说是一个西方学术深刻影响下建立的全新构架，术语大多是新词，"制度"在其中亦排斥了"事迹"占据突出地有相当的共识。

即便是革命派,对于传统的态度亦并非全然一致。章太炎积极赞同革命,亦提倡国粹与爱国,并非一味贬斥中国文化,对中国政治与典章制度,还是采取具体分析的态度。1906年7月,他在《民报》第六号刊登的"演说录"中说:

> 第二要说典章制度。我们中国政治,总是君权专制,本没有什么可贵。但是官制为什么要这样建置,州郡为什么要这样分划,军队为什么要这样编制,赋税为什么要这样征调,都有一定的理由,不好将专制政府所行的事,一概抹杀。就是将来建设政府,那项须要改良,那项须要复古,必得胸有成竹,才可以见诸施行。至于中国特别优长的事,欧美各国所万不能及的,就是均田一事,合于社会主义。不说三代井田,便从魏晋至唐,都是行这均田制度,所以贫富不甚悬绝,地方政治,容易施行。……其余中国一切典章制度,总是近于社会主义,就是极不好的事,也还近于社会主义。兄弟今天,略举两项。一项是刑名法律。……一项是科场选举。……我们今日崇拜中国的典章制度,只是崇拜我们的社会主义,那不好的,虽要改良,那好的,必定应该顶礼膜拜,这又是感情上所必要的。(第11—13页)

专务之官,实可谓中国流出哉!……英(国)始创枢密,实由唐中书制","议院者,为公民议政之地,黄帝之合宫、唐虞之衢室、殷之总章、周之明堂是也。盘庚之命众至庭,孔子所谓'谋及卿士,谋及庶人'也"。论及公民自治,三代、汉、晋、六朝实行的《周官》乡遂之制,汉代的乡亭里以及三老、啬夫、游徼,以及当时广东的绅士、乡老与族正,都成了中国古今地方自治的践行者①。这部关于官制的系统论述,充满了历史资料,但目的完全是为了当下与未来。思考的依托已经不再是就中国论中国,而是以近代西方为标准来剪裁、理解中国古今官制。

康有为在《官制议》序中说:"今既当诸国竞争之时,非复一统卧治之世,万事之治,纲举目张,皆在官制。"序的草稿云"大地言政者,必知立法、行政、司法三官鼎立,而后政体成,凡此皆西政西学至浅末者,而鄂督是之昧然,其为得失可知矣"②,鄂督指张之洞。张之洞变法是从具体的律例兵制入手,对政体上的民权自由则极力排斥,是故张氏《劝学篇》中所言的"西政"只停留在具体制度层面,因而保持了"中学为体"。《官制议》在反对张说时,实际赋予了"政体"某种根本性的意义。这种思想对话是《官制议》贯通古今中外官制,从"制度史"角度进行阐述的现实原因。这并非康有为一人的想法,在当时知识分子中

---

① 《康有为全集》第七集,第250、262、251、259、265、272、273页。
② 《康有为全集》第七集,第231、232页。此段意见承蒙李欣然先生惠示,谨此致谢。

臞坏而安得乎？此又自汉以来二千年所未有也。合刘歆六卿之余毒，加始皇防制之余威，积而成此弊政；而以当百国励精图治、下合民权、上分众职、纪纲明而条理密之国，安得不大败涂地哉？各国人人有权，事事有会，职职能分，人官物曲，莫不皆举。以数千万人之国而入吾无职无人之国，安有不胜者哉？呜呼！官制之败坏至此，遂以丧国。苟不更张之，虽有管、葛之才，不能为治也！

在"中国今官制大弊宜改"中说：

> 今者累加以赔款，民贫日甚，国病日深，不亟改革，病将难救。而变政之事，下手必从官制始。官制有三，一曰为民，一曰为国，一曰国与民之交关。……为民制者，莫如公民自治。为国与民交关制者，莫如析疆增吏。为国制者，莫若多设分职、中央集权。因今大地之势，对于中国之策，虽有圣者不能易此者矣。三者举一失一，皆不能治。先此后彼，亦不能行。于三者之中，其尤要之旨，则为民莫如地方自治，为国莫如中央集权矣。

书中中外制度间的对应与比附，随处可见。如什么"秘书监，……如各国之博物院、图书馆也，但秘书不公之于民。宋有书库官，是真各国之公于民者也，故吾称宋"，"欧洲

中国汉后官制

宋官制最善

各国官制

中国今官制大弊宜改

开议院

公民自治

析疆增吏

存旧官

增司集权

供奉省置

改差为官以官为位

俸禄

《官制议》虽是从中国上古三代官制讲起，重心与目的则是面向未来，大部分的篇幅是在详细讨论如何从不同方面来改造清代的官制，宋代与英国是他树立的两个理想的榜样。当然，即便是讨论如何整顿清朝官制，亦不断引用前代官制的得失与外国经验。他将清朝的失败归结为官制问题，自然，解决之道也要从官制入手。他在"中国汉后官制"中指出当时存在"官职不分，任事不专""在本朝则谓之身兼百职，而实人无一职"之弊，导致：

> 夫以人民之众、国事之大、千官之夥、庶司之多，而乃无一人任职者，无一职有人任之者，政事虽欲不

上述两股力量目标有别，活动舞台略有交叠，主体一在海外，一集中于朝廷，并不相同，却相激相荡，共同将"制度"推上了至高的位置，"制度史"的探讨也就应运而生了。

值得注意的是，1902年到1904年12月，康有为专门在《新民丛报》上写了多篇关于古代、汉代以来官制的文章，系统梳理古今中外官制，1904年7月，合为《官制议》一书由上海广智书局刊行，十多年间多次重印①。加了标点后，全书篇幅在15万字以上，宛如一部浓缩版的"中外官制史"。书中出现的人名很少，事件更是难得一见，充斥的则是各种官职、机构名称，以及"国""民""公民""议员""自治""天理""自然之势"等概括性的词语。或是按照官职，逐一前后串联，或是由后向前追溯渊源，实际已经开启了日后"制度史"的表达方式。"序"之外，该书十四卷标题如下：

官制原理

中国古官制

（接上页）求田问舍、而健讼私斗赌博窃盗，则皆由家族主义之脚跟点而来也。夫古昔圣贤帝王之设教以提倡家族，原以为是国家之雏形，而岂料其为国家之坚敌也。国亡而家何在，家有令子而国无公民，吾为此惧。……政治之革命，由国民之不自由而起；家庭之革命，由个人之不自由而发；其事同其目的同"，《江苏》第七期，转自张枏、王忍之编《辛亥革命前十年间时论选集》第一卷下册，第834页。关于近代"家庭革命"的最新研究，可参赵妍杰《为国破家：近代中国家庭革命论反思》，《近代史研究》2018年第3期，第74—86页。

① 全书收入姜义华、张荣华编校《康有为全集》第七集，北京，中国人民大学出版社，2007年，第230—341页。

自治亦是论辩的焦点之一。《周礼》提到的"乡遂之官"，以及汉代的乡亭里、啬夫、三老之类的地方设制则常被用来充当证据①。1903年邹容《革命军》一文中，清朝的官制、科举制与法律成为批判的目标②。孙中山在提出"五权分立"时，根据亦是中国历史上的考选与监察制度③。更有进一步将目光延伸到家庭制度，倡导家庭革命者④。

（接上页）命之前途》亦说："抑民生主义之滥觞于中国，盖远在希腊罗马之文明以前矣。三代井田之制，人皆授田百亩，分配公平，后世以为至治。……王莽新制，……尤为民生主义之真理……王莽乃于二千年前具其释奴之伟识，其贤于林肯远矣。……宋王荆公新法，多含民生主义的性质，惜乎所用非人，……天军（太平天国）特设利民之公仓，……公仓亦民生主义之一端也。由是观之，民生主义实为中国数千年前国有之产出物。"香港《中国日报》首发，修订后刊登在《民报》第四号（1906），第105—106页。

革命派中亦有认同土地国有，但对中国古代的井田、均田等制持否定态度者，如韦裔（刘师培）《悲佃篇》所言，见《民报》第十五号（1907），第19—34页。中国土地制度史之研究，便是在此种争论的背景下起步的，遗憾的是，一般回顾其学术史时，几乎不会溯及此。胡适、廖仲恺、胡汉民、朱执信等便曾在1920年的《建设》第二卷上开展过"井田制度有无之研究"的讨论，而胡汉民早在十多年前，就已经注意到此问题，后来还将讨论收入专书《井田制度有无之研究》（上海，华通书局，1930年）。此后，关于这一问题的研究层出不穷，究其根源，与民生主义和土地国有的主张分不开。有关学术史的梳理，可参蒋鹏《井田制研究与近代中国——20世纪前半期的井田制研究及其意义》，《社会学研究》2016年第4期，第52—73页。作者注意到井田制研究与应对20世纪中国变局及未来走向之间的紧密联系（第69页），但还是在学术史范围内展开讨论，没有意识到井田制与民生主义、土地国有/私有争论之间的关系。

① 如明夷（康有为）《公民自治篇》，见《新民丛报》第六号（1902），第21—23页；攻法子《敬告我乡人》，《浙江潮》第二期（1903.3），第8—9页。
② 邹容《革命军》，收入张枬、王忍之编《辛亥革命前十年间时论选集》第一卷下册，北京，生活·读书·新知三联书店，1960年，第654—655、657—658、659—660页。
③ 《纪十二月二日本报纪元节庆祝大会事及演说辞》中孙文的演说，《民报》第十号（1906.12），第93—96页。
④ 1904年，有署名为"家庭立宪者"的撰文《家庭革命说》，指出"若我国二千年来，家庭之制度太发达，条理太繁密，父子、兄弟、夫妇之间爱情太笃挚，家法族制，丧礼祀典、明鬼教孝之说太发明，以故使民家之外无事业，家之外无思虑，家之外无交际，家之外无社会，家之外无日月，家之外无天地。而读书、而入学、而登科、而升官发财、而经商、而（转下页）

有市场。

特别是在留日的中国学生与康有为、梁启超、严复、杨度等人之间,激辩中国未来的政体与变革方式时,一方面取资欧美、日本、俄国、印度等等正反事例作为参考,另一方面便是大量地反观中国古代,来汲取证据。各种制度成为论证诸家观点的重要资源。批判中国专制政体时,秦政,特别是秦代以来的官制是主要靶子[①];涉及民生主义(社会主义),是否需要进行社会革命时,土地制度便成为辩论的核心之一。遥远的井田与均田,反复出现在文章中,公有、私有的争辩,莫衷一是[②]。激烈讨论开国会时,地方

(接上页)度史"如何从"掌故"中脱颖而出的一个例证。

具体内容虽博引上古经书、史书,但勾连不同史料的术语、基本线索与框架,构成论著灵魂的,则是来自近代西方的进化论以及各学科的各种结论与术语,同上书,第318、338—340、366页。"政体"一章,亦是以亚里士多德政体说为凭依,见第445页。以西方学者的看法为"公理",取中国资料"比附"西方说法的色彩极为明显,撰写的目的意在论证当下如何兴女权、反专制兴民主,亦一目了然。

反而倒是像"官制"一章,因自身有沿革演变的脉络可循,基本无须借助外来的概念、线索来统领。吕先生受到近代西方思潮的影响颇深,同时也力图在中国古史中找寻西方的影子,以证明此路的共通性。在他撰写的札记中便有一条"立宪古谊",认为中国汉代灾异策免三公以及契丹八部建旗鼓推举大人,以及推举续任者,乃至日本的幕府,均属立宪政治,见《吕思勉读史札记》乙帙"秦汉",增订本,中册,上海,上海古籍出版社,2005年,第715—716页。

① 中国之新民(梁启超)《中国专制政体进化史(论)》,《新民丛报》第八、九、十七号(1902年)、第三卷第一号(1904),第19—28、19—30、17—34、49—60页,可参唐文明《摆脱秦politics:走向共和的内在理由》,《文史哲》2018年第4期,第20—29页。

② 1906年11月,饮冰(梁启超)发表《杂答某报》"五、社会革命果为今日中国所必要乎",分析中国的继承制度、赋税制度,剑指革命派提出的土地国有主张,见《新民丛报》第四卷第十四号,第5—52页。后又专门写了长篇大论《再驳某报之土地国有论》,分析了清朝赋税问题,见《新民丛报》第四卷第十八号(1906),第7—12页。汉民(胡汉民)"民报之六大主义"之三为"土地国有",从三代的井田之制讲起,见《民报》第三号(1906),第11—14页。自由(冯自由)《民生主义与中国政治革 (转下页)

国实事有关系之处加意考求"①,涉及制度的课程与研究颇受重视,当然其中讲的"鉴古知今"与"于今日中国实事有关系之处",指的是当时正在进行的新政,目的是在维护清朝统治的前提下,利用历史经验,做些修修补补。这上承史学的经世转向,成为制度史产生的又一重要源头。

另一方面,对时局认识的变化,与近代以来引进的政体观念以及"专制""共和""立宪"等政体说遥相呼应②,政体从传统理解的"为政体要"跃升为凌驾于具体人物与事务之上的一国政治的抽象构造③,"政制"乃至一般"制度"(如宗法制度、家族制度④、土地制度)进而固化为不同政体相互区分、依次进化(或退化)的外在标志或根据,以及可以利用的资源或改造的对象⑤。这些在海外学子中大

---

① 《大清光绪新法令》第七类"教育一·学堂章程""大学堂章程",第十一册,上海,商务印书馆,1909年,第28、29、30页。
② 梁启超便曾指出:"中国自古及今惟有一政体,故政体分类之说,中国人脑识中所未尝有也。"见氏著《中国专制政治进化史论》,《饮冰室合集》文集之九,第60页。扼要的分析见侯旭东《中国古代专制说的知识考古》修订稿,收入氏著《近观中古史:侯旭东自选集》,第323—324页。
③ 1903年竞盦便写过《政体进化论》,见《江苏》第一、三期,第37—39、21—36页;1907年又有署名文元的人撰写了《中国政体变迁论》,基于进化论来讨论中国政体问题,见《大同报》1907年第5号,第63—90页。详细分析见佐藤慎一《近代中国的知识分子与文明》第三章"近代中国的体制构想",第231—273页。
④ 如吴虞便发表过《家族制度为专制主义之根据论》,见《新青年》第2卷第6号(1917.2),第5—9页。参见小野和子《五四时期家族論的背景》,《五四运动研究》第五函第十五分册,京都,同朋舍,1992年,第1—148页。
⑤ 读一下今天称为《中国制度史》的吕思勉著作,即可感受到新思潮的传入,对研究古代制度影响有多大。据"前言","初稿写成于二十年代,称为'政治经济掌故讲义',后来曾经修订,改称为'中国社会史'。……其中婚姻、宗族、国体和政体四篇,曾分别用'中国婚姻制度小史''中国宗族制度小史''中国国体制度小史'和'中国政体制度小史'的书名,于1929年由上海中山书店作为单行本出版",见《中国制度史》"前言",上海,上海教育出版社,1985年,第1页。文稿名称的递变,可视作"制(转下页)

具体而言，清末新政中改革学制，1904年1月颁布《奏定学堂章程》，其中的《大学堂章程》为尚未筹办的文学科大学中国史学与万国史学制定了详细科目。中国史学门的主课就包括了"中国古今历代法制考"，万国史学的补助课中有"中国古今历代法制史"，随意科目中有"各国法制史"，法制史可以说是最早出现的制度史名目①。科目后面所附的"中国史学研究法略解"中亦包含了不少制度方面的内容，如"官制之得失""学校之盛衰""历代选举之得失""历代钱币之得失""度量衡之变迁""赋税利弊之比较""刑法之得失""礼乐仪文丧服制之改变""历代典祀私祀盛衰与政俗之关系"。其后指出"以上专为鉴古知今有裨实用而言，与通鉴学为近"。"正史学"与"通鉴学"下的小注中特别标明"并须参考外国史"。随后又指出"考史事者分考治乱、考法制两门。考治乱，若《通鉴》及各种纪事本末之类；考法制，若《通典》《通考》及历代会要之类。两义必宜兼综，方有实用。研究史学者务当于今日中

（接上页）216—219页。
　　关于"制度决定论"的分析，见萧功秦《危机中的变革：清末政治中的激进与保守》第九章"近代中国人对西方立宪的'文化误读'"，第121—128页。关于"制度决定论"的争论，今天仍时有所见，如持质疑态度的，见文勇《制度决定论的贫困：对近代中国立宪政治失败的原因分析》，《浙江学刊》1999年第6期，第40—43、76页；尹伊文《"制度决定论"的神话》，《读书》2008年第7期，第25—33页；持赞成态度的，见韩东屏《制度决定论批判的批判——驳尹伊文先生的〈制度决定论的神话〉》，《理论月刊》2015年第6期，第43—49页。
① 此后出版过《中国历代法制考》（徐德源纂，孙大鹏补，北洋大学，1912年），应该与此次改革有关。

担当起社会变革最根本的革新力量①。

此外,1901年初,清廷下谕旨,设督办政务处,谋划变通政制。几年中,实际改革落实在设立学堂、废除科举,废除武举、新法练兵,建立警察与新式监狱制度以及法律和宪政改革等方面,实施新政②。清廷谋求法律改革,沈家本主其事,他为此长期钻研古代刑法,1906—1910年间完成的《历代刑法考》③,可以说是最早的刑罚制度史,只是当时尚无此名称。当时出现了认为一旦改政体为立宪便能解决一切问题的"制度决定论"④,日俄战争更成为关键契机。"立宪"的日本战胜了"专制"的俄国,增强了"立宪"的吸引力,甚至一些清廷官员亦转向支持"立宪",推动清廷开始预备立宪。至今,强调制度决定一切的想法仍颇有市场⑤。

---

① 见张海鹏、李细珠《中国近代通史》第五卷《新政、立宪与辛亥革命》,第2版,南京,江苏人民出版社,2013年,第120—123页。
② 详见任达(Douglas R. Reynolds)《新政革命与日本:中国,1898—1912》(*China, 1898 - 1912: The Xinzheng Revolution and Japan*),1993年初刊,李仲贤译,第2版,南京,江苏人民出版社,2006年,第132—192页;张海鹏、李细珠《中国近代通史》第五卷《新政、立宪与辛亥革命》,第1—60、216—276页;桑兵《清季变政与日本》,《江汉论坛》2012年第5期,第5—16页。
③ 因此书无序无跋,作者相关年份的日记亦不存,此书的成书时间,尚无确切的看法。李贵连《沈家本年谱长编》(济南,山东人民出版社,2010年)中没有提及此书,只是在"光绪十三年丁亥(1887年),沈家本47岁"下指出"在刑部任职期间,沈家本致力于法律之学,著作相当丰富",下面举出"《刑法杂考》一卷一册",第53页。上说承沈家本先生曾孙沈厚铎教授提示,承蒙中国政法大学法律古籍研究所李雪梅教授代为请教,谨向两位教授致谢!
④ 中国古代亦存在类似的看法,如王莽热衷于改制,就是希望借此一举解决汉末的积弊,就近乎"制度决定论"。感谢孙正军的提醒。
⑤ 日俄战争的影响,见陈恭禄《中国近代史》,1935年初刊,再版,下册,上海,上海古籍出版社,2017年,第493、495—496页;蒋廷黻《中国近代史》,1939年初刊,再版,北京,中华书局,2016年,第106页;张海鹏、李细珠《中国近代通史》第五卷《新政、立宪与辛亥革命》,第(转下页)

认为是能够关切世用的典章制度史,此时几乎成为讲授史学的主要项目"①,尽管当时尚无"典章制度史"的说法。关注"典制"与"掌故",的确构成"制度"独立成史并崛起的内在源头之一。

西方的冲击不只推动时人对前代典章的看重,时局亦激发了改革现实制度的要求。1898年康有为刊布《孔子改制考》,认为孔子立制改制之义在古文经兴起后被湮没近二千年,他借圣人立言,暗中接引西方思想,表达变革的诉求②。尤其是戊戌变法失败、庚子事变后,"制度"与"变法改制"渐成为新型知识分子中流行的议题③,20世纪初形成了国内新学堂的学生与教员、留学生(留日为主),以及旧文人转化而来的趋新人士构成的新型知识分子群体,

---

① 刘龙心《学术与制度:学科体制与现代中国史学的建立》,第40—68页,引文见第46页。
② 见康有为《孔子改制考》"叙"、卷八《孔子为制法之王考》、卷九《孔子创儒教改制考》,第2版,北京,中华书局,2012年,第1、196、230页。
《孔子改制考》的意义与在当时的影响,可参陈其泰《清代公羊学》,北京,东方出版社,1997年,第301—304页;贾小叶《戊戌时期的学术与政治——以康有为"两考"引发的不同反响为中心》,《近代史研究》2010年第6期,第69—75页。
③ 可参朱维铮《康有为在十九世纪》,收入氏著《求索真文明——晚清学术史论》,上海,上海古籍出版社,1996年,第196—197页;王尔敏《清季人物托古改制论》以及《晚清士大夫对于近代民主政治的认识》,收入《晚清政治思想史论》,第33—37、210—228页;罗志田《国家与学术:清季民初关于"国学"的思想论争》第二章"国无学不立:重建国学的努力",北京,生活·读书·新知三联书店,2003年,第53—59页。汪晖则将时间上推到1884年前后廖平完成《今古学考》,认为"从更为广阔的角度看,标志着清末经学变化的如下想象:伴随'改制''三世'和'大同'等主题上升为中心主题,'内外''讥世卿'等主题的地位相对降低,王朝改革与全球关系被纳入了一种反思性的视野之中。这一过程促使清代今文经学从一种王朝的合法性理论转化为一种王朝的变法改制理论",见氏著《现代中国思想的兴起》第二部上卷,北京,生活·读书·新知三联书店,2004年,第744页。关于康有为的分析,见该书第744—829页。

内涵收缩。"制度"逐渐凌驾"事"之上,获得了更为根本性的意义,进而从原先的附庸位置挣脱而出,自成门户。1840年之前,魏源在《诗古微》中就表达了拓展政治参与的想法,来强化政府统治,1860年,冯桂芬在《校邠庐抗议》中进一步提出应当由下级官员选举上级官员,来扩大政治参与,甚至还提出由乡民自己投票来产生新的中介力量,以稳固乡村统治,这些都可以视为"建制性的议程"(constitutional agenda),属于通向现代国家的制度性设想①。同时或稍后,王韬、郑观应等人也在自己的著作中介绍了西方的议会制度,意识到"君民共主"的优长,并开始将问题的根源上溯到秦代。他们所关心的其实与魏源相通,侧重的是"集思广益",消除君民之间的隔阂②。当然,设想只是设想,并没有落实为具体的实践。

西方冲击,特别是甲午战败对清末读书人触动颇大,进一步推动史学走向致用,表现之一便是关注内容的变化,一端就是典制、掌故受到空前的重视。19世纪末,无论是梁启超为湖南时务学堂所订的读书分月课程表,还是张之洞的《劝学篇》与徐仁铸的《輶轩今语》,典制均成为史学切用与致用的内容之一,具体所指即是《周礼》《秦会要》《历代职官表》《通考》之类的著作。如学者所指出的,"被

---

① 相关分析见孔飞力(Philip A. Kuhn)《中国现代国家的起源》(Origins of the Modern Chinese State)第一、二章,2002年初刊,陈兼、陈之宏译,北京,生活·读书·新知三联书店,2013年,第27—72页。
② 扼要的分析可参萧功秦《危机中的变革:清末政治中的激进与保守》第九章"近代中国人对西方立宪的'文化误读'",1999年初版,再版,广州,广东人民出版社,2011年,第118—121页。感谢崔志海兄示知此书。

府之遗"(181/693下),亦是视之为关于国政朝章的前代故事,用途乃后代取资前朝,根据当时需要而损益的依凭。

今人所理解的相对狭窄的"制度"与"制度史"的源头至少要追到《通典》以降形成的"典故""政书"传统,其内涵较之汉代今文经学家的看法精简了许多,正朔、律历、服色、徽号之类很少再纳入视野,占据核心的是涉及"国政朝章"的部分。这种变化背后是天人感应观念的逐渐淡出。

● "制度史"哪里来?

这一背景下,恰恰是进入20世纪,知识界才开始将《通典》视为与纪事不同的纪"制度"之书。1902年,梁启超在《新史学》中说:"(杜君卿)《通典》之作,不纪事而纪制度,制度于国民全体之关系,有重于事焉者也。前此所无而杜创之。"[①] 显然,任公这里所谓的"事"与"制度"的分别与对立,以及"制度"高于"事"的地位,已与杜佑的表达颇有距离。浮现梁任公脑际的史学记述对象,已是人/事/制度鼎足而三,杜佑眼中,不过人/事两类。

这种微妙的变化背后,是19世纪中叶以来寻求体制变革所带来的史学研究中"制度"意义与价值的突起,"事"

---

① 梁启超(署名"中国之新民")《新史学》,《新民丛报》第1号(1902),第46页。当然,并非所有近代学者都接受这样的三分法,钱穆就依旧坚持在政治史中讲授"制度史",所以他介绍古代制度的书名为《中国历代政治得失》,在"如何研究政治史"之下来讲授如何研究制度史,见氏著《中国历史研究法》第二讲,北京,生活·读书·新知三联书店,2001年,第18—37页。钱穆对"制度"有独特的见解,详参阎鸿中《职分与制度——钱宾四与中国政治史研究》,《台大历史学报》第38期(2006.12),第105—158页。

损益，内涵丰富，并没有今人以为的那么单一性的强烈规范意义，仿佛具有超越时空的本体色彩。杜佑等视其为"事"亦属自然，将其与当时的论议并置，更贴合了中古时代人们心目中"制度"的实态。

的确，"制度"独立成类，成"史"，经历了漫长的演变，从"典故"到"政书"，最终是在20世纪才一跃成为新史学中单独的专史。至少从宋代开始，已将《通典》归入"典故类"，认为是"载古今制度沿革"但"非类书"，同列"典故类"的除了各种《会要》，还有《贞观政要》《魏郑公奏录》《三朝宝训》等书①，这些关于制度沿革的论述与君臣关于为政的论述依然属于一类，仍不脱"政事"范围。《四库提要》据钱溥《秘阁书目》立"政书"类，将《通典》列于首，小序云"志艺文者有故事一类，其间祖宗创法，奕叶慎守，是为一朝之故事。后鉴前师，与时损益者，是为前代之故事。史家著录，大抵前代事也。……今总核遗文，惟以国政朝章六官所职者，入于斯类，以符周官故

（接上页）*Vocabulary of Culture and Society*)，1976年初刊，刘建基译，北京，生活·读书·新知三联书店，2005年，第242—243页。按照他的考察，"在早期的用法里，它有一个明显的意涵，指的是一种创造的行动——在某个特殊的时刻被制定、订立的某种事物——但是到了16世纪中叶，演变出一种普遍的意涵，指的是某种方法确立的惯例（practices）"，类似的含义亦存在于中文"制度"一词中，当然时间要远远早于英文。到20世纪，则用来表示一个社会中任何有组织的机制，就此而言，中文"制度"所带有的抽象与规范意义要远大于英文。这种情况的出现，恰恰是20世纪初年留给我们的遗产。

① 见陈振孙《直斋书录解题》卷五，上海，上海古籍出版社，1987年，第158页以下，引文见"《国朝通典》"条，第161页。关于宋代编撰《宝训》类图书的目的、体例以及如何在帝王经筵中进读《宝训》，详见邓小南《祖宗之法：北宋前期政治述略》，第370—398页。

天下为家"的小康阶段,是"城郭沟池以为固、礼义以为纪"下的无奈之举,因时因事因势而变,颇为正常①。正因此,古人心目中,因应于天道之外的"制度"不过是小康时代王朝行事所设置、所依托的例行性安排,有常有变有权②,皇帝诏令或臣僚奏章常因时因势围绕制度产生议论与

---

① 正如同西汉初年的《二年律令·置吏律》犹规定官吏可以根据自己的判断来提出新律条文,只是需要逐级上报,不能越次直达天听。
② 吕思勉曾指出:"政治上豫定一个办法,以处理某种事务,此即所谓政治制度。其能行与否,诚未可知;行之而能历多久,亦未可知;然既定为制度,总是期其行之永久,至少亦是期其行之于某一时期之中的。"见《历史研究法》,收入《吕著史学与史籍》,第8页。阎步克则认为自己"心目中的'制度'是制约政治活动的行为框架",见氏著《品位与职位——秦汉魏晋南北朝官阶制度研究》"后记",北京,中华书局,2002年,第647页。较之古人眼中的"制度",在与人事关系上的权重,还是颇有不同的。其新近的看法则补充了"政治势力",变成了"政治体制"与"政治势力"之间关系的研究,某种程度上弱化了对制度单向约束作用的认识,可以说是后退一步。见氏著《波峰与波谷——秦汉魏晋南北朝的政治文明》"第二版前言",北京,北京大学出版社,2017年,第1页。吕思勉亦撰写过不少名为《××制度史》的著作,他十分强调史学记事之"事"便包含马端临所说的"理乱兴衰"与"典章经制"两者,政治制度即是"典章经制",《吕著史学与史籍》,第8页,以及《中国史籍读法》,《吕著史学与史籍》,第96、97页。他对制度的理解与阎步克的看法存在程度上的差别。
    有关中国古代制度精神的讨论,可参刘后滨《因革损益——中国制度文化的内在精神》,《中国社会科学报》第1243期(2017.7.7)。
    法学家朱苏力亦围绕中美法律制度如何出现与形成、法律是否万能,展开了一系列研究,强调法律深嵌在世界之中,无法基于抽象的道德原则来制定看起来很好的条款,出现带有偶然性,只有被实际视为先例,才成为制度(对英美判例法而言),并非出于理性的设计,并说"制度的发生、形成和确立都是在时间流逝中完成,在无数人的历史活动中形成",所以他赞成制度是人类行动的产物的说法。见氏著《制度是如何形成的》增订本,北京,北京大学出版社,2007年,引文见第53页。
    人类学家理解的"制度"更为宽泛,更偏重无形的观念,所谓的"思维方式",如"家产诸子均分""养儿防老""四民分业""子民论"之类。这类观念制度如何形成,如何发挥作用,可以说属于文中所讨论的超越单个王朝的经久之制,时人往往归于圣人立制,更为基础,影响更为隐蔽与深远。关于此类制度作用的概括,可见 Mary Douglas, *How Institutions Think*, Syracuse, N. Y.: Syracuse University Press, 1986 及周雪光《制度是如何思维的?》,《读书》2001年第4期,第10—18页。感谢方诚峰兄示知此文。
    关于英文中"institution"一词含义的演变,可参雷蒙·威廉斯(Raymond Williams)《关键词:文化与社会的词汇》(*Keywords: a*(转下页)

道杂之,奈何纯任德教,用周政乎!"① 但这种"制度"亦非经久不变,到了元帝成帝时期,儒生控制了朝政,便有相当多的更改,不断向"周政"靠拢,王莽新朝则达到登峰造极的地步②。宋代的"祖宗之法"亦有这方面的意义③。复数形态的制度并行于世,朝廷对其因循损益兼而有之。

儒生将经典所说的"三年之丧"视为圣人之道,《荀子·礼论》云"故三年之丧,人道之至文者也。夫是之谓至隆,是百王之所同,古今之所一也",推崇备至,秦汉时代现实中却长期另起炉灶,没有遵循儒家的说法④。汉文帝临终遗诏规定短丧至三十六日释服,虽然出自明君,且遵行数百年之久,后代儒生依然视之为"权制"⑤。除了一致确认为圣人立制外,其余均不时可见"违制"情况,亦会有人提出变革动议。只要将其归入与圣人之道不同的"权制",便可加以质疑与改动。不难想见制度/人关系中,人的主导地位。

据《礼记·礼运》,"设制度"乃发端于"大道既隐、

---

① 《汉书》卷九《元帝纪》,宣帝对太子(即后来的元帝)语,第277页。
② 扼要的概括,可参渡边信一郎《中国古代的王权与天下秩序——从日中比较史的视角出发》第三章第二节"中国的古典国制——以祭天礼仪为中心的礼法的成立",2003年初刊,徐冲译,北京,中华书局,2008年,第82—96页。
③ 参邓小南《祖宗之法:北宋前期政治述略》,北京,生活·读书·新知三联书店,2006年。
④ 有关情况可参赵翼《廿二史札记》卷三"两汉丧服无定制"条,第68—69页;邢义田《秦或西汉初和奸案中所见的亲属伦理关系》,收入氏著《天下一家:皇帝、官僚与社会》,北京,中华书局,2011年,第489—539页。
⑤ 见《宋书》卷一五《礼志二》、卷一六《礼志三》与卷一七《礼志四》,第387、455、467、476页;《旧唐书》卷七八《于志宁传》,第2699页。

《周礼》提供的各项制度蓝图，重在人事，涉及天道者甚少，实与汉初儒生的理解相当不同。此外，又有各朝各代设立的"经制""常制"乃至"故事""敕例"①，这些虽非圣人所立，或源于皇帝诏令，或本于礼法，可以跨越朝代长期遵行②。另有"非长久之道"的"一时之制""权时之制"或"权制"等③。甚至一朝的治国方略、规矩亦可称为"制度"，如汉宣帝对其子所言："汉家自有制度，本以霸王

（接上页）第三篇第二章"五胡十六国・北朝史における周礼の受容をめぐって"，東京，汲古書院，1998年，第367—389页；王葆玹《今古文经学新论》，北京，中国社会科学出版社，1999年，第144—156页；杨天宇《略述中国古代的〈周礼〉学》，1994年初刊，收入氏著《经学探研录》，上海，上海古籍出版社，2004年，第201—213页；楼劲《〈周礼〉与北魏开国建制》，《唐研究》第13卷（2007），第87—147页，后修改收入氏著《北魏开国史探》第三章"经学、《周礼》与天兴建制及儒家化北支传统"，北京，中国社会科学出版社，2017年，第94—166页；甘怀真《中国古代周礼国家观与〈通典〉》，收入黄宽重主编《基调与变奏：七至二十世纪的中国》（一），台北，政治大学历史学系等，2008年，第45—66页；王启发《在经典与政治之间——王安石变法对〈周礼〉的具体实践》，《湖南大学学报》（社会科学版）2007年第2期，第11—18页，等等。

① "经制"见《汉书》卷四八《贾谊传》"服鸟赋"，第2247页；《后汉书》卷五四《杨震传》，永宁二年，震诣阙上疏，第1761页；《旧唐书》卷一九六下《吐蕃传下》，第5264页。
　　关于"故事"，参邢义田《从"如故事"和"便宜从事"看汉代行政中的经常与权变》，收入氏著《治国安邦：法制、行政与军事》，第380—449页；楼劲《魏晋南北朝隋唐立法与法律体系：敕例、法典与唐法系源流》上卷第一章、第二章，北京，中国社会科学出版社，2014年，第3—76页。

② 《史记》卷六《秦始皇本纪》"二十六年"条，"命为'制'，令为'诏'"，集解引蔡邕曰"制书，帝者制度之命也，其文曰'制'"，第236、237页。西汉初年的《二年律令》便有很多条文承袭自秦朝，《宋刑统》亦多抄自《唐律》，由宋代的《天圣令》残篇亦可知如何脱胎于唐令。官制从秦到宋，既逐朝承袭叠加，又随时损益，亦是制度实态的生动体现。

③ 《晋书》卷二四《职官志》"太子太傅、少傅"条，点校本，北京，中华书局，1974年，第742页；《旧五代史》卷四九《唐书・后妃传一》"宣宪穆皇后传"，点校本，北京，中华书局，1976年，第677页；《南齐书》卷五五《孝义・朱谦之传》，点校本，北京，中华书局，1972年，第962—963页；《宋书》卷三《武帝纪下》永初元年七月壬子，点校本，北京，中华书局，1974年，第55页。

了此词动宾词组的含义，而两位的解释中均将其名词化了。产生国家之后，圣人难觏，君主成为"制度"的主要建立者，《礼记·王制》云："王者之制……命典礼，考时、月，定日，同律、礼、乐、制度、衣服，正之……变礼易乐者为不从，不从者君流；革制度、衣服者为畔，畔者君讨。"具体所指，如《史记·贾谊列传》云："贾生以为汉兴至孝文二十余年，天下和洽，而固当改正朔，易服色，法制度，定官名，兴礼乐，乃悉草具其事仪法，色尚黄，数用五，为官名，悉更秦之法。"（84/2492）这里的"法制度"对应的是"数用五"，即是用土德的"五"取代水德的"六"作为一切程品之基准。当然，古人心目中的"制度"所指，包含甚广，从正朔、律历、礼乐到舆服、颜色等等，要比今人的理解丰富得多。

"制度"既有圣人流传下来的，符合天道，需长久遵行的，故有"圣人立制""圣人创制"之说①。古文经学占据统治地位后，《周礼》实际就成为"圣人立制"最为集中的体现，不同时期的改制者常常返诸《周礼》寻找变革的依据，著名的莫过于王莽、拓跋宏、苏绰与王安石②。不过，

---

① 如荀悦与诸葛恪所言，分见《前汉纪》卷二七"成帝纪四·绥和元年"条"荀悦曰"，《两汉纪》上，点校本，北京，中华书局，2002年，第477页；《三国志》卷五九《吴书·吴五子·孙奋传》，点校本第2版，北京，中华书局，1982年，第1373页；《宋史》卷四四一《文苑三·徐铉传》，第13048页。
② 此点得益于2018年10月16日北京大学文研院演讲时邢义田先生的提示。相关研究可参王仲荦《北周六典》，北京，中华书局，1979年；徐复观《周官成立之时代及其思想性格》，收入氏著《徐复观论经学史两种》，上海，上海书店出版社，2004年；川本芳昭《魏晋南北朝时代の民族问题》（转下页）

行为的抑制。"度"意为丈尺,本义是依据人的手臂测量外物,制以限人,度以量物,是对人与世界的限制[①]。两字合为"制度"一词,最基本的含义是制定规矩、法度,后逐渐变为名词,指规矩本身,涉及生活各个方面。《易·节卦》云"《象》曰……天地节而四时成,节以制度,不伤财、不害民",下文复云"《象》曰:泽上有水,节。君子以制数度,议德行",唐人孔颖达在《正义》中针对《象》云"天地节而四时成者,此下就天地与人,广明节义。天地以气序为节,使寒暑往来,各以其序,则四时之功成也。王者以制度为节,使用之有道,役之有时,则不伤财,不害民也"[②],认为制度为王者模仿天地运行而确立的规矩,以保证人世间有序运行。宋儒程颐在解释《象》时说:"推言节之道。天地有节,故能成四时;无节则失序也。圣人立制度以为节,故能不伤财害民。人欲之无穷也,苟非节以制度,则侈肆,至于伤财害民矣。"针对《象》,说:"君子观节之象,以制立数度。凡物之大小、轻重、高下、文质,皆有数度,所以为节也。数,多寡。度,法制。"[③] 孔颖达与程颐的解释均注意到"制度"原是对天道的模仿,由王者或圣人来创立,即所谓"天垂象,圣人则之",目的是让人世间运转有序,不过"节以制度"中的"制度"尚保留

[①] 感谢审稿人的提示。
[②] 孔颖达《周易正义》卷六,阮元《十三经注疏》上册,影印本,北京,中华书局,1980年,第70页下。
[③] 程颐《周易程氏传》卷四"节",王孝鱼点校,北京,中华书局,2011年,第339—340页。

让我们再思何为"制度",是否存在所谓自足的"制度史"?人与事及两者的关系似乎足以构成观察过去的透镜,复因人、事均存在与发生于特定的"时空"中,这种观察实际是这四者的结合。

再来看看《文献通考》。马端临在《文献通考》"自序"中说"太史公号称良史,作为纪传书表。纪传以述理乱兴衰,八书以述典章经制",司马光作《通鉴》"详于理乱兴衰,而略于典章经制",他编撰《文献通考》便是要在杜佑《通典》基础上弥补这一缺憾。他认为"理乱兴衰不相因者也",而"典章经制实相因者也,……其变通张弛之故,非融会错综原始要终而推寻之,固未易言也","典章经制"虽然前后因循,但随着时间流逝,亦会产生变通张弛,与不同时代的人的作用分不开,所以他在"本之经史,而参之以历代会要,以及百家传记之书"完成的"叙事"之外,还包括"论事"部分:"先取当时臣僚之奏疏,次及近代诸儒之评论,以至名流之燕谈,稗官之纪录。"① 《通考》内容上较《通典》有扩充,体例上则基本踵随杜佑,由"叙事"与"论事"之说看,作者同样是将"典章经制"纳入"事"来统摄。典章制度与人事密而不分。

检视完杜佑与马端临的看法,不妨直接看看其他古人眼中的"制度"。"制"与"度"本各有所指,《说文·刀部》"制,裁也",亦常释为"裁断",表示对万物以及人的

---

① 马端临《文献通考》自序,影印本,北京,中华书局,1986年,第3页。

修史而编纂的《通典》",而是"为现实行政需要而收集资料"编撰成的"行政的参考",是颇有道理的①。而具体收集的并不只是"历代沿革废置",还包括了"当时论议得失"②,即《通典》各处穿插收录的各朝大臣关于相关问题的"议"与"奏"。按照李翰的理解,这些足以让"未从政达人情,罕更事知时变",洞悉制度变化背后"人情"与"时变"的作用。

如果将"制度史"的源头上溯到《通典》的话,我们不能忽略,杜佑心目中的制度并非与人、时、事相隔离的孤立存在。在他看来,简单地就"经国礼法程制"论"经国礼法程制",无从了解其历代沿革废置。

更进一步看,"序"中将这些今天视作"制度"者归入"事"。杜佑在《通典》编成后又摘要另撰《理道要诀》十卷,他在《进〈理道要诀〉表》中说"窃思理道,不录空言,由是累记(当为'纪'之讹)修纂《通典》,包罗数十(当为'千'之讹)年事,探讨礼法刑政,遂成二百卷"③,即是将《通典》收罗的内容统称为"事"。唐人心目中的"事"指涉甚广,今人眼中的"制度"不过是"过去的事"(故事)。杜佑此说给我们开辟了另外一条切近制度的通路,

---

① 见韩昇《杜佑及其名著〈通典〉新论》,《中国学术》第 26 辑(2008),第 70、74 页;又见《杜佑及其名著〈通典〉——代前言》,收入《北宋版通典》第一册,上海,上海人民出版社,2008 年,第 10、12、13 页。
② "论议得失"已见于臧荣绪《晋书·百官志》,孙正军有所讨论,见氏著《从〈百官志〉到〈职官志〉——中国古代官制叙述模式转变之一瞥》,待刊稿。
③ 王应麟《玉海》卷五一《艺文·理道要诀》,据浙江书局本影印,扬州,广陵书社,2003 年,第 971 页。

> 今《通典》之作，……以为君子致用，在乎经邦，经邦在乎立事，立事在乎师古，师古在乎随时。必参今古之宜，穷始终之要，始可以度其古，终可以行于今，……故采《五经》群史，上自黄帝，至于我唐天宝之末，每事以类相从，举其始终，历代沿革废置及当时群士论议得失，靡不条载，附之于事。

随后又说：

> 事非经国礼法程制，亦所不录，弃无益也。若使学者得而观之，不出户知天下，未从政达人情，罕更事知时变，为功易而速，为学精而要。①

扼要地将杜佑撰写的目的、内容选取的标准、目标读者等一一道来。与杜佑自己更为简短的概括对照，不难发现，《通典》的编纂，虽然从三代下及唐代，贯穿古今，却不是出于博古通今的知识性追求，亦不是以史学为目标，而是为了帮助君子经世致用（致治），使他们在没有多少实际为政经验的情况下，迅速掌握理政的要领。所以在内容取舍上，围绕实际政务安排，涉及"经国礼法程制"者纳入，无关者，如天文、律历、五行、艺文之类则一律未收。这种安排与杜佑出身幕府僚佐有关，有学者称之为"不是为

① 《通典》，第一册，第1—2页。

定历史条件下形成的法令、礼俗等规范"①;《现代汉语词典》的解释有二,一是"要求大家共同遵守的办事规程或行动准则",二是"在一定历史条件下形成的政治、经济、文化等方面的体系"②。这些释义接近今天所说的"制度史"中的"制度",突出的是制度带有的"规范"含义,即超越具体人之外的约束人行为的作用,甚至进而出现了更远离人、更为宏观的"体系"的释义(如封建制度之类)。今天通常的制度史可以说和这类"制度"的定义之间是内蕴相通的。

古今都在使用"制度"一词,表面相同,背后的含义是否一致?古人眼中的"制度"与今人所说的"制度史"是一回事吗?梳理一番才能厘清。

• **古人眼中的"制度"**

既然今天学界多半将《通典》视为首部制度通史,不妨先反观杜佑《通典》原书,以及杜佑"自序"和李翰"序",看看他们的想法。

仔细对照,他们的表述却与今人的理解有所不同。杜佑云:

> 所纂《通典》,实采群言,征诸人事,将施有政。

李翰云:

---

① 《汉语大词典》第二册,上海,汉语大词典出版社,1998年,第664页。
② 《现代汉语词典》修订本,第1622页。

《史记》开创的新型记事传统，甚至是"事"字的初始义与衍生义中，对照认清史书"纪事"内容与角度上的局限，去安顿我们的思考，拓展我们的想象。

3. "制度"如何成为"制度史"？

研究国家，"制度史"亦是一重要分支。"制度"一词古已有之，颇为常见，"制度史"则产生于近代，对应于西方史学中的"institutional history"，尽管可以循着四部分类中的"史部·政书类"一直追溯到唐代杜佑的《通典》①。但究竟何为"制度"，古今却常常只有意会，难以明言。《汉语大词典》"制度"条有五项释义，第一项是"谓在一

---

① 钱穆便说："讲制度史就是中国的通史，创其始者是《通典》。"见氏著《中国史学名著》，第 140 页。《通典》点校本"点校前言"（王文锦撰，第 5 页）亦云"《通典》是我国历史上第一部典章制度通史"。胡戟等主编《二十世纪唐研究》之"文化卷·第六章　史学与地理学"在概括往《通典》研究时，开篇便说"杜佑《通典》在中国史学发展中有着重要的地位——为第一部典章制度通史"，见胡戟等主编《二十世纪唐研究》，北京，中国社会科学出版社，2002 年，第 717 页。本节的作者谢保成本人对《通典》性质的看法略有不同，但他此处的表述，应为学界通说无疑。他认为《通典》的旨趣不只是考察"古今制度沿革"，更是从"体要"出发"探政理"，详见氏著《隋唐五代史学》，厦门，厦门大学出版社，1995 年，第 194—205 页；复见氏著《增订中国史学史》"中唐至清中期（上）"，北京，商务印书馆，2016 年，第 9—14 页。不过，他在后书又说"由于《通典》通过'礼法刑政'沿革来认识社会变化，使之成为中国第一部完备的制度史。但其意义绝不单单是制度史。必须看到《通典》是一部完整记述上古至中唐社会结构和社会面貌演变之迹的社会史"，《增订中国史学史》，第 33 页。

另有学者则认为典制史的鼻祖应上溯到《周礼》《仪礼》，20 世纪以后犹有持此说者，见周予同《五十年来中国之新史学》，1941 年初刊，收入朱维铮编《周予同经学史论著选集》（增订本），第 522 页；陆懋德《史学方法大纲》，1945 年初刊，重印本，北京，北京师范大学史学研究所资料室，1980 年，第 104—105 页。

中国历史研究中"事件史"的产生，有两方面的来源：一是宋代诞生的"纪事本末体"构成20世纪以后产生的以事件为中心的"章节体"史著的本土远源，二是与日本、西方新知的引进密不可分。1920年代，梁启超在讲授"历史研究法"时提炼出五种专史，其中"事的专史"，"即旧史的记事本末体，专以重大事情为主。例如晚明流寇、复社本末、洪杨之乱、辛亥革命等"，就是结合了欧美史家的研究，特别强调把史迹看作集团来分析，特别看重有重大影响的集团事迹[1]，只是当时"事件"一词还没有成为通行的术语。前引吕思勉思想中的矛盾，足见要真正走出重大事件藩篱之艰难，他在几部断代史中用不少篇幅来记述不同朝代的社会组织、等级、人民生计等，或是其突破的尝试？

诚如学者所指出的，"纪事本末体"中的"事"已近于近代意义上的"事件"，并将"事"的等级区分得更为多样，而与宋代文书中的"事件"不同，发生了意义的分岔。"事"的内涵，也较纪传体中的"事"干瘪了许多。恰恰是这种窄化的"事"的意义，暗中约束着近代以来史家的思考，我们必须突破它的束缚，回到更早的源头，不只是

---

[1] 梁启超认为"故纪事本末体，于吾侪之理想的新史最为相近，抑亦旧史界进化之极轨也"，"把史迹看作集团研究，就是纪事本末体。现代欧美史家，大体工作全都在此。纪事本末体是历史的正宗方法"，分见《中国历史研究法》第二章"过去之中国史学界"，《中国历史研究法补编》"总论·第三章"，收入《中国历史研究法》，第20—21、146、174、176页。钱穆看法类似，云"此下西洋的史书传到中国来，他们主要的就是纪事本末体。他们也有编年，实际上还是纪事本末"，见《中国史学名著》，第193—201页，引文见第195页。

暗中记住具体内容，"其夕乃径诣（裴）延龄，具述其事。延龄闻之，即时请对，尽以（阳）城章中欲论事件，一一先自解，及城疏入，德宗以为妄，不之省"（130/3624）。这里的"事件"依然是指逐项列举阳城奏章中要告发裴延龄的每件"过恶"，"疏"即有条列之意，这时"事件"已有成为一个词语的趋向。

宋代以后，"事件"连用变得十分常见。《宋会要辑稿》中出现了将近七百处，《长编》等书中亦颇为多见。"合行事件""申请事件""排办事件""条具事件下项"的说法十分常用，除了命令或泛指，后面几乎都要跟随着逐条列举的具体内容，"事件"依然保留了逐事列举的含义。这里的"事件"所指仍是十分具体的事务，如祭祀、登舟巡幸的具体安排等等，且几乎都针对尚未发生的事务的安排。此时的"事件"与现代意义上的"事件"以及英文"event"的含义颇有差别。《现代汉语词典》中"事件"释义是"历史上或社会上发生的不平常的大事情"，现代意义上的"事件"是从结果角度提炼出来的对后世有影响的事情，看重的是结果，这与英文的表达颇有相通之处。这种含义的出现，应是近代发生转义的结果，根源恐亦是输自近代日语[①]。"事件史"则是在此意义上的产物。

[①] 1870年代以后，日语中的"事件"有了"意外なできごと。話題、問題となるようなできごと"（意外的变故。成为话题或问题的变故、事件）的含义，见《日本国語大辞典》第二版第六卷"じけん（事件）"条，東京，小学館，2001年，第602页；佐藤亨《現代に生きる幕末・明治初期漢語辞典》"じけん"（事件）条，東京，明治書院，2007年，第363页。

更为常见的是，唐咸亨三年（672年）新妇为阿公录在生功德疏云"但从去年染患已来所作功德具如右件"，后面还有"一 今日因转读涅槃经，更将后件物等施三宝""右前件物布施见前大众""右件上物新妇为 阿公布施"（64TAM29：44）①。唐《开元公式令》的"制授告身式"小注有"若制授人数多者，并于制书之前名历名件授"，意思是开列每位官员的姓名，逐件写明授何官。"奏授告身式"中亦有"谨件同申人姓名等若干人，拟官如右，谨以申闻，谨奏"，此处的"件"仍带有动词含义。

"事"与"件"连用，原本出于偶发的并置，唐代的文献中开始出现，主要见于官文书中。《通典·礼十三·沿革·吉礼》"大学"条载唐代宗永泰二年（766年）正月敕文，最后一句"并所供粮料及缘学馆破坏，要量事修理，各委本司作事件闻奏"②，《唐会要》此处作"作条件闻奏"③，可知两者或可换用，尚非固定搭配，指写成文书列举上奏。《旧唐书》中有两例，《礼仪志六》贞元十一年（795年）七月敕云"宜令尚书省会百僚与国子监儒官，切磋旧状，定可否，仍委所司具事件闻奏"④，含义同上，指详细说明各项事务，逐件抄录并上奏。《李繁传》云，阳城具体写了上奏想告发裴延龄，请李泌之子李繁抄写，李繁

---

① 阿斯塔那29号墓出土，《吐鲁番出土文书》（图录本）第三册，第334、336、337页。
② 《通典》卷五三，点校本，北京，中华书局，1988年，第1469页。
③ 《唐会要》卷三六"附学读书"引此敕，上海，上海古籍出版社，1991年，第779页。
④ 《旧唐书》卷二六，点校本，北京，中华书局，1975年，第1008—1009页。

说全无，具体表示"分列、列举"，并引申为"提及"①。有学者指出敦煌文书中"两件"的"件"依然是保留动词义的"分"②。吐鲁番文书中多见使用"件"来指代叙述对象，且带有动词含义，不仅见于公文书，亦见于私文书。目前所见最早的用例是高昌章和十三年（543年）孝婆随葬衣物疏，末尾有"右上所件，悉是平生所用之物"（72TAM170:9）③，而此前与此后的随葬衣物疏多半会写"凡有右条衣物、丝绢、金银，家居自有"（75TKM99:16)、"右上所条，尽是下缺用物"（72TAM170:88）等④，此处的"件"含义应与"条"相当，依然有动词列举之义。"件"与动词连用，则类似副词，词性颇为灵活。唐永徽元年（650年）安西都护府承敕下交河县符的末尾云"牒：件录　敕白如前已从正下缺"（73TAM221:59，60，61）、武周兵曹牒为申报前庭等府逃兵名事末尾有"牒：件状如前"〔72TAM209:85/16（a）〕、武周长安三年（703年）史宋果牒有"牒：件检如前，谨牒"〔72TAM225:16（a）〕⑤。

---

① 见金桂桃《"右件""前件""上件"考》，《武汉大学学报》（人文科学版）59卷2期（2006.3），第208—211页；《唐至清的量词"件"》，《长江学术》2006年第1期，第158—162页；曹芳宇《敦煌文献中疑似量词"件"辨析》，《南开语言学刊》2010年第1期，第119—122页。两位作者坚持一种词性说，未免有点忽略汉语表达上的模糊与弹性，这类表达不妨说既有指示词与量词的含义，也兼有动词义。此问题上得到黄正建先生的教示，谨此致谢。
② 曹芳宇《敦煌文献中疑似量词"件"辨析》，第123—124页。
③ 阿斯塔那170号墓出土，《吐鲁番出土文书》（图录本）第一册，北京，文物出版社，1992年，第143页。
④ 哈拉和卓99号墓出土，阿斯塔那170号墓出土，同上书，第91、145页。
⑤ 三件文书分别出土于阿斯塔那221号、209号与225号墓，《吐鲁番出土文书》（图录本）第三册，北京，文物出版社，1996年，第311、329、411页。

述中的地位，既是对传统的继承，亦是窄化与变更。继承之处在于，如学者所指出的，"纪事本末"所记之"事"，几乎均为"事件"①，是过去编年体与纪传体史书所载"大事"的提炼与筛减；改变之处在于，叙述焦点的转移，从以"人"（帝王将相为核心的"人"）为中心或以年月为线索，转换为时间隐含于后，事件站到前台，同时，"事"的含义大为缩减②。

"事件"作为叙述对象，宋代最后定型，而这一词语的产生，则经历了一个漫长的分合、新义覆盖旧义的过程。对应于"实"的"名"最终到20世纪才确立，此前"事件"另有含义。

"件"作为一个量词，至晚秦代已产生。见于里耶秦简（9-172、9-814、9-919+9-1719、9-1871+9-1883+9-1893+9-2469+9-2471等）与居延新简（EPT40：6、EPT65：118），分别用来标示马具和衣物。此外，《说文·人部》云"件，分也，从人从牛。牛，大物，故可分"，是为动词，此一用法后来依然不同程度存在。十六国以后的文书与文献中出现的"前件""右件""上件"，既有指代"前""右"与"上"所述及对象之意，动词的意味亦不能

---

① 李纪祥《袁枢〈通鉴纪事本末〉与"纪事本末体"》，收入氏著《时间·历史·叙事——史学传统与历史理论再思》，台北，麦田出版，2001年，第274页。
② 详参梁启超《中国历史研究法补编》"总论·第三章"，收入《中国历史研究法》，第174—175页；李纪祥《袁枢〈通鉴纪事本末〉与"纪事本末体"》，第273—278页。

彼时"史"尚未独立成类,后世归入史部的《世本》、司马迁《太史公》百三十篇、冯商所续《太史公》七篇,以及《太古以来年纪》二篇、《汉著记》百九十卷、《汉大年纪》五篇均列在此类。尽管如此,记言与记事两分的看法,到了史学独立之后,依然是一种有长久影响的分类方式,南朝梁人刘勰《文心雕龙·史传》与唐人刘知几《史通》多篇中均提及此段。随着后代史著不断出现,特别是《史记》开创的纪传体与承袭《春秋》而来的编年体成为主要编撰体例之后,刘知几眼中,两者俨然代表了现实中的史学"二体","事"的含义亦随之扩充与丰富,成为涵盖传统言与事的新"事",沟通古今的正是班固《汉书·艺文志》中的归类。恰是他,将《史记》这种新体裁的开创之作放在了"记事"的"春秋类"下。后人心目中,《史记》所记,因五体而囊括了纪年、人、言与事。故刘勰对于《史记》的定名与体例不无微词,总体上依然加以肯定,云"子长继志,甄序帝勣。比尧称典,则位杂中贤;法孔题经,则文非元圣。故取式《吕览》,通号曰纪。纪纲之号,亦宏称也。故本纪以述皇王,列传以总侯伯,八书以辅政体,十表以谱年爵,虽殊古式,而得事序焉"[1],这里"事序"的"事",便已是含义扩充后的"事"了。不过,这种新型的"记事"体裁,到了南宋袁枢改编完成《通鉴纪事本末》,创设一种独立的新体裁,进一步突出了"大事"在史学叙

---

[1] 刘勰《文心雕龙》卷四《史传》,范文澜注,北京,人民文学出版社,1958年,第284页。

挥作用，只是眼光与立足点确有微妙变化：不是"吾从周"，按照旧秩序，试图倒转现实，回到过去，而是按照成王败寇的结果，倒放电影式地来筛选记述的内容，构建"事件序列"，虽然具体到某个人或某件事，评判的标准还是来自三代，特别是周代。

叙述（纪事）之外，作为生活与经历，"事"的含义随着生活的推衍，特别是王朝统治方式的调整而不断丰富。正如同"事"的产生与目前可见最早的使用均与统治相关，随着统治方式的变化，其含义，尤其是名词的含义，不断增益：氏名、官名、职事、文书等等；增添背后都伴随着统治技术的变化：从官吏的增多、分工的细化到文书的大量出现和应用①，更大的背景是国家的转型，从分封到郡县。"事"作为一个字词的使用与含义的扩充，与国家/王朝日常统治方式的演进同步。

汉代以后，在叙述中，"事"的含义同样经历变化。班固在《汉书·艺文志》"六艺·春秋类"小序中说：

> 古之王者世有史官，君举必书，所以慎言行，昭法式也。左史记言，右史记事，事为《春秋》，言为《尚书》，帝王靡不同之。（30/1715）

---

① 关于战国时期"事"作为名词表示"氏名、官名、职事"等的用例，见陈英杰《史、事、使、吏分化时代层次考》，第114—117页；"事"表示"文书"，参周一良《魏晋南北朝史札记》"《南史》札记·事"，北京，中华书局，1985年，第456—461页。秦汉时代，"事"表示文书的用法极夥，无须赘举。

万别，这一点上却是一致的。"大事"的意义是相对于各个封国、家族而言的，并不统一，属于私家记述，可见记述产生之初，作为记述对象的所谓"大事"就是复数的，是由诸国、诸贵族之家挑选产生的。

反复的祭祀中，生者仿佛不断赢得祖先的庇护。此关系的佑助，加上相对和平的环境，生者的力量得以蓄积成长，逐渐拥有挑战既有秩序的能力与想法，开始"礼乐征伐自诸侯出"的躁动。这正是"孔子作《春秋》，乱臣贼子惧"、《公羊传》所说的"常事不书"出现的历史语境。这里所谓的"常事"，也并非普遍意义上的。诸侯国角度的"常事"，对某个家族而言，或许就是"大事"。随着《春秋》的出现，诸侯国立场上"大事"与"常事"的区分开始压抑与排斥其他场合下两者的区分，这是一个影响深远的替代。这种区分维护着既有秩序，无须多言。"纪事"便是在破坏秩序的时代要恢复旧秩序，而进行的选择性记录。所记的"事"选自少数人经历的少数"事"（无论大事、小事、琐事），并通过诵读传抄而流传，持久规范后人。记述下来的"事"与经历（过）的"事"加速分道扬镳，前者借助简帛传抄，超越了个别家族与国，在更大范围内传布，使得后者逐渐遭到排挤、压制与遗忘，后者尽管继续在发生，却很少被有意叙述下来（"纪事"），进而加剧了"事的等级"的区分。大事等级均是有语境和对象的，孔子希望恢复的是以周天子为对象的最大范围内的"大事等级"，来取代各自小范围的"大事等级"。后代的正史亦是如此发些可能是定期的，如狩猎，而戎事既包括有计划的，亦有不少是临时爆发的。

西周春秋时代"事"字的使用更为频繁，且上承商末的萌芽，有意识的"纪事"蓬勃兴起，体现在铸造铜器，特别是刻写铭文记事上①。我们更需要从商末与西周以降去寻找与历史记忆有关"事"的含义演化轨迹。

祭祀活动往往在一个家族中持续数百年。从关中地区，特别是周原出土的铜器窖藏中不难发现，很多都是西周灭亡前随平王东迁的贵族们匆忙间掩埋的家族重器，铸造于不同时期，有些前后相差数百年②。铭文记载下来的只是最初的册命文字，之后漫长岁月里无数次反复进行的祭祀，都作为后人所说的"常事"，尽管发挥着保佑生者的作用，却不值得长久记忆与记述。"大事"与琐事、常事的区分，更为明确与趋同——各国各地发现的铜器铭文，内容千差

---

① 商代青铜器已发现了5450件以上，几乎是到了考古学家所分的殷墟第三期，即商王廪辛、康丁、武乙和文丁时期，才初见超过三字的铭文，最长不过七字，仅二例，记录族氏名+作器与器主名；殷墟第四期，即商末帝乙、帝辛时期才开始出现十字以上的长铭文，目前统计有47件，最长者有48字。这些十字以上的长铭文铜器占此期有铭铜器总数的3.6%，只能算是萌芽。这些铭文，研究者统称为"记事金文"，具体内容是以赏赐为核心，附记一些赏赐的场合、背景等，如"商代青铜器铭文总表"中的0898—0908号，1292、1293、1689—1696号等，详见严志斌《商代青铜器铭文研究》，上海，上海古籍出版社，2017年，第132、133、337—344、407—409、426、444—445页。
② 最早提出此看法的是郭沫若，见氏著《扶风齐家村器群铭文汇释》，1963年初刊，后收入《郭沫若全集·考古编》第六卷《金文丛考补录》，北京，科学出版社，2002年，第353—356页；此后，张懋镕又提出了"祭祀"说，见氏著《殷周青铜器埋藏意义考述》，《文博》1985年第5期，第43—47页；根据学者晚近的研究，关中地区发现的西周铜器窖藏，大多数属于"保藏"类型，即西周晚年发生战乱，贵族匆忙间埋下的，详见高玉平《建国以来所见商周青铜器窖藏研究》，博士论文，黄德宽指导，安徽大学，2010年，第85—86、90页。

秋铜器铭文，因使用于多种场合，"事"产生更为丰富的衍生义，且与"史"基本分离，换用的例子已很少，出现了名词义——职官、事情、职事等，以及动词义——做事、治理、事奉等①。

甲骨卜辞中贞问"有史（事）""亡史（事）"，以及数十见的"立事"，加上"事"字形上体现的初始义，提示我们，"事"在甲骨中原指多种具体的活动，或是狩猎，或是军旅征伐②，由此而祭祀③，且无不和商王的统治关系密切，否则不会频繁贞问。后代虽然衍生出很多比较抽象的含义，但"事"与戎事和祭祀之间的关联，依然存在，《左传》"成公十三年"刘康公所说的"国之大事，在祀与戎"，便是重述了一遍"事"字的本义。先秦传世文献中，这两个含义也分别保留在很多场合④。

考察"事"字的初义与使用场合，商代后期已经产生了"事"与非"事"的划分。前者属于商王心目中的"事"（今人所说的"大事"），后者虽然是经历，却不被关注与留意。"事的等级"开始出现。被称为"事"的已属于生活中不一般的活动，有些是定期或循环进行的，如祭祀，有

---

① 陈英杰《史、事、使、吏分化时代层次考》，第112页。
② 参杨升南《卜辞"立事"说——兼谈商代的战法》，《殷都学刊》1984年第2期，第6—10页。
③ 见陈梦家《史字新释》《史字新释补证：附论鸟网》，1936年初刊，收入氏著《陈梦家学术论文集》，第135—139页；关于"史"字本源于"事"字，表示田猎方式，即手持田网的象形，还可参王贵民《说邲史》，见《甲骨探史录》，第324—333页。
④ 为免文繁，不再一一出注，详参宗福邦等主编《故训汇纂》"事"字注项15—32，北京，商务印书馆，2003年，第52—53页。

"吏""使"四字为一字之分化，只是对于"事"与"史"哪个为源、哪个为流，何时分化，尚存歧见①。新近出版的论著与字书中，意见依然有分歧②。至于在甲骨文中的含义，一方面涉及两字中哪个为源，另一方面在于对手所持"中"的理解不同。纵观诸家观点，认为"中"为簿书、简册的看法，信从者减少；而陈梦家首倡的所持为捕猎工具与武器的看法，以及吴大澂发端的所持为旌旗说，追随者不断增加③。从李宗焜《甲骨文字编》提供的摹写字形与分组看，从"中"的字形出现更早，见于A、B、C各组，从"屮"的字形出现略晚，且集中于A组，而从"𢀜"者数量更少，仅见B、C两组④。字义上，这几个字形只是略见分化，相互之间依然保留很多字义上的共同性。陈梦家、王贵民与杨升南等所指出的，表示手持猎具与武器、兵事，以及手持旗帜等并存于此字的造字初始义之中。据西周春

---

① 2012年以前各家不同看法体现在各种字典所立字头条目中，详见陈英杰《古文字字编、字典、引得中史、事、使、吏等字目设置评议》，《简帛》第八辑（2012），第555—559页。
② 坚持"史"为本字，由"史"分化出"事""使""吏"字的，见李学勤主编《字源》上册，天津，天津古籍出版社，2012年，第227页；王子杨《甲骨文字形类组差异现象研究》，上海，中西书局，2013年，第54—55、160页；陈英杰《史、事、使、吏分化时代层次考》，《中国文字》新40期（2014），第83、169页；朱彦民《由甲骨文看"史"字本义及其早期流变》，《殷都学刊》2015年第4期，第1—8页；认为由"事"分化出"史"，见王贵民《说邥史》，收入胡厚宣等著《甲骨探史录》，北京，生活·读书·新知三联书店，1982年，第326、338—339页；郭静云《夏商周：从神话到史实》，第449—451页。陈英杰的论文承刘乐贤兄寄下，谨谢。
③ 相关观点的梳理，见李圃主编《古文字诂林》第三册，上海，上海教育出版社，2001年，第462—489页；以及上引朱彦民《由甲骨文看"史"字本义及其早期流变》，第2—3页。
④ 见李宗焜《甲骨文字编》3707"史"，3710"旌"，下册，北京，中华书局，2012年，第1166—1171、1172页。

些考察。

2. "事""事件"与"事件史"

政治史的分析对象主要是"事件"与若干事件连缀而成的"事件序列",其基础是线性时间观与史观。法国史家布罗代尔说"近百年来的史学,除人为的断代史和个别的长时段解释外,几乎都是以'重大事件'为中心的政治史"①,这是他在1958年对西方学界的观察。说到中国,政治史作为研究方式,而非叙述方式,亦是如此。前文对"鸦片战争"的重新思考,即以此为案例,分析"重大事件"如何从日常中产生或"被制造"。这里再从梳理"事"与"事件"的含义入手做些延伸探索。

史学研究不外乎人与事,古人所云的"纪事",今人所言的"事件""事件史",乃至"事件等级",还有前面提到的《春秋公羊传》说的"常事不书",以及《左传》"成公十三年"中刘康公说的"国之大事,在祀与戎",都少不了个"事"字。需要借助古文字学家的研究,对"事"字的来历,以及"事件"和"事件史"的由来加以剖析。

王国维《释史》以来,古文字学家公认"事""史"

---

① 费尔南·布罗代尔《长时段:历史和社会科学》,收入氏著《资本主义论丛》(*Ecrits sur le Capitalisme*),顾良、张慧君译,北京,中央编译出版社,1997年,第177页。

联系,究竟以何种方式存在?何为"内在联系"?这些史料本身便是经过前代史家筛选后保留下来的,如果存在时间-空间上的间隔,以及人物上的不同,行为上的某种相似(如"子贵母死")是否就是"内在联系"?若以此为标准,"内在联系"可以说无处不在,为何只突出某些,而放弃其余?选择的标准是什么?是历史后来的结果吗?

制度史的记述可以追述到《史记》八书与《汉书》十志,甚至上溯到《周礼》。制度的研究,杜佑的《通典》或可算是发端,近代以来则聚集在制度史的大旗下,近年,阎步克更是提出了"制度史观",以与经济史观、文化史观相抗衡[①]。制度史聚焦于各类制度的内涵与沿革变迁,常常只是关注制度运行中发生变化的若干时刻,并将这些时间上颇有距离的关节点连缀成线,作为制度演进的轨迹呈现给读者。这种处理方式,与构建大事件序列或线索的做法异曲同工。

这种叙事方式下,制度无形中成为历史的主体,活生生的人物几乎难见踪影,不只是官吏,王朝的关键人物皇帝亦退居幕后。制度演变动因的分析变成了某种僵化的套路,官制研究上,常将其演变归结为官僚与皇帝的矛盾,鲜活的历史被化约为机械的二元互动。

政治文化研究兴起于1990年代,仍在蓬勃发展,前景尚不可期,这里不拟详论。下面先对前两个领域的来历做

[①] 阎步克《波峰与波谷——秦汉魏晋南北朝的政治文明》"序言",北京,北京大学出版社,2009年,第11页;《中国古代官阶制度引论》,第7—9页。

具体而言，政治史关注历史上的重大事件及其意义与影响。既有注重单个事件的发赜阐幽，从中发现历史发展隐线与脉络，也有关注若干事件，揭示诸事件间的内在关联，进而对较长时段的历史走向提出解释，后者处理的各个事件在时间上往往并非连续。近代史，因史料骤增，且解释的空间有限，政治史转而以发掘与重建具体事件的事实为主。作为分析对象的"事件"几乎都是给定的，即史料或史书所记录或称述的、赋予了名称的"事件"，这些均属记录下来的被后代史家视为突出的高音部的那些内容。备受推崇的方法如田余庆提炼的陈寅恪研究的特点：

> 陈寅恪先生的诸多贡献，得益于新史料者并不算多，更多的是凭借极为深厚的史学修养，凭借精微思辨，推陈出新，从习见的本不相涉的史料中找到它们的内在联系，提出新问题，得出高境界的新解释，使古史中的许多模糊区域得以逐渐辨识清楚。①

此评论出于田先生晚年，既是对陈寅恪治学方法的概括，又是夫子自道，对于认识政治史研究的"得"与"失"颇有意义。最关键的一句是"从习见的本不相涉的史料中找到它们的内在联系，提出新问题，得出高境界的新解释"，本不相涉的史料中的内在联系，看上去无关的史料之间的

---

① 田余庆《拓跋史探》"前言"，北京，生活·读书·新知三联书店，2003年，第7页。

对象的变动或流动，且常常会用定义与对象之间关系的讨论去掩盖与遮蔽，或取代对象与对象之间的关系，用一些学究式的问题掩盖对象本身所包含的问题。

新时代的"格义"同样会因"过去"无从发声而难以觉察。其实，很早就有学者注意到此类问题，近来更有学者从事概念史的梳理与研究①，但学者们自小便成长在这套分类概念构建的学科教育体制之下，楚河汉界之分早已深入骨髓，思想文化史、词汇史的成果似乎与己无关，甚少有学者借助这些成果来反省自己栖身其中的史学分支的前身后世。经济史与社会史研究中，这种情形已开始引起学者反思②。目力所及，其他领域类似的追问难得一见。

关于古代王朝、近现代国家的研究，主要集中在政治史与制度史领域，近年来又兴起了政治文化史，观察角度更丰富。在日本还有"国制史"专门讨论相关问题。

大致说来，政治史主要关心重大事件和人物。制度史包含很广，如官制史、法制史、军制史、财政史、礼制史、赋役制度史、文书制度史、册封体制研究等等。

---

① 梁漱溟在1948年便有清醒的认识，见《中国文化要义》第九章"中国是否一国家"，1948年初刊，再版，上海，学林出版社，1987年，第166页。关于近代以来"概念"的引进与学习，陈熙远《"宗教"——一个中国近代文化史上的关键词》，《新史学》13卷4期（2002），第37—66页；金观涛、刘青峰做过很多研究，见《观念史研究——中国现代重要政治术语的形成》，香港，香港中文大学出版社，2008年。
② 经济史领域的反思，详见刘志伟《王朝贡赋体系与经济史》，收入林文勋、黄纯艳主编《中国经济史研究的理论与方法》，北京，中国社会科学出版社，2017年，第416—438页；社会史方面，见杨念群《"理论旅行"状态下的中国史研究》《"市民社会"研究的一个中国案例》，均收入氏著《昨日之我与今日之我——当代史学的反思与阐释》，北京，北京师范大学出版社，2013年，第24—57、206—216页。

就更不能不加以深思了。这套分类本与中国历史方枘圆凿，经学、礼制与祭祀，就难以妥当安置，却在匆忙的接受与专门史的建构中变得天经地义而自然化了，忘记了它们的"地方性"①。思考随着这些概念起舞，透过它们来切割中国历史，寻求建立的是来自西方的分类概念与中国历史现象之间的关联，中国历史充当了塞进西方分类逻辑的海绵。中国历史中现象之间各种既有的与潜在而待发现的关联，以及历史自身的活力、逻辑被这套分类逻辑所肢解、压制与遮蔽②。

这种处理方式背后，是强调"区分"的类型学思维方式，即实体论的逻辑，强调了研究对象上彼此区别，通过各种定义来建立各自的疆界，明确内涵与外延，将内涵内在的一致性（所谓的本质）突显出来。在促进研究精细化与专业化上，功不可没，却也难免各守一隅、坐井观天之弊。这种逻辑天然会将对象静态化与孤立处理，难以把握

（接上页）的起源》（*The Great Transformation: The Political and Economic Origins of Our Time*）第四章"社会与经济制度"，1944 年初刊，黄树民译，北京，社会科学文献出版社，2017 年，第 93—108 页。

① 如涂尔干与莫斯（Emile Durkheim and Marcel Mauss）所指出的，这套逻辑分类思维，实际是亚里士多德之后才产生于西方的，见氏著《原始分类》（*De Quelques Formes Primitives De Classification*），1903 年初刊，汲喆译，渠东校，上海，上海人民出版社，2000 年，第 4—5 页。中国近代知识体系如何建立，可参左玉河《从四部之学到七科之学——学术分科与近代中国知识系统之创建》，上海，上海书店出版社，2004 年。

② 如金岳霖在为冯友兰《中国哲学史》作审查报告，附带提到胡适，说"胡适之先生的《中国哲学史大纲》就是根据一种哲学的主张而写出来的。我们看到那本书的时候，难免有一种奇怪的印象，有的时候简直觉得那本书的作者是一个研究中国思想的美国人；胡先生以不知不觉间所流露出来的成见，是多数美国人的成见"，见《冯友兰〈中国哲学史〉审查报告》，1930 年 6 月 26 日完成，1934 年初刊，收入金岳霖学术基金会编《金岳霖全集》第二卷，北京，人民出版社，2013 年，第 409 页。

认识有分歧，得到的标签不止一个。无论如何，均受制于进化论的表达，将中国历史描绘成一个以社会形态为尺度、包含了王朝为单位的众多小抛物线的大抛物线，近代则是一段苦难与复兴的开始，顶点则在当下①。这些叙述的参照对象，无疑均是西方历史，尤其受到进化论的影响，且得益于日本19世纪末以来的中国史论述②。

专门史则往往成为西方近代社会科学的投影。哲学史、政治史、宗教史、经济史、文化史、法制史、社会史……几乎都是基于近代传入的西方社会科学而出现的，这些概念与分类实际根植于西方历史经验。这套分类概念本身，已成为反思的对象③，依附其上的各种专门史的合理性，

（接上页）篇幅，不拟详论。可参阿里夫·德里克《革命与历史：中国马克思主义历史学的起源，1919—1937》，第四至六章，第78—184页。
① 有关分析亦可见李怀印《重构近代中国：中国历史写作中的想象与真实》。
② 如中国第一部新式通史，夏曾佑所著《最新中学中国历史教科书》便是受到日本学者那珂通世《支那通史》的影响，有关分析，见周予同《五十年来中国之新史学》，收入朱维铮编《周予同经学史论著选集》（增订本），第2版，上海，上海人民出版社，1996年，第534—536页；齐思和《晚清史学的发展》六，1949年初刊，收入氏著《中国史探研》，石家庄，河北教育出版社，2000年，第682页。学者统计1890—1915年共翻译了76种日本学者撰写的历史类中小学教科书，见毕苑《建造常识：教科书与近代中国文化转型》附录五，福州，福建教育出版社，2010年，第248—256页。
③ 二十多年前，学者们在讨论我们现在应该建立什么样的社会科学时，归纳了三个最主要的理论/方法论问题，第三个便是"如何消除十九世纪出现的政治、经济和社会（文化或社会文化）这三个假想的自律领域之间的人为分离。……我们必须充分地把这个问题重新开放出来。一旦做到了这一点，一旦新的构想有了牢固的根基，重建学科的思想基础也许就更加明确了"，见华勒斯坦等《开放社会科学》，第82页。按照吉登斯的看法，经济与政治的分离，只是在资本主义社会才出现的现象，在这里"经济因素所起到的动力作用居于支配地位"，见安东尼·吉登斯《民族-国家与暴力》（*The Nation-State and Violence*），1985年初刊，胡宗泽、赵力涛译，王铭铭校，北京，生活·读书·新知三联书店，1998年，第167—170页，引文见第168页；更早，卡尔·波兰尼（Karl Polanyi）亦注意到资本主义之前的社会中，经济是附属于社会关系的，见氏著《巨变：当代政治与经济（转下页）

断加项的分类方式，内化为从业者的思维惯性，将史学分解为由大大小小蜂窝构成的蜂巢，还不断追求切分出新的蜂窝。这种思考方式亦塑造着缺乏自觉的研究者，似乎必须要归属于某个或某几个领域，才心安理得。同时，也使得史学的基本问题，因其超越现有的分类与领域，落得乏人问津。

进言之，近代以来形成的新史学，无论是国史的出现，还是三分格局的流行，均与近代化/革命（国民革命/新民主主义革命①）进程以及与之相伴的"近代化叙事/革命叙事（国民革命论/新民主主义革命论）"形影不离，视之为在史学领域的投影亦可。断代史叙述以王朝为界，似乎贴合传统史学编撰方式，实则这些王朝史不再是传统的王朝史，而被组成一些更大的断代群组，纳入了某种更为宏大的历史叙述中，每个群组均在其中获得了相应的标签：文明的开端、奴隶社会的鼎盛、封建社会的开端、封建社会的鼎盛、封建社会的衰落、前近代社会、帝制晚期，或者古代社会、中世社会与近世社会等等②，有些断代因为学界

---

① 正如阿里夫·德里克（Arif Dirlik）所概括的："对于马克思主义史家来说，历史既不是一种消遣，也不仅是一项学术事业，而是具有明显的功能性和实践性。马克思主义者之所以急切地想了解过去，是因为他们渴望去塑造现代社会的命运，而他们相信现代社会发展动力的秘密就存在于过往的历史进程之中；同理，他们所盼望的未来之变化也会明显地影响他们对于历史问题的看法。……他们代表了 20 世纪早期以来，重写中国历史以使其与现实变革要求相一致的一系列努力的最新发展。"见氏著《革命与历史：中国马克思主义历史学的起源，1919—1937》（*Revolution and History: Origins of Marxist Historiography in China, 1919 -1937*），1978 年初刊，翁贺凯译，南京，江苏人民出版社，2005 年，第 3 页。
② 这些标签有很多种，且相互之间颇有矛盾与论争，有属于同一学说内部的分歧（如奴隶社会与封建社会的分期，亦有不同学说之间的争论（如社会性质论战中的不同派别）。其中马克思主义的贡献最为突出，限于（转下页）

国族成为隐含的基本立场和出发点,纵然产生了民俗学与眼光向下的革命,纵然传入了社会学与人类学,救亡压倒了启蒙,20世纪初学人们所倡导的"民史"没能结出像样的果实,国史压制了民史,国民变为国家的子民[①]。透过学校教育,没有了史官,却培养了众多承接传统史官立场的史家,王朝史升级换代为国史,以今度古的思维方式在新形势下暗度陈仓,继续发挥作用。

另一值得注意的现象是,随着史学作为学科走向制度化,成为高等教育中的一个专业,史学的分类格局亦借助大学历史系的课程设置而趋于固定。时间、空间、事类三者成为课程的分类架构,差别只是各校对课标的认定不尽相同,最终形成中国史/西洋史(世界史)两分天下,中国史内部则出现中国通史/专门史(如中国经济史、中国文化史、中国法制史)/断代史三分的局面[②]。这种格局一直延续到今天,束缚着史家的头脑。现行的学科分类乃1920年代分类框架的升级版,且不断有新的分支加入,或谋求进入其中。这种不

(接上页)支那。按支那之称,出于印度,其义犹边地也,此与欧人之以蒙古概吾种无异,均不得为定名。至称曰汉族,则以始通匈奴得名;称曰唐族,则以始通海道得名,其实皆朝名,非国名也。……华非朝名,或者吾族之真名欤!"后文又有"读我国六千年之国史"云云,此时尚没能肯定吾族的称呼,但无疑已确信自上古传疑时代到清代之间的连续性。再版,北京,东方出版社,2012年,第1、4、5、7页。对这种线性史观的分析,见杜赞奇(Prasenjit Duara)《从民族国家拯救历史:民族主义话语与中国现代史研究》(*Rescuing History from the Nation, Questioning Narratives of Modern China*),1995年初刊,王宪明等译,南京,江苏人民出版社,2009年,第17—49页。

[①] 沈松侨《国权与民权:晚清的"国民"论述,1895—1911》,《史语所集刊》73本4分(2002),第685—732页。

[②] 参刘龙心《学术与制度:学科体制与现代中国史学的建立》,北京,新星出版社,2007年,第161—216页。

中国历史教科书》（上海文明书局，1903年）、夏曾佑的《最新中学中国历史教科书》（上海商务印书馆1904年、1906年，后更名为《中国古代史》）等数十种①。后来更有《中国通史》《中国文化史》《国史要义》《国史大纲》《国史旧闻》等等"国史"接踵而生。

这些对于传播近代国家、国民观念发挥重要作用②。伴随这些著作的出版、阅读，中国史观念深入人心，同时，作为中国史叙述主体的种族、民族，以及中华民族观念亦由无到有，步步深入。中间虽有争论，特别是又经过多次救亡图存的斗争，尤其是抗战的洗礼，中华民族作为一个整体的认知在1949年以前已经确立③。换言之，基于近代民族国家回溯数千年的过去，以中国人（或中华民族）为主体的线性历史叙述逐渐形成，无论各家在具体问题上有多少分歧④。

---

① 参韩振刚《清末民初教科书知见概述》（上）（下），《出版史料》2010年第3期第30—37页，第4期第119—125页；杨齐福《咸与维新：清末高等小学历史教科书编撰述论》，《教育史研究》2017年第3期，第83页。
② 沈松侨《召唤沉默的亡者：我们需要怎样的国族历史》，《台湾社会科学季刊》第57期（2005.3），第241—246页；吴也东《晚清中小学历史教科书与近代国家观念的塑造》，硕士论文，朱煜指导，扬州大学，2015年。
③ 关于"民族"及相关概念的来历与含义，参郝时远《中文"民族"一词源流考辨》，《民族研究》2004年第6期，第60—69页；方维规《近代思想史上的"民族"及相关概念通考》，收入氏著《概念的历史分量：近代中国思想的概念史研究》，北京，北京大学出版社，2018年，第111—156页；"中华民族"的提法最早见于1902年梁启超发表的《中国学术思想变迁之大势》一文，有关考证以及"中华民族"观念在近代中国的发展史，参黄兴涛《重塑中华：近代中国"中华民族"观念研究》，北京，北京师范大学出版社，2017年，具体考证见第66页。
④ 夏曾佑《最新中学中国历史教科书》"叙"中就说"神洲建国既古，往事较繁，自秦以前，其纪载也多歧，自秦以后，其纪载也多仍，歧者无以折衷"云云，第一编第一章第二节"地之各洲人之各种"云："中国位于亚洲之东，而属于蒙古利亚族……此族之史，为吾人本国之史。"第三节"中国种族之原"云："种必有名，而吾族之名，则至难定，今人相率称曰（转下页）

● 国史研究

国史研究,盖发端于赵宋。司马光《通鉴考异》三十卷,或可视为嚆矢。清代乾嘉时期考据学大盛,钱、王、赵诸家竞起,蔚为风气。赵翼之外,各家所为,尽可归入章学诚所言之"考索之功"。19世纪中叶,西风渐染,到1902年梁启超发表《新史学》,振臂高呼,与旧史学决裂,史学开始走上改造、创新之路。

新史学能产生巨大影响,与19世纪末20世纪初时人观念的变化密切相关,颇为重要的是"国家""国民"一类概念的传入与接受。时人逐渐将朝廷与国家,以及君学与国学、国粹区分开来,亦将国民视为国家的根本,认为历史应该描述国民的历史,而不是君史①。正是在此思想的浸润下,梁启超在《新史学》中抨击旧史学病源,第一条"知有朝廷而不知有国家",才会引起广泛共鸣。基于这一新的概念工具,产生了相对于世界史、泰东史(东洋史)的"国史"与"中国史"的提法②,进而从中小学教科书开始,各种形式的带有中国史、本国史、国史字样的历史著述纷纷问世。翻译的不计,最初出版的有丁保书编《蒙学

---

① 参王汎森《晚清的政治概念与"新史学"》,2000年初刊,收入氏著《近代中国的史家与史学》,第1—28页;《清末的历史记忆与国家建构》,1996年初刊,收入氏著《中国近代思想与学术的系谱》,增订版,上海,上海三联书店,2018年,第123—125页。
② 参梁启超《中国史叙论》第一节"史之界说"、第二节"中国史之范围",1901年初刊,收入夏晓虹等校《新史学》,北京,商务印书馆,2014年,第65、67页。

古史学界"史料批判"研究的显微镜下,已有不少揭示,兹不详论①。又如《汉书》创立的"刑法志",为不少正史所继承。如志名所示,内容几乎都围绕刑狱展开,像《旧唐书·刑法志》般附带提及律令格式修撰经过的都很少,更别提论述律令在治国中的作用了,自然难以完整体现律令在各朝各代的作用。唐以后"令"一类典章尚能看到,问题不大,早期若非有律令简牍与文书重见天日,我们获得的印象不免为"刑法志"的取舍所左右。这种情况下,不仅要求对于正史为代表的传世文献,避免率尔操觚,应详细探讨其产生的过程与作者的处境、意图,还要求我们去开辟更为多元的史源,相互对照,叙述背后的"历史真实"才能有所呈现。

"常事不书",前文已有所分析,不拟多谈。正史中还存在着"常人不书"的传统,除了孝子顺孙之类的平民榜样,广大庶民,包括皇后、妃嫔、节妇烈女之外的女性,在其中没有任何位置。"常事不书",通过对非常事、对变动的书写与记录,遮蔽了"变"背后的不变、延续与循环。聚焦于变化与不同,会忽视相对不变与同的另面,偏颇片面之处自然不少;"常人不书"则建构了英雄史观,来强化帝王将相的作用,排除普通人的历史贡献,让读史者匍匐在英雄脚下,遗忘自己的那份力量。

---

① 孙正军《魏晋南北朝史研究中的史料批判研究》,《文史哲》2016年第1期,第21—37页。

政体下的史观,或者说是"皇帝制度论述"。作为一种论述,正史(及其他相关典籍、史料)当然记录了许多事实,但其整体的历史像是为了制定皇帝制度的规范而虚构了许多真实。这些规范包括"大一统"、"移动官僚支配定居农民"与"以农立国"。这三个原则成立于《周礼》,或许可以称为"《周礼》国家的想象"。皇帝制度政权借由史学机制建构了周礼国家的表象,而当代的史家却以"史料"为由,直接继承了正史的虚构观点。①

"以农立国"一点,笔者曾做过分析,的确如此,正史"循吏传"中记载的劝农事迹,既可充当推广农耕的记录,亦足以反证农耕推行的艰难②。安土重迁,亦是在历史中由官府制度塑造出来的。现实中存在颇多百姓外出流动的现象,几乎都在正史的叙述中消失了,幸亏甘肃金塔县境内金关遗址汉简的发掘,让我们跨过《汉书》,直抵二千年前的一个现场,发现被史书遮蔽的"真实"③。除了整体上的"皇帝制度论述",具体到正史的结构,传记名称与编排,志、传乃至人物的叙述内容,亦非镜像般"如实反映",与当时的政局动向、时代观念、社会文化氛围密切关联,最近中

---

① 甘怀真《东亚历史上的天下与中国概念》"导论:重新思考东亚王权与世界观",台北,台湾大学出版中心,2007年,第50—51页。
② 侯旭东《渔采狩猎与秦汉北方民众生计——兼论耕织为本传统的形成与农民的普遍化》,2010年初刊,收入《近观中古史:侯旭东自选集》,第31—63页。
③ 有关资料的系统整理,可见鹰取祐司《肩水金関遺址出土的通行证》,收入鷹取祐司主編《古代中世東アジアの関所と交通制度》,東京,汲古書院,2017年,第197—208、299—332页。

汉人过多的感情，收入不少失实的记述，如借儒生之口，批评秦始皇"天下之事无小大皆决于上，上至以衡石量书，日夜有呈（程），不中呈不得休息"（《史》6/258），侯生、卢生两人私下议论之言，如何为司马迁所知，不无疑问，这段话又有几分属实，亦需追查。二世篡位的密谋，又是如何为司马迁所知，同样要打个问号。最近四十多年秦朝简牍的不断出土，让我们获得了跳出《史记》观察秦朝的机会。《汉书》对王莽新朝的叙述曲笔随处可见①，《汉书》的诞生，就出于东汉明帝对《史记》的不满，司马迁笔下的刘邦兴汉，全然见不到天命所归②。正史与王朝捆绑在一起，从结果出发，沦为论证"成王败寇"的工具，将历史中出现过的多种可能性与人的能动性，或予以剪裁，或斥为逐鹿，加以污名化。正史在提供不少事实的同时，暗中充当了粉饰现存秩序的帮衬。对个人而言，这种史书乃是接受现实的最好指南。

除此之外，正史中模式化的书写亦相当严重。延续了二千多年的纪传体体例，即是最基本的模式，体现了人事与制度的分与合。此外，总体上立场亦是模式化的，如学者所指出的：

> 中国的朝廷所撰写的正史所呈现的是一种皇帝制度

---

① 笔者对此有所梳理，见《中国古代专制说的知识考古》，《近观中古史：侯旭东自选集》，第340页注②。
② 吕世浩《从〈史记〉到〈汉书〉——转折过程与历史意义》，台北，台湾大学出版中心，2009年，第228—237页。

20世纪初的四大发现,加上最近四十年持续不断的出土资料,从青铜器、简牍,到石刻、文书,提供了对照史部著述的机会,可以在相互映照中发现更多的秘密。个人观察,至少有三方面的问题值得反思:正史作为胜利者饰词的基本立场、具体书写上的模式化以及常事不书。

始于《史记》《汉书》的正史传统,逐渐形成于历史中,并非司马迁、班固有意创立,自不待言。不过,《史记》以降,逐步产生后代为前代撰史的惯例,这就构成了正史成为胜利者饰词的基本前提。天下不论是以力取之,还是禅让攘夺,总要对此有所解释,天命所归、五德终始、有德与失德成为最好的证言。不只见于当时布告天下、使吏民尽知之的诏书,亦见于对前朝历史的叙述。正如奥威尔所说,"谁控制过去就控制未来,谁控制现在就控制过去",史家或史官都是作为胜方的代言人去回首前朝,去叙述前朝往事,将前朝描述为向着本朝前进的、有目的的线性历史。这集中体现在正史描述前朝与当朝兴亡转换期的回护与曲笔,清人赵翼已敏锐地注意到这一点,并举证颇多[①]。此一问题,司马迁亦未能幸免。他笔下的秦朝,蘸着

---

① 赵翼《廿二史札记》卷六"《三国志》书法""《三国志》多回护"条、卷九"《宋书》书宋齐革易之际"条、卷一三"《魏书》多曲笔"条、卷二一"薛史书法回护处"条、卷二三"《宋史》各传回护处"条等,王树民校证,北京,中华书局,1984年,第121—125、181—183、263—264、453—456、500—506页。亦可参周一良《魏晋南北朝史学与王朝禅代》,收入氏著《魏晋南北朝史论集》,北京,北京大学出版社,1997年,第425—435页。
　　刘知几在《史通》中专立《曲笔》一篇,揭示那些"舞词弄札,饰非文过""事每凭虚,词多乌有"的作史者,此类"曲笔"与这里所论不同。有关分析见瞿林东《直书与曲笔》,《吉林大学学报》(社会科学版)1979年第4期,第98—102页。

五、研究国家的历史，为何要另辟新径？

如何研究国家的历史？20世纪以来已开辟了不少道路，这些是否已臻于完美，穷尽了研究的可能？粗浅观察下来，答案并非如此。说来话长，要先从国家或王朝历史（以下简称"国史"）的著述说起。

1. 重思国史著述与研究

● 国史著述

中国历史悠久，且有文字的历史至少三千年，春秋以降保留下来的文字著述浩如烟海，都可以作为研究历史的资料。归入史部的著述，多半是为传诸后世而有意编纂的著作，其中的正史，东汉以后逐步演变为由朝廷史官来修撰，属于马克·布洛赫所说的"有意史料"。对于这一独特而悠久的传统，颂扬之外，更需要冷静的思考与分析，不只是聚焦于某部书的精深考索，也应有见森林的总体把握。

力的作用。从刘泽华学派提出的"王权主义支配社会"①，到秦晖的"大共同体本位"②、吴思的"潜规则"及"官家主义"③，王德权、阎步克、张金光、李治安、李振宏等人的研究④以及经济学家周黎安所指出的中国市场经济是官场+市场模式⑤，均提醒我们那只看得见的手的关键作用。

以上种种，加上现实生活中的感受，让我们无从看轻国家所构建的统治秩序的作用，更无法回避对国家的研究。

---

① 见刘泽华、王连升《中国封建君主专制制度的形成及其在经济发展中的作用》，《中国史研究》1981年第4期，第31—43页；刘泽华、汪茂和、王兰仲《专制权力与中国社会》，长春，吉林文史出版社，1988年；刘泽华《中国政治思想史研究之思路》，《学术月刊》2008年第2期，第120—125页。有关分析见李振宏《中国政治思想史研究中的王权主义学派》，《文史哲》2013年第4期，第5—27页。
② 秦晖《"大共同体本位"与传统中国社会——兼论中国走向公民社会之路》，1999年初刊，收入氏著《传统十论》，上海，复旦大学出版社，2003年，第61—125页。
③ 吴思《官家主义这个词》《官家主义和血酬史观》，收入氏著《我想重新解释历史：吴思访谈录》，上海，复旦大学出版社，2011年，第44—61页。
④ 参看王德权《古代中国体系的构成——关于许倬云先生"中国体系网络分析"的讨论》，《新史学》14卷1期（2003.3），第143—199页，特别是第183页以下；《"核心集团与核心区"理论的检讨——关于古代中国国家权力形成的一点思考》，《政治大学历史学报》25（2006.5），第147—176页；阎步克《中国古代官阶制度引论》，第7—9页；《文史哲》2010年第4期《〈文史哲〉杂志举办"秦至清末：中国社会形态问题"高端学术论坛》报道（封二、封三、封四），及第5、6期和2011年第1期；《史学月刊》2011年第3期中张金光、李治安、黄敏兰、李振宏、叶文宪、李若晖等人的论文。更早，李治安就指出"我们不应忘记自古以来中国的基本国情——政治主导一վ，政治对经济、社会、文化等三大领域所发挥的决定或支配作用"，见氏著《元代政治制度研究》"自序"，北京，人民出版社，2003年，第2页。
⑤ 周黎安《官场+市场与中国增长故事》，《社会》2018年第2期，第1—45页。

持久支配性的文化取向。按照作者注释的说法,使用"political order"是为了避免围绕"state"一词无尽的争端①,他实际是在分析国家在东亚,尤其是在中国历史中的核心地位。他在完成了对毛泽东、严复与古代中国思想的巡礼之后,晚年的论文中反复强调了"国家"在东亚历史中的主要作用。不约而同,1983年,史华慈的同事张光直,在一本小书中,对早期国家中政治权力的作用开展了系统论述,强调了"政治文化对资源分配的首要作用"②。不过,后来欧美中国史学的发展更多地受到主流学界的影响,更多地转向新兴领域,这方面进展有限③。最近,福山在对世界各国政体演进的梳理中,高度强调了中国,特别是秦代以来在国家建设上的现代特色④。

中外遥相呼应。1980年代初以来,中国学术界,开始有学者突破思想的束缚,从不同方向强调国家、政治与权

---

① 后收入 Benjamin I. Schwartz, *China and other Matters*, Cambridge, MA: Harvard University Press, 1996, pp. 114 - 124, 275, 引文见第 114 页。使用"political order"亦是受到政治学的影响,政治学中早就在使用此概念,如亨廷顿。感谢曹天江提醒我注意此点。
② 张光直《美术、神话与祭祀》(*Art, Myth, and Ritual: The Path to Political Authority in Ancient China*),特别是第六、七章,郭净译,沈阳,辽宁教育出版社,2002 年,第 72—103 页。
③ 近来西方汉学研究中罕见的重视中国古代政治史研究的,如魏希德(Hilde De Weerdt)2014 年 11 月在其就任莱顿大学中国史讲座教授时的演讲《重塑中国政治史》(*Reinventing Chinese Political History*),中译本见《汉学研究通讯》34 卷 2 期(2015.5),第 1—9 页。
④ 弗朗西斯·福山《政治秩序的起源:从前人类时代到法国大革命》,第 93—137 页;还可参考 Bruce Gilley 的书评论文 "Paradigms of Chinese Politics: kicking society back out," *Journal of Contemporary China*, 20 (June, 2011): 517 - 533。将近一个世纪前,马克斯·韦伯就指出过类似的现象,见氏著《经济与社会》(*Economy and Society*)第九章"政治共同体"四"帝国主义的经济基础",第二卷上册,阎克文译,上海,上海人民出版社,2010 年,第 1048—1051 页。

of Chinese Studies) 重建,以研究毛泽东闻名世界的施拉姆 (Stuart R. Schram) 力排众议,设立了一个名为 "The State in China: Concepts and Realities" 的五年计划,作为整个欧洲共同研究的议题。那时法国年鉴学派正如日中天,国家被丢入19世纪历史的垃圾箱,政治学界尚未发出"找回国家"的呼吁,这一计划无疑颇有前瞻性。学会在1980、1981与1983年举行了三次会议,会后出版了两本论文集: *The Scope of State Power in China* (1985) 与 *Foundations and Limits of State Power in China* (1987)[1]。参加者不仅有欧洲各国的汉学家,如谢和耐、鲁惟一、何四维、魏丕信、麦大维、傅海波等,还聚集了政治学家邹谠、日本学者山田辰雄等。论文涉及领域从新石器时代到当代,基本看法是一致的,即强调了中国历史中国家的作用。后一本文集中,谢和耐写的导论,篇幅不长,却很好地对比中西,特别是康熙时期与法国路易十六时代,指出秦以降构成中国文明最为突出特点的传统,这些传统均事关国家[2]。史华慈 (Benjamin I. Schwartz) 提交的论文名为 "The Primacy of the Political Order in East Asian Societies",开篇第一句话便是"中华文明最为突出的特征之一可以被称为是该文明中政治秩序的中心地位与重要性",并认为这是中国文化一个

---

[1] Roderick MacFarquhar, "In Memoriam: Stuart Reynolds Schram, 1924–2012," *China Quarterly*, 212 (Dec. 2012): 1111.
[2] Jacques Gernet, "Introduction," *Foundations and Limits of State Power in China*. ed., by Stuart R. Schram. London: School of Oriental and African Studies University of London, 1987, pp. xv–xxvii.

国停滞论基本被抛弃，马克思主义颇有影响，时代分期论一度成为热点，与亚细亚生产方式密切相连的专制论依然构成日本学者研究秦汉以后王朝（帝国）的底色①，支配论可以说是专制论的变种。1960年代成为国家论研究的黄金时期，论辩中诞生了三部影响深远的著作②。此后，研究转入更为专精的方向，国家论与国制史始终是关注的重心之一③，最近三十年，系统而全面的研究恐非渡边信一郎莫属，但他仍然无法跳出专制论、支配论的藩篱，还是依据外在逻辑切割历史④。日本学界的成果积淀丰厚，也形成不少涉及中国国家形成与发展的宏观认识，不只在日本影响广泛，最近二三十年中国学界应和者也不少。

1970年代末，欧美学界便开始关注中国历史上的国家问题。1976年，欧洲中国研究学会（European Association

---

① 足立启二《専制国家史論：中国史から世界史へ》，東京，柏書房，1998年，第27—52页。
② 増淵龍夫《中國古代の社会と國家》，東京，弘文堂，1960年；西嶋定生《中國古代帝國の形成と構造—二十等爵制研究—》，東京，東京大学出版会，1961年；木村正雄《中國古代帝國の形成—特にその成立の基礎條件—》，東京，不昧堂，1965年。前两本已有中译本。
③ 一般情形，可参佐竹靖彦主编的"中国史学的基本问题丛书"中各册相关章节。饭尾秀幸对此问题有系列梳理，可参《中國古代国家発生論のための前提：時代区分の第一の画期として》，《古代文化》48.2（1996），第16—25、65页；《戦後の"記録"としての中国古代史研究—続・中国古代国家発生論のための前提》，《中国-社会と文化》11（1996.6），第47—59页，特别是第53—56页；《戦後日本における中国古代国家研究をめぐって》，《専修史学》60号（2016.3），第39—56页；《中国史研究における初期国家論をめぐって》，《専修史学》62号（2017.3），第154—172页；高村武幸《日本における近十年の秦漢國制史研究の動向—郡縣制・兵制・爵制研究を中心に》，《中国史学》第18号（2008），第101—120页。
④ 关于渡边信一郎的学术思想，可参王德权《东京与京都之外》，《新史学》17卷1期（2006.3），第143—200页。渡边后续著作不少，如《中國古代の財政と國家》，東京，汲古書院，2010年；《中国古代の楽制と国家：日本雅楽の源流》，京都，文理閣，2013年。

同角度证明着等级官僚制的影响。对时人而言，则是在塑造着观看者、使用者的心灵。恐怕历史上只有批评叔孙通却没有留下姓名的鲁地二儒生，以及那些见于记载的隐逸之士，真正跳出了王朝的束缚，但他们不过是凤毛麟角。

制度安排与时人的追求相互配合，吸引无数后来者竞折腰，奋力攀爬官僚金字塔。为数不多的成功者，垂名典册，甚至在国史、方志中留下了传记，成为后人效法的榜样，失败者则用命运不济来自我安慰，默认机制存在无可动摇，从积极与消极两方面维持了这一机制的持续再生产。这一机制，构成历代王朝的核心建置，离开了它，无从深入二千多年来中国王朝秩序生生不息的堂奥。

尽管表现方式不同，通过神、武力或差异化的名号、地位与待遇建立与维持等级秩序，在距今五千年以降的中国历史中举足轻重，对这一现象的学术探讨，历史却要短得多。1853年，马克思完成的《不列颠在印度的统治》中便明确指出了中央集权政府在亚洲的关键作用，因其说后来被魏特夫扩展成《东方专制主义》一书，这一看法似乎被贬入冷宫。

日本自1880年代东京大学设立史学科，史学进入新阶段。东洋史研究起步更早，因涉及日本的亚洲主义思想及对现实中国的立场，很早就注意到中国文明中政治权威的作用，直至当下，仍受到诸多学者的关注，并没有随风摇摆，因西方学术的不断转向而有多少改变。首先登场的是"中国专制论"，内藤湖南在此方面影响甚大。二战后，中到了执金吾出行的队伍，执金吾，相当于北京卫戍区的司令。前呼后拥的仪仗行进在长安城里，浩浩荡荡，威风凛凛，让刘秀感慨万千，不禁想起了家乡邻县的美女阴丽华，他脱口说了句：仕宦当作执金吾，娶妻当得阴丽华！若不是后来参加起兵，做上了东汉开国皇帝，刘秀一生的憧憬不过如此，这也正是官员出行仪仗的视觉感受催生的理想。

这套机制如果仅是朝廷的制度架构，作用就颇为有限，更重要的是其精神亦深刻渗透到时人的心灵深处，尤其是秦汉以后，分封制的影响几乎可以忽略，仕宦朝廷便成为众多臣民梦寐以求的出路。汉代画像石中常见的"射爵射侯图"[1]，东汉以后铜镜铭文屡见祝愿高官厚禄之词，如"君宜高官""位至三公""作吏高迁车生耳"之类[2]，北朝石刻中对官职的刻意书写[3]，乃至《儒林外史》中刻画的范进，以及各地村落中矗立在宅院、祠堂门前，镌刻明清两朝家族中考取举人或进士者姓名、年份的"石座"和昔日高耸其上的旗杆，还有流行颇久的"升官图"游戏[4]，从不

---

[1] 邢义田《汉代画像中的"射爵射侯图"》，2000年初刊，修改稿收入氏著《画为心声：画像石、画像砖与壁画》，北京，中华书局，2011年，第138—196页。
[2] 参林素清《两汉镜铭所见吉语研究》，收入《汉代文学与思想学术研讨会论文集》，台北，文史哲出版社，1991年，第175—176页；邱龙升的近作收集了更多的相关镜铭，可参，见《两汉镜铭文字研究》，北京，中国社会科学出版社，2012年，第12—143页，特别是第68、112、118—119、123—133—141页。
[3] 分析见侯旭东《北朝村民的生活世界：朝廷、州县与村》，第355—369页。
[4] 见赵翼《陔余丛考》卷三三"升官图"条，栾保群、吕宗力校点，石家庄，河北人民出版社，1990年，第670—671页；Carole Morgan, "The Chinese game of Shengguan tu," Journal of the American Oriental Society 124.3 (2004): 517—532。卜永坚《游戏官场：升官图与中国官制文化》，第二版，香港，中华书局（香港）有限公司，2011年。

免役的年龄，承担传送徭役，朝廷赏赐衣服、赐棺材，都和爵位挂钩。两汉四百年间，局势稳定，兵民一体的体制逐渐转入民政主导，原本与军功相连的爵制意义下降，等级官僚制逐渐成为支配机制，按照官吏等级分配待遇与利益遂发展成最为核心，且最具影响的机制①。官僚的名号各代不断变化，造极于宋代。元代多承金制，并糅合草原旧制，对唐宋而言近乎重起炉灶，明清则在元代基础上损益调整②。支撑其后的按照官僚等级高下来分配利益的机制，却一直延续未改，只是官僚名号损益变化，机构分合并省，隶属关系不断调整。被分配的实物与符号亦更为多样且各代不尽相同，从俸禄到车马冠服，从任子门荫到府邸与墓地规格。周朝到清代的情况，学者已有系统的梳理，无须赘述③。这套机制改头换面，以新的名称与新的方式继续流行当下，构成官员队伍吸引力的根源之一。

实物与符号将这套机制通过各种可视化的方式，呈现给时人，使附着在官府规制上的等级尊卑日常生活化，耳濡目染，成为众人理解与认识现实的基本模板，进而构成人们人生选择时难以逾越的依据。不妨看看光武帝刘秀。年轻时，他曾到都城长安的太学学习《尚书》，在那里，见

---

① 参阅阎步克《从爵本位到官本位：秦汉官僚品位结构研究》第六章"从爵-秩体制到官品体制：官本位与一元化"，北京，生活·读书·新知三联书店，2009年，第218—241页。
② 详参张帆《回归与创新——金元》，收入吴宗国主编《中国古代官僚政治制度研究》，北京，北京大学出版社，2004年，第289—385页。
③ 阎步克《中国古代官阶制度引论》第四—六章，北京，北京大学出版社，2010年，第130—222页。

> 民之业而一其俗，劝民耕农利土，一室无二事，力田
> 蓄积，习战陈之事。

结果是"兵动而地广，兵休而国富"（《史》79/2422）。这并非蔡泽"面谀"之辞，秦始皇统一六国，只用了短短十年时间，可见秦军摧枯拉朽之势。这一切的根源，来自商鞅变法，特别是他所建立的"二十等爵制"。简单说来，这是一套按照对国家的贡献进行奖罚的分配机制，二十等爵只是体现等级高下的阶梯，那时奖励的名号是爵位，与此捆绑的是田与宅，爵位也可以用来折抵刑罚。

这套机制，将爵位开放给秦国庶民士卒，突破了西周春秋时仅限于贵族的旧传统，是一大创举，同时，爵位高低和国家所需要的耕战紧密结合起来，"爵级变成军队组织的灵魂，社会阶级的架构，和人生追求的目标。爵不仅是秦人的第二生命，甚至比生命还宝贵。它是个人社会地位的权衡，田宅产业的凭依，职官权力之所出，名誉荣辱之所系"，极大地激发了百姓耕织力田与从军征伐的积极性，造就了一个"家家归农，人人奋战的社会"，奠定了秦国以弱胜强的基石[①]。

更意味深长的是，秦朝二世而亡，它的遗产却传行二千年不衰，且有愈演愈烈之势。汉代二十等爵被赋予了更多的意义：开始为国家承担徭役的年龄，年老减半服役与

[①] 杜正胜《编户齐民：传统政治社会结构之形成》第八章"平民爵制与秦国的新社会"，第317—371页，引文见第358、368页。

人牲①,战争较之商代减少了很多。近三百年大体安稳的岁月,各国因此积蓄了不菲的实力,各国贵族的墓葬可见一斑。周平王东迁让各国看到天子力量的衰颓,也激起了各自的欲望与追求,点燃了五百多年的连绵烽火,和平的日子自此不再。此时已不再是一强独大碾压方国,而是诸国互有胜负的漫长竞逐。战争意味着生死存亡,持续战争不断激发着谋略、筹划与算计,改造着国家,成为时代变化的引擎②。

战争是国家间动员能力、财力与技术的全面比拼。一次胜负或许难免偶然性,若想在看不到终点的战争中立于不败之地,无法靠祖荫与运气来支撑。结束战国纷争的是偏居西戎的秦国,时人多感意外,倒是燕人蔡泽眼光犀利,看出原委。秦昭王时,他在和秦国丞相范雎的对话中,将秦国"无敌于天下,立威诸侯"归于百余年前的商鞅变法:

> 商君为秦孝公明法令,禁奸本,尊爵必赏,有罪必罚,平权衡,正度量,调轻重,决裂阡陌,以静生

---

① 黄展岳《古代人牲人殉通论》,北京,文物出版社,2004年,第146—149页;中国社会科学院考古研究所编《中国考古学·两周卷》,北京,中国社会科学出版社,2004年,第72—75、79、98、108、113、121、122、127页。
② 最早是马克斯·韦伯(MaxWeber)注意到这一点,见《中国的宗教:儒教与道教》(*Konfuzianismus und Taoismus*),1915年初刊,简惠美译,桂林,广西师范大学出版社,2010年,第68—105页,特别是第80、104—105页;杜正胜亦有类似看法,见《编户齐民:传统政治社会结构之形成》"序"与第二章"全国皆兵的新军制",台北,联经出版事业有限公司,1990年,第vi、49—96页;许倬云说,促使编户齐民的国家组织形态发生的最大动力,是战争,见氏著《万古江河》,上海,上海文艺出版社,2006年,第62页。赵鼎新有一系列涉及此问题的研究。

系。两者构成当时最大的政治①。

周人在与商王朝的长期共存中成长，灭商之后建立的周朝，继承与损益并行不悖。祭祀依旧在统治中占有重要地位，当然比起商朝来，次数已经减少了许多，各地发现的西周青铜器便是无言的证明②。的确，神灵的作用开始受到统治者的轻视，某些祭祀逐渐形式化，乃至不再被重视。《史记·历书》与《汉书·律历志》都提到天子（君）不告朔，两书均将此现象归于周室衰微，平王东迁恐怕是产生这一现象的关键契机。此前已出现礼仪上的弛废，不过，持续祭祀数百年的祖先和各方神灵都没能保佑周天子与贵族，不得不在西戎的兵锋下仓皇东逃，对他们心灵的震动可想而知，春秋时期祭祀的懈怠应是这一巨变搅起的涟漪。③《论语·八佾》云："子贡欲去告朔之饩羊。子曰。赐也。尔爱其羊。我爱其礼。"统治者当早已厌倦每月都要举行的告朔之祀，这不过是个很小的例子。后来《礼记·祭义》中提出"祭不欲数，数则烦，烦则不敬"，应是对现实的承认与解释。西周因分封的推行，且很快基本放弃了

---

① 关于此问题，王震中曾做过分析，见氏著《祭祀、战争与国家》，《中国史研究》1993年第3期，第57—69页；《中国古代国家的起源与王权的形成》，北京，中国社会科学出版社，2013年，第244—280页。
② 关于此问题，可参柯马丁（Martin Kern）《从青铜器铭文、〈诗经〉、〈尚书〉看西周祖先祭祀的演变》，2009年初刊，陈彦辉、赵雨柔译，《国际汉学》2019年第1期，第25—52页。
③ 比较全面的梳理见陈戍国《中国礼制史·先秦卷》第五章"周礼的衰变——春秋时期"，长沙，湖南教育出版社，1991年，第297—383页。《国语·周语上》记载的"（周）宣王即位，不籍千亩"，就是西周晚期天子礼仪疏废的例子。

多，无法详引①。只是想指出一点，从早期国家产生开始，现在所说的政治与权力在很多区域就是最为关键的因素，只是当年的实际表现更为多样与复杂。《左传》"成公十三年"（前578年），刘康公与成肃公和晋厉公一道讨伐秦国，出发前祭于社。成肃公接受祭社的胙肉不恭敬，刘康公见此，说："君子勤礼，小人尽力。勤礼莫如致敬，尽力莫如敦笃。敬在养神，笃在守业。国之大事，在祀与戎。祭祀有执膰，戎有受脤，神之大节也。今成子惰，弃其命矣，其不反乎！"此话是在批评成肃公对神灵不恭，因而会减割其寿命，其中的"国之大事，在祀与戎"，是对当时现状的描述，点出了国的存续与祭祀、战争作为大事之间的密切关系，甚至还指出了人的命运和祭祀的关系。这话虽然出现在春秋时期，四者之间的密切关系并非此时才产生，甚至可以启示我们去反观更早的时代，乃至早期国家形成与存在的路径。早期国家中的政治与权力，恐怕要到形成稳定的人群分层（如君子、小人之分）、产生垄断祭祀与主持征伐大事，以及维持两者存在的机制与技术中去寻找。反复进行的祭祀，以及与之相伴的礼制，对内既沟通天、祖先与人来凝聚人心，亦划分等级，维持名分尊卑秩序；而战争主要对外，在诸国竞逐中维持生存，确立统属贡纳关

---

① 有关研究可参常怀颖《近二十年来中国学术界国家起源研究述评》，《四川文物》2016年第1期，第46—60页；常文没有提到的黄川田修《华夏系统国家群之诞生——讨论所谓"夏商周"时代之社会结构》，《三代考古》三，第81—112页，亦是一篇力作；新近的研究，见高江涛《试论中国早期国家形成的模式与动力》，《史学月刊》2019年第6期，第21—33页。

祖先神等，祭祀活动亦十分频繁，甲骨文中出现的祭祀种类（在当时体现为祭名或祭祀动词），前后期加在一起，共有211种之多①，其中最受重视的是针对先公、先王、先妣，形成按不同周期循环祭祀的"周祭"②。祭祀与战争之间关系密切，祭祀使用的人牲多是战争中的俘虏，甚至有时发动战争就是为了虏获生口以进行祭祀，不少动物祭品亦是战争中的战利品。为战争，亦不断进行贞问和占卜③。商代高度发达的青铜铸造技术，既铸造了各种造型的礼器，充当祭器，也为军队装备了精良的武器和战车，奠定了军事上的优势④。商代统治持续大约五百年，没有祀与戎为轴心的不断互动，几乎寸步难行⑤。

关于早期国家产生的模式、过程、动力等等，研究极

（接上页）关系，见氏著《早期中国的月令与"政治时间"》，上海，上海古籍出版社，2018年，第222—223页。

① 常玉芝《商代宗教祭祀》引李立新的博士论文及她的补充，第420—427页。
② 早期研究可参陈梦家《殷墟卜辞综述》第十一、十七章，第367—399、561—603页，新近的系统论述见常玉芝《商代宗教祭祀》，第427—454页，扼要概括见宋镇豪《商代史论纲》第八章，第319—386页。
③ 参宋镇豪《商代史论纲》，第396—402页。
④ 商代已发掘的铜器铸造作坊遗址出土的陶范，可分辨出器型的，只见工具、兵器与容器（礼器）三类，见《中国考古学·夏商卷》，第376、377—378页；宋镇豪《商代史论纲》，第299—300页。关于商代战车与车战的情况，参杨泓《战车与车战》《战车与车战二论》，1977年、2000年初刊，收入氏著《中国古兵与美术考古论集》，北京，文物出版社，2007年，第104—137页；杨泓《古代兵器通论》，第41—52页。
⑤ 学者认为："（商王）手中垄断着商王朝的军权和祭祀权等一切大权。商王通过手中掌握的强大武装力量，对内镇压奴隶和平民的反抗，对外实行领土扩张，获得新的土地和奴隶。而商王通过垄断祭祀大权并举行经常的祭祀活动，不仅加强和神化了王权，还使商王朝子姓贵族的团结和联系得到了强化。"见宋镇豪《商代史论纲》，第143页。亦可参落合淳思《殷——中国史最古の王朝》，東京，中央公論社，2015年。

大的战斗力①，在相互竞逐战争中取胜的概率更高，成为霸主或盟主。甚至可以说，青铜铸造技术的引入与运用，成为衔接祀与戎，奠定逐鹿中胜者的基础②。

将视线拉回到商代，可以看得更清楚。统治生活中普遍存在的占卜与祭祀，表示祭祀的"祀"字又用来表示时间单位"太阳年"，如陈梦家所概括的用"干支记日—才（在）某月—佳王某祀—祀季（如'彡日''翌日''叠日'等）"来计时。这只是笼统记当日处于举行哪个祀典的期限之内，也有更详细地记录"干支记日—在某月—遘某位先王—祀季"的。其他活动在周而复始的时王对先王的祭祀中被感知与记忆③，祭祀与时间记忆合一，祭祀举足轻重的意义可见一斑。商王祭祀对象很多，大致分为上帝、自然神、

---

① 韩汝玢《古代金属兵器制作技术》，收入《中国军事百科全书·古代兵器分册》，北京，军事科学出版社，1991年，第193—194页；杨泓《古代兵器通论》，北京，紫禁城出版社，2005年，第35—37页。
② 如张光直所说："中国青铜时代的最大的特征，在于青铜的使用是与祭祀和战争分离不开的。换言之，青铜便是政治的权力。"见《中国青铜时代》，1979年初刊，收入氏著《中国青铜时代》，北京，生活·读书·新知三联书店，1999年，第22页，分析见第22—24页。四十年后再看此文，其结论仍未过时。刘莉也有类似的表示，见《中国新石器时代：迈向早期国家之路》，第206、211—216页，当然她更强调青铜礼器。
③ 早期研究，可见罗振玉《殷墟书契考释》"卜辞第六"与"礼制第七"，1915年初刊，影印本，收入《殷墟书契考释三种》，北京，中华书局，2006年，第281、302页；董作宾《殷历谱》上编卷三"祀与年"，1945年初刊，影印本，台北，艺文印书馆，1977年，第73—76页；陈梦家《上古天文材料》，1947年初刊，收入氏著《陈梦家学术论文集》，北京，中华书局，2016年，第384—385页；陈梦家《殷墟卜辞综述》，1956年初刊，北京，中华书局，1988年，第233—237页。综述与具体分析见常玉芝《商代宗教祭祀》，北京，中国社会科学出版社，2010年，第454—466、549—552页。新近持不同看法的研究见郭静云《历史时间观念何时形成之刍议》，收入氏著《夏商周：从神话到史实》，上海，上海古籍出版社，2013年，第441—445页，作者认为"祀"的周期并不等于太阳年，且用来表示太阳年大概战国时期才出现。薛梦潇亦注意到时间政治性与宗教性之间的密切（转下页）

系，青铜铸造技术的传入及其应用所产生的后果亦是关键一点。龙山时代，多地已发现了小型铜器或铜块，或制作铜器用的陶范①，但产生飞跃，真正大批量铸造青铜器物，出现在二里头文化②。特别需注意的是，二里头遗址中出土的青铜器类型丰富，除了生产工具，还有众多的爵、鼎、盉等礼器，也有钺、戈、刀与镞等兵器。学者已指出二里头出现的青铜礼器乃是对过去的陶质、玉质、漆木质器物的选择与模仿，构成了夏商时代统治阶层使用的礼器，并在国家形成中发挥了无可替代的作用，玉器地位较过去下降③。这些礼器不只是在祭祀中沟通天、祖先与人，亦在协和万邦、维护诸国之间等级秩序上发挥了关键作用④。而那些青铜兵器的作用同样不能小视。青铜材质坚硬且轻便，铸造生产较磨制效率高，锋利程度更优于石质兵器，且更为持久耐用。能够利用青铜制造兵器，不只意味着技术拥有者具有更强的人群组织与控制能力，也意味着具备更强

---

① 甘肃青海一带黄河上游的马家窑文化晚期的遗址中出土过铜刀等，大约自公元前 3000 年开始冶炼青铜，不过尚处于初始阶段，至迟在红山文化中期，冶铜术已经出现，山西襄汾的陶寺遗址的墓葬中发现了红铜制的铜铃与青铜齿轮形器，湖北天门发现的石家河文化遗址亦出土过铜片，分见中国社会科学院考古研究所编《中国考古学·新石器时代卷》，北京，中国社会科学出版社，2010 年，第 625、348、571、667 页。
② 中国社会科学院考古所编《中国考古学·夏商卷》，北京，中国社会科学出版社，2003 年，第 109—115 页；张海、陈建立《史前青铜冶铸业与中原早期国家形成的关系》，《中原文物》2013 年第 1 期，第 52—59、90 页。
③ 许宏《礼制遗存与礼乐文化的起源》，《古代文明》第 3 辑 (2004)，第 87—101 页；方辉《论我国早期国家阶段青铜礼器系统的形成》，《文史哲》2010 年第 1 期，第 73—79 页。
④ 黄川田修《华夏系统国家群之诞生——讨论所谓"夏商周"时代之社会结构》，《三代考古》三 (2009)，第 90—98 页；孙庆伟《鼏宅禹迹：夏代信史的考古学重建》，北京：生活·读书·新知三联书店，2018 年，第 429—438 页。

河中游的陶寺城址、两湖的石家河遗址群、黄河下游的大汶口-龙山墓地、长江下游的良渚遗址群、西辽河流域的牛河梁遗址群、四川成都平原的宝墩文化、陕西的石峁遗址等等。开始产生带有围墙的聚落，意味着不同聚落之间冲突的加剧，同时，玉器、祭坛、神庙等等也在南北多地出现，墓葬中的贫富差距更是悬殊。这些都暗示着人群的分工与专业化、资源分配的不平等、超自然世界为少数人所垄断，若干地区开始进入国家的门槛。如苏秉琦所言："在距今五千年前后，在古文化得到系统发展的各地，古城、古国纷纷出现，中华大地社会发展普遍跨入古国阶段。"[1]至公元前2300年前后，各地文明又迅速衰落下去，到公元前1800年前后的中原地区，二里头文明迅速崛起，并发展壮大为三代文明，它的出现标志着中国青铜时代的正式开端[2]。

关于龙山时代各地进入古国的文明为何没有持续发展，以及中原的二里头文化为何崛起，学者提出了很多解释，不少人注意到了神权（体现为祭祀活动）与王权之间的关

---

[1] 苏秉琦《中国文明起源新探》，北京，生活·读书·新知三联书店，1999年，第145页。
[2] 严文明称为"重瓣花朵式的向心结构"，见氏著《中国史前文化的统一性与多样性》（1987年初刊）、《东亚文明的黎明——中国文明起源的探索》（1998年发表）、《早期中国说》（2013年完成），后均收入氏著《求索文明源：严文明自选集》，北京，首都师范大学出版社，2017年，第63—88、38—55、156—174页；刘莉（Li Liu）《中国新石器时代：迈向早期国家之路》（*The Chinese Neolithic: Trajectories to Early States*）第八章，2004年初刊，陈星灿等译，北京，文物出版社，2007年，第205—219页；许宏《何以中国》；韩建业《早期中国：中国文化圈的形成和发展》，上海，上海古籍出版社，2015年；中华文明探源工程的最终结论亦是如此，见中国社会科学网 http://www.cssn.cn/zx/bwyc/201805/t20180528_4310429_1.shtml。

思考群体生活对于人类的意义，以及如何建立和维持群体中的秩序。当然，眼下重拾国家研究，已与百十年前的境况不同。全球化趋势的发展、文化人类学的持续成长以及史学中社会史、文化史、环境史的兴旺，都丰富了认识国家的角度，使得学人可以站在更为多元的立场来再思国家与国家的历史。

2. 国家对于中国的意义

国家意味着存在层级化的统治秩序，存在人群区分为少数可以支配他人行动、分配资源、掌握话语的统治者，与多数被统治者，存在着由统治者把持的法律与暴力机构，存在着空间上的统治区域或范围。

具体到中国，1920年代考古学引入中国，伴随古史辨运动的思想解放、考古田野挖掘工作的开展和资料的积累，1980年代以后开始出现系统的论述，最近二十年，成绩和进展颇为丰富，当然，分歧依然不少。

东亚大陆这片土地，国家的产生与发展并非直线的，而是相互影响、有进有退，在万邦的互动中艰难行进。目前考古学界研究获得的基本共识是，自公元前3500年（或更早）开始至公元前2300年前后是中国各地史前文明发展的第一个高峰，其结果是大致在公元前3000年至公元前2500年，中国各地普遍出现了成就突出的史前文明。如黄

Newt Gingrich 作为读物推荐给新议员①。我读到的中文版是据该书 25 周年纪念版翻译的。作者不仅揭示了黑猩猩群体中的等级秩序与社会关系网络,更是意味深长地说了一句"政治的根比人类更古老"②。作者提示我们不能简单地将政治行为视为次生的现象。福山基于此书以及对其他灵长类动物的研究,指出人类历史上逐渐获得发展的是个人主义,而不是社会性,"人类从没作为隔离的个体而存在:现代人类出现之前,社交和融入亲戚团体已成为人类行为的一部分。人类的社交性,不是因历史或文化而取得的,而是人类天生的"③,当然,这不过是最近的一次证明。一个半世纪以前,马克思已经揭示过这一点④。鲁滨孙只能存在于小说中。

讨论人的社会性,就不能不注意各种人群组织,最近数千年影响人类发展最为深远的,非国家莫属。21 世纪,福山以自由主义者的身份重新高举国家构建的大旗,系统梳理世界上国家建设的成败得失,这些均有助于我们重新

---

① Regina Nuzzo, "Profile of Frans B. M. de Waal," *PNAS* 102. 32(Aug. 9, 2005): 11137 - 11139; https://doi.org/10.1073/pnas.0505686102.
② 弗朗斯·德瓦尔(Frans de Waal)《黑猩猩的政治——猿类社会中的权力与性》(*Chimpanzee Politics: Power and Sex among Apes*),1982 年初刊,赵芊里译,上海,上海译文出版社,2014 年,第 247 页。
③ 弗朗西斯·福山《政治秩序的起源:从前人类时代到法国大革命》,第 33、37 页。
④ 马克思在《〈政治经济学批判〉导言》(1857 年完成)中指出:"我们越往前追溯历史,个人,从而也是进行生产的个人,就表现为不独立,从属于一个较大的整体;……人是最名副其实的政治动物,不仅是一种合群的动物,而且是只有在社会中才能独立的动物。"见《马克思恩格斯选集》第二卷,第 3 版,第 684 页。

作为行为主体,在当下世界生活中并未退场,因而,继续将国家作为分析对象,依然有其长久的价值。探讨当下世界的诸国从何而来,自然仍有必要。正如华勒斯坦等所言:

> 拒绝承认国家为社会分析的社会-地理容器,这绝不意味着国家不再被看成现代社会的一项关键性的建制,一项对经济、文化和社会过程有着深刻影响的建制。很明显,要对所有这些过程进行研究,都必须首先对国家的种种机制有所了解。真正不需要的倒是这样一个假定:认为国家构成了社会行动的自然的,甚至是最重要的边界。①

不仅社会科学如此,历史学亦应如此。我们所面对的不只是现代国家,还包括古代的王朝或国家,亦需将其作为分析对象,而不是想当然、不证自明地认识出发点与归依。

1982年,荷兰动物学家、心理学家弗朗斯·德瓦尔出版了一本书,名为《黑猩猩的政治——猿类社会中的权力与性》,基于五年间对荷兰阿纳姆动物园中一群黑猩猩行为的观察,作者完成了这本书。这本书出版三十多年来,在西方畅行不衰,不仅被哈佛大学教授推荐为人类历史上最具影响力的经典著作、被《时代》周刊评选为当代在世的最伟大的科学家的代表作,1994年,还被美国国会发言人

---

① 华勒斯坦等《开放社会科学》,第91页。

重视普通人的社会史成为学界新宠,国家被挤到边缘①。不仅是史学,政治学中,1980年代以前,国家也被政府、政治系统所替代,很少成为直接研究的对象②。

1990年代随着冷战结束、全球化浪潮席卷世界,女权主义从欧美向各地蔓延,民族国家亦开始受到学界的质疑与反思,以国家或历史上的国家作为研究对象似乎都成了明日黄花。不过,随着贸易保护主义的不断抬头,特朗普上台后的一系列美国优先的政策,以及英国脱欧公投,让我们重新感受到国家之间的利益争夺、国家的力量。尽管全球史、环境史、医疗史等等方兴未艾,情感史、动物史等等又竖起了新旗帜③,吸引了不少学界同人的眼球,国家

---

① 四十年前,英国史学家巴勒克拉夫(Geoffrey Barraclough)说"从兰克时代到阿克顿时代,历史学家们对于历史学的主线是政治史这一点很少怀疑,因为国家是历史演变的主角。历史学家的任务就是叙述国家演变的事实","当前趋势的主要特征又是历史学与社会科学的结合"。见氏著《当代史学主要趋势》(*Main Trends of Research in the Social and Human Sciences: History*),1978年初刊,杨豫译,上海,上海译文出版社,1987年,第12页。
② 彼得·埃文斯、迪特里希·鲁施迈耶、西达·斯考克波(Peter B. Evans, Dietrich Rueschemeyer, and Theda Skocpol)编著《找回国家》(*Bringing the State back in*),1985年初刊,方立维、莫宜端、黄琪轩等译,北京,生活·读书·新知三联书店,2009年,第3—7页。
③ 关于情感史的介绍,可参查理斯·齐卡《当代西方关于情感史的研究:概念与理论》,《社会科学战线》2017年第10期,第246—256页;王晴佳《为什么情感史研究是当代史学的一个新方向?》,《史学月刊》2018年第4期,第5—10页;黄克武《情感史研究的一些想法》,《史学月刊》2018年第4期,第10—14页。Mark Edward Lewis(陆威仪)在"Emotions and Rumors"(《中国史学》第26卷[2016],第1—23页)文中说,他在写一本名为 *Emotional Communities in Early Imperial China* 的书(查斯坦福大学历史系陆威仪教授的主页,现在书名似乎改为 *Honor and Shame in Early China*,已经完成,尚未出版,见 https://history.stanford.edu/people/mark-edward-lewis,2019年2月9日访问)。关于动物史,可参陈怀宇《历史学的"动物转向"与"后人类史学"》,《史学集刊》2019年第1期,第59—64页;陈怀宇的《动物与中古政治宗教秩序》(上海,上海古籍出版社,2012年)正是这方面研究的出色代表。

开始体会如何作国民,早的已历经数千年。东亚大陆上的居民,即便从殷商时代算起,走上国家的道路也三千多年了。这晚近三千多年的岁月,众多人民的生活便与一连串生灭兴衰的王朝国家纠缠难分。自然,那时国家控制的主要是平原、河谷低地以及交通线,山地与草原,依然是众多不愿为臣民的自由人生活的乐土,那里也会产生自己的次生国家,双方的争夺拉锯一直持续到 20 世纪①。

正是因为人类最近五六千年来的经历——直接安身于国家统治之下,或在与邻近国家的互动中生活——关注国家便成为追寻人类历史时的一个重要议题,自历史学诞生以来直至 1950 年代,几无例外。只是二战之后,随着世界形势的新变化、人民力量的崛起,强调与社会科学结合、

---

① 许倬云称这些地区为"边缘区",见氏著《传统中国社会经济史的若干特性》,1980 年初刊,后收入氏著《求古编》,1984 年初刊,简体版,北京,新星出版社,2006 年,第 2—3 页。传统王朝空间控制上是不均衡的,鲁西奇有进一步的分析,见《"内地的边缘":传统中国内部的"化外之区"》,收入氏著《中国历史的空间结构》,桂林,广西师范大学出版社,2014 年,第 231—265 页。商周以来便反复发生,秦朝对岭南的控制即是如此,汉代的武陵蛮、孙吴时期的山越,又如蒙古高原上的"胡"与后来的匈奴,一度形成政权,被汉朝击溃后,又分崩离析。此后活跃于此的各族群多如此,直至清代。可参宋镇豪《商代史论纲》,北京,中国社会科学出版社,2011 年,第 250—253、270—276 页;托马斯·巴菲尔德(Thomas Barfield)《危险的边疆:游牧帝国与中国》(*The Perilous Frontier: Nomadic Empires and China 221 B.C. to AD 1757*),1989 年初刊,袁剑译,南京,江苏人民出版社,2011 年;鲁西奇《释"蛮"》,《文史》2008 年第 3 辑,后收入氏著《人群·聚落·地域社会:中古南方历史地初探》,厦门,厦门大学出版社,2012 年,第 23—56 页;侯旭东《北魏对待境内胡族的政策——从〈大代持节豳州刺史山公寺碑〉说起》,《中国社会科学》2008 年第 5 期,后收入氏著《近观中古史:侯旭东自选集》,第 228—247 页;罗新《王化与山险——中古早期南方诸蛮历史命运之概观》,《历史研究》2009 年第 2 期,第 4—20 页;胡鸿《能夏则大与渐慕华风:政治体视角下的华夏与华夏化》,北京,北京师范大学出版社,2017 年;温春来《身份、国家与记忆:西南经验》,北京,北京师范大学出版社,2018 年。

民。2009年，美国人类学家与政治学家詹姆士·斯科特出版了《逃避统治的艺术：东南亚高地的无政府主义历史》(*The Art of Not Being Governed: Ananarchist history of upland southeast Asia*)，讨论东南亚山地上生活的所谓"原始部落"与山谷低地国家之间纠缠互动的历史，对前者的生存状态提出了全新的解释，轰动一时。2016年中文版出版后，中文世界同样反响巨大。这本书为我们提供了站在国家之外观察国家的新立足点。

顺着斯科特的目光回望，20世纪以前，尚有大量的人生活在国家之外，但多数并非栖身于绝对自由之地，而是在与国家或密或疏的互动中。20世纪，特别是二战之后，随着民族解放运动与反殖民化浪潮的兴起，新兴国家不断涌现，谈判、战争与谈判，那些原先控制力薄弱的"边缘区"乃至"隙地"不再，一一划入各国的疆域。不仅是土地，人民亦一一落实了国籍。除了少数"无国籍人士"（2018年2月到访罗马，街头角落不时遇到的吉卜赛人，恐怕是最大的一群生活在国家中，却依然各地漂泊为生，没有国籍的族群），绝大多数人拥有了国籍，成为某个国家的国民（少数甚至拥有双重国籍）。除了太空、南极洲与北极的冰川，以及少量存在争议的领土，我们脚下的每寸土地都有明确的归属，国界、国籍、国旗、国徽与国歌，国字号的标志物成为20世纪世界各国的流行物，护照、身份证成为人们外出行囊中的标配。

各地居民走上国家化的时间有早有晚。迟的20世纪才射周边,从蒙古高原到朝鲜半岛、日本列岛与中南半岛,在持续不断的朝贡、册封、盟约与互市中,不仅构成了"天朝体制",更是在现实中成为周边社会学习的榜样,刺激着自身政治秩序的发育①,大量涌现的"次生国家"正是对它们发展道路的描述。

与东亚大陆上几乎连续不断的王朝一样,世界其他地区先后出现的帝国,如波斯帝国、罗马帝国、东罗马帝国、亚述帝国、阿拉伯帝国、奥斯曼帝国、蒙古帝国、印加帝国等等,尽管并没能在一个地区持续稳定地开展统治,同样辐射周边,影响深远。人类学家 Stanley Tambiah 用源于曼陀罗的"星系式政体"来描绘东南亚各种政治体之间的关系②,其他地区的大国与周边社会的关系,也未尝不是如此。换个角度观察,虽然人类到 20 世纪中叶才几乎全部进入国家之中,但通过各种形式的"星系式政体",国家早就与周边的各种部落社会建立起各种形式的往来,从物品、奢侈品的贸易交换到婚姻交换、使节往来,等等。这些往来并不限于上层,亦逐步扩散或波及普通百姓,构成时人未必自知的、跨国家的、辐射范围大小不等的种种"世界体系"。

当然,硬币还有另外一面,并非所有人都热衷于当臣

---

① 参阅嶋定生《东亚世界的形成》,1970 年初刊,中译本收入刘俊文主编《日本学者中国史论著选译》第二卷,北京,中华书局,1993 年,第 88—103 页;檀上宽《明代海禁=朝貢システムと華夷秩序》"终章:明清时代の天朝体制と華夷秩序",京都,京都大学出版会,2013 年,第 417—456 页。
② Stanley J. Tambiah, "The galactic polity in Southeast Asia," First published in 1973, reprinted, *HAU: Journal of Ethnographic Theory*. Vol. 3. 3 (Sep. 2013): 503 - 534.

分别进入古国阶段的文化，未能持续。虽然后起却持续下来的，是立足于中原的国家。

按照恩格斯的说法，"国家是社会在一定发展阶段上的产物；国家是承认：这个社会陷入了不可解决的自我矛盾，分裂为不可调和的对立面而又无力摆脱这些对立面"①。它刚在地球上诞生时，不过是星星之火，且并非一往无前。不乏进入国家，随后又崩解的情况，蒙古高原上的游牧部落两千年中就不断重复上演这种循环，印度次大陆也无数次经历了居民与入侵者之间在其上的分分合合②，非洲撒哈拉沙漠以南地区也是如此。实际上是因为殖民主义与资本主义的兴起，才将整个世界拖入国家化的进程③。

国家产生之初，有如汪洋中的孤岛，但因其基于定居农耕，组织化程度高，能够动员更多的人力，聚集更丰富的资源，加上分工更为发达，技术的积累与发展更快，足以生产出更为多样的武器与工具，在与周边部落社会的竞争中常处上风，也吸引周边部落社会模仿、学习，踏上国家之路。东亚大陆上，秦、西汉以降持续存在的王朝，辐

---

① 恩格斯《家庭、私有制和国家的起源》，1884年初刊，《马克思恩格斯选集》第四卷，第3版，第186—187页。
② 关于印度次大陆上政治体发展的简要概述，可参弗朗西斯·福山（Francis Fukuyama）《政治秩序的起源：从前人类时代到法国大革命》（*The Origins of Political Order: From Prehuman Times to the French Revolution*）第十一—十二章，2011年初刊，毛俊杰译，第2版，桂林，广西师范大学出版社，2014年，第138—171页。
③ 可参奥戈特（B. A. Ogot）、A. A. 马兹鲁伊（Ali A. Mazrui）等主编《非洲通史》第五卷"十六世纪至十八世纪的非洲"到第八卷"1935年以后的非洲"，北京，中国对外翻译出版公司，2013年；查尔斯·蒂利《强制、资本和欧洲国家（公元990—1992年）》。

展到北美,再散布到东亚,带动各地经济的发展与民族国家的产生①。

再追溯到人类的起源,尽管走出非洲的夏娃理论与多元进化附带基因融合理论逐渐双峰并峙,相持不下,现代人的起源不过10万年前,应是双方共同认可的前提。以此为起点观察,国家的产生发展,到遍布世界,是个相当晚近的现象。国家如何起源,与人类起源一样,是个难以达成共识的问题,人类存在的岁月中,绝大多数时间里并无国家则是毫无疑问的。最早的国家产生于两河流域与埃及,当是学界的共识。时间也不过公元前3500年,距今还不到6000年,与现代人存在的10万年相比,仅占5.5%的时间。如果将现代人的历史视作一年的话,最早的国家出现于12月10日,而国家统治世界则发生于二战之后,那相当于发生在12月31日。

东亚地区,国家出现得更晚一些。夏朝是否存在,学界争论尚多,姑且不论。按照考古学家的研究,公元前1800年左右,河南洛阳偃师二里头地区,便已开始出现广域王权国家,也可以视为最早的中国②。当然,同时代的东亚大地上还生活着众多人类,处于不同的阶段,此前多地

---

① 马克思与恩格斯《共产党宣言》,1848年初刊,《马克思恩格斯选集》第一卷,第3版,北京,人民出版社,2012年,第401—404、419页;查尔斯·蒂利(Charles Tilly)《强制、资本和欧洲国家(公元990—1992年)》(*Coercion, Capital, and European States, AD 990-1992*)第七章,1992年初刊,魏洪钟译,第2版,上海,上海人民出版社,2012年,第234—276页。
② 参许宏《何以中国:公元前2000年的中原图景》,北京,生活·读书·新知三联书店,2014年。

四、为何关注国家？

1. 人类共有的局面

根据联合国人口基金会的估算，2016年，地球上生活着72亿6231万人。到了2019年，数字自然更为庞大。这些人中几乎全部居住在世界五大洲的197个主权国家中，只有区区几千万人分布在30多个地区中。说我们正处在列国时代，并不为过。

当然，这是人类历史演进的结果。回望过去，即便是1900年，局面也会大有不同，很多国家尚未出现，特别是很多亚非拉的地区，依然为少数几个西方殖民帝国所控制；再往前追溯，世界格局就更加多样。按照马克思与恩格斯的看法，新航路的开辟，才使人类历史变为了世界史，人类历史的命运才第一次密切相连。资本主义的出现与世界扩张，世界市场的出现，才将全球各地人们的生活紧紧绑在一起。随着资本的流动与生产的转移，工业化从欧洲扩碍。进一步看,他对待身处的清王朝的根本立场,抽象的"经世"思想中包含的依然是配合与呼应,仍没有溢出海登·怀特所概括的"保守派"的意识形态模式[1],无法构成对王朝/国家统治的反省。

现在,有必要从他止步处出发。将史所记之"事""令史案牍""经纶政教"与"人伦日用"衔接起来去观察过去:令史不只见于州县,他们亦是人,亦有家,或百姓,或望族,人伦日用不外于他们。皇帝是人,亦如是。经纶政教与人伦日用并非截然两分。案牍不只于州县,还勾连了人、家、州县与天下。大事(时人与后人眼中的)与细务均属经纶政教,并存于世。自下而上、自上而下、自外而内、自内而外,自州县而上观朝廷、下及百姓,横向观察,勾连区域与中外,等等,并置合观,探索新的研究路径。从"人伦日用"与"经纶政教"中重新发现人、王朝及其关系的历史。

---

[1] 相关分析参杨念群《章学诚的"经世"观与清初"大一统"意识形态的建构》,《社会学研究》2008年第5期,第1—42页;又见氏著《何处是"江南":清朝正统观的确立与士林精神世界的变异》第七章,北京,生活·读书·新知三联书店,2010年,第304—348页。章学诚对此也有相当明确的表述,他在《论修史籍考要略》(1788年)中写道:"十三曰制书宜尊。列圣宝训,五朝实录,巡幸盛典,荡平方略,一切尊藏史戺者,不分类例,但照年月先后,恭编卷首。"见《文史通义新编新注》"外篇一",上册,第435页;十年后完成的《史考释例》中亦有类似表述,见该篇"制书弁首,冠履之义也"一段,同上书,第441页。

儒，去官之日，取其平日行事善恶有实据者，录其始末可也"，后文复云"案牍簿籍无文章，而一县之文章，则必考端于此，常人日用而不知耳。今为挈其纲领，修明其书，使之因书而守其法度，因法而明其职掌，于是修其业而传授得其人焉"①，案牍簿籍是"掌故"取资的对象，用以明部府州县如何进行"经纬政教"。这些关于档案入史的见解，无疑是超迈时辈的。

依今天的眼光观察，实斋这番设想，突破了长期主导的自上而下观察的单向视角，却还停留在聚合模式的"小事件因果关系"分析②。王朝史乃无数州县史的累加与扩大，"事"与"人伦日用"依然相互分离，他划分的"人/家/国（州县）/天下（王朝）"四个层级，以及对各级性质的理解，限制住了他对人与家，以及两者与州县/天下之间更多层次关系的认识。章学诚心中的"人伦日用"只体现为对现实的肯定，并没有意识到"人伦日用"亦是"事"，亦应纳入"史"，自然无法疏通人、人伦日用与事、与史之间的关系，因而没能捕捉到累加、聚合之外的其他生成性关系。他的设想与实践中，"方志"加上"掌故"与"文征"，由一扩充为三，依然难逃缩微版的纪传体与政书，体例上的局限仍难克服，成为实现上述沟通无法跨越的障

---

① 章学诚《文史通义新编新注》"外篇四·州县请立志科议""外篇五·《永清县志·六书》例议"，下册，第838、969页。
② 更明确的表述见《《永清县志·士族表》序例》中所说："夫合人而为家，合家而为国，合国而为天下。天下之大，由合人为家始也。"《文史通义新编新注》"外篇五"，下册，第957页。关于聚合模式的"小事件因果关系"，参李猛《迈向关系/事件的社会学分析：一个导论》，第67—70页。

宏大的关怀是要由此而书写"天下之史"。两段中都使用了"自下而上",并非率意而发,当是在摸索"自下而上"贯通州县与庙堂的治史新径①。

今天言此者多取资 20 世纪中叶欧美学界之新进展,似有点失之眉睫,没有人注意到二百多年前的清代中叶,一位浙江绍兴的书生已孤明先发,并付诸实践了,尽管他的史学实践常被今人归入看似老旧的"方志学"。同样值得深思的是,当年,章学诚只是学问上的旁逸斜出,知音寥寥,20 世纪 20 年代以降,方声名鹊起,一跃而为史学研究的一大热点。巨匠名家倾注心力者颇多,或作评传,或校勘其遗著,或阐发其史学思想,或视其为方志学的鼻祖,又或文学、文献学、目录学、档案学②,多属各开一窍,分而治之,很少能通贯其主张,发现其史学与方志、文章、"档案"之间的关系。

章实斋强调史书乃纪事之书,事为其骨架③,所谓事"即簿牍之事而润以尔雅之文",簿牍本为"经纶政教"所凭借,经过有意留存与整理,作为"掌故"而收入方志。详言之,"六科案牍,约取大略而录藏其副可也。官长师

---

① 有学者注意到他的方志理论与今天的区域社会史之间有理论上的契合,但囿于"方志学"的视野,没有注意到他编撰方志,目的是在"天下之史",见吴琦、马良怀《"方志乃一方全史"——章学诚方志理论视野与区域社会史研究》,收入中国历史文献研究会编《章学诚国际学术研讨会论文集》,北京,北京图书馆出版社,2004 年,第 111—118 页。
② 参钱茂伟编著《浙东史学研究述评》之"六、章学诚史学研究述评",北京,海洋出版社,2009 年,第 359—386 页。
③ 有关讨论可参林锋《重事:章学诚的文史统合之道》,《中南大学学报》(社会科学版)2017 年第 3 期,第 171—177 页。

后文又说:

> 有天下之史,有一国之史,有一家之史,有一人之史。传状志述,一人之史也;家乘谱牒,一家之史也;部府县志,一国之史也;综纪一朝,天下之史也。比人而后有家,比家而后有国,比国而后有天下。惟分者极其详,然后合者能择善而无憾也。谱牒散而难稽,传志私而多讳,朝廷修史,必将于方志取其裁。而方志之中,则统部取于诸府,诸府取于州县,亦自下而上之道也。然则州县志书,下为谱牒传志持平,上为部府征信,实朝史之要删也。……今天下大计,既始于州县,则史事责成,亦当始于州县之志。①

勾勒了人、家、国与天下之史之间的逐级累进与积聚关系。他对一人之史与一家之史颇有微词,最为看重的是"部府县志"之"一国之史",认为可以"下为谱牒传志持平,上为部府征信,实朝史之要删也",乃其中的枢纽,如他所言:"方州虽小,其所承奉而施布者,吏、户、礼、兵、刑、工无所不备,是则所谓具体而微矣。国史于是取裁,方将如《春秋》之借资于百国宝书也,又何可忽欤?"② 实斋执着于编撰方志,目的绝不仅仅是著述"一国之史",更

---

① 章学诚《文史通义新编新注》"外篇四·州县请立志科议",下册,第837页。
② 同上书,"外篇四·方志立三书议",第830页。

便没有再做深思与努力。到了"书教下"的"评"中,吕思勉便又折回老路,说:"盖史之作,所以举一时代中重要之事,以告后人,俾后人明于其时之真相也。重要之事,历代不一……作史者当深察一时代之事,孰为重要,孰不重要,而后分别记载之、刊落之,以贻后人。"① "重要"与"不重要"不就是前面所说的"大小""轻重"吗?又重拾"重大事件"的传统,新路只能是缥缈的海市蜃楼吗?

6. 令史案牍与人伦日用:从章实斋驻足处出发

还是要从章学诚说起。他已在摸索一条自下而上、豁然贯通的史学新路,这源于他对"天下政事"与"天下之史"构成的认识。在《州县请立志科议》中,他指出:

> 天下政事,始于州县,而达乎朝廷,犹三代比闾族党以上于六卿;其在侯国,则由长帅正伯,以通于天子也。朝廷六部尚书之所治,则合天下州县六科吏典之掌故以立政也。其自下而上,亦犹三代比闾族党、长帅正伯之遗也。六部必合天下掌故而政存,史官必合天下纪载而籍备矣。

---

① 吕思勉《吕著史学与史籍》,第 309 页。

与袁枢相去无几。《通鉴》本身便重在治乱兴衰,据此重编的《通鉴纪事本末》不可能增添额外的内容。钱穆只是强调需要增加安定常态之下的历史大事,而在他心目中,反映这种常态的,仍是"光武明章之治","无事"的日常依然摆不进历史。两人的落脚点同在历史大事,并无差别,亦体现了以往史家对史书"纪事"之所谓"事"的通常理解。这方面,钱穆的看法反倒不如吕思勉。吕氏在《〈文史通义〉评》"书教上"中说:

> 盖天下事原无大小、轻重之分;所谓大小、轻重者,特人之意有所偏生,见为如此耳。故有自此方面观之,以为无关系;而自彼方面观之,则觉其极有关系者,此各人之意见所以不同。有今日以为无关系,而时异势殊,忽有一有关系之事生,而追溯其源,乃即在此无关系之事;则今所以为无关系者,一变而极有关系矣,此一人之意见所以前后不同也。然则天下事更无无关系者,亦无大小、轻重之分;欲求因果之尽明,势非举一切事尽记之不可,此为办不到之事。①

此诚为卓见。当然,要将这种观点真正落到具体研究与史学表述中,不经过史观与史法上的彻底反思,很难实现。作者当时想得到的只是"举一切事尽记之",感觉不可行,

---

① 见吕思勉《吕著史学与史籍》,第307—308页。

有下手的地方。把史迹看作集团研究,就是记事本末体。

所以研究历史的人,应当挑出一极大之事作为集团,把旁的事实,都归纳到里面,再看他们的关系影响。研究一个集团,就专心把这个集团弄明白了。能得若干人分头作去,把所有事的集团都弄清楚,那么全部历史的主要脉络就可一目了然了。①

强调挑选大事,聚合相关事实,放到一个集团内来研究。后来的研究的确是沿着梁启超所说在前进,只是"集团"的说法不再用在研究"事"上,而主要应用于人的研究。钱穆在评论袁枢的《通鉴纪事本末》时说:

历史不能只管突发事项,只载动与乱,不载安与定,使我们只知道有"变",而不知有"常"。

所谓的历史,并不是只有动和变和乱,才算是事。在安定常态之下,更有历史大事。②

关于袁书,钱穆评价甚低,认为"除掉纪事本末这一个新体以外,他的书实不很好",关键便如上引,认为他所记述的"事"不全面,限于治乱兴衰时期。其实,钱穆的看法

---

① 收入梁启超《中国历史研究法》,第 174、176 页。
② 钱穆《中国史学名著》,北京,生活·读书·新知三联书店,2000 年,第 197、199 页。

耳",强调了"知"的作用。又说:"愚夫愚妇与知能行,便是道;与鸢飞鱼跃同一活泼泼地,则知性矣。""百姓日用条理处,即是圣人之条理处。圣人知,便不失;百姓不知,便会失。"① 王艮相信道存在于百姓日用之中,只是不为百姓所知,需要有先觉者启蒙而使百姓觉悟。章学诚的"道"观,无疑与此有承继关系②。明代出现阳明学的"觉民行道"转向③,明末清初颜李学派士人中日记、日谱的流行④,均与此关联密切。章学诚的历史认识反而不如阳明学的实践激进。

20世纪以后,"民史"的旗帜高扬,刺激与灵感源自西方,而非本土,和阳明学、章学诚之间已然断裂。远离本土根源的新史学难有实质的改观,仿佛"格义"之学再生。梁启超在《中国历史研究法补编》中介绍如何做"事的专史"时说:

> 无论何种事物,必把破碎的当作集团,才有着眼的地方。研究历史,必把一件件的史迹看为集团,才

---

① 见王艮《重镌心斋王先生全集》卷三"语录",沙志利点校,《儒藏(精华编二五八)》,北京,北京大学出版社,2017年,第92、93、96页。
② 章学诚《文史通义新编新注》"内篇二·博约下""浙东学术",上册,第119—120、121—122页。
③ 见余英时《现代儒学的回顾与展望——从明清思想基调的转换看儒学的现代发展》《士商互动与儒学转向——明清社会史与思想史之表现》,均收入氏著《现代儒学的回顾与展望》,第140—186、236—252页;《宋明理学与政治文化》第六章"明代理学与政治文化发微",长春,吉林出版集团有限公司,2008年,第188—211页;以及彭国翔《阳明学的政治取向、困境和分析》,《深圳社会科学》2019年第3期,第22—31页。
④ 参王汎森《日谱与明末清初思想家》,1998年初刊,后收入氏著《晚明清初思想十论》,上海,复旦大学出版社,2004年,第117—185页。

的验证，乃是儒学工夫论的本质①。朱熹说过"但不专在静处做工夫，动作亦当体验。圣贤教人，岂专在打坐上？要是随处着力，如读书、如待人处事、若动若静，若语若默，皆当存此"②，强调动作、做事亦是做工夫。二程与朱熹在做工夫上十分强调读书的作用，当然，读的核心是四书与六经等儒家经典，希望由此下学上达，格物穷理，豁然贯通③，并未在此基础上生发出基于日常的历史认识，而是章学诚向此方向前进了几步。

源于禅宗、理学的工夫涵养中，凡夫与日用的意义亦受到空前重视。南宋陆九渊就开始向社会大众传教，明代阳明学提出的"良知说"简易直接，使它极易接受通俗化和社会化处理，打破了理学伦理实践与四民之间的隔阂④，甚至提出"满街人是圣人"的看法，这被视为阳明学历史意义之所在⑤。王阳明的弟子、泰州学派的创始人王艮（1483—1541）更阐明了百姓、日用与道之间的密切关系。有人问中，王艮回答说："此童仆之往来者，中也。"又问："然则百姓之日用即中乎？"回答道"孔子云'百姓日用而不知'，使非中，安得谓之道？特无先觉者觉之，故不知

---

① 王雪卿《静坐、读书与身体：理学工夫论之研究》，台北，万卷楼图书股份有限公司，2015年，第2—3、13、35、37、38页。
② 黎靖德编《朱子语类》卷一一五，王星贤点校，第7册，北京，中华书局，1986年，第2778页。
③ 王雪卿《静坐、读书与身体：理学工夫论之研究》，第45—104页。
④ 典型例子莫如王阳明对于如何在簿书讼狱繁难中为学的对话，见王阳明《传习录》196条，邓艾民注，上海，上海古籍出版社，2012年，第193页。
⑤ 余英时《中国近世宗教伦理与商人精神》，收入氏著《士与中国文化》，上海，上海人民出版社，1987年，第511—514、516—517页。

乃国史之分体"①，即便是方志，亦是替州县立言，故否认野史与私史。人伦日用，尚停留在蜻蜓点水般的说辞，并无更细致的分疏，名义上承认"三人居室，而道形矣"，却没有追寻呈现"道"的具体途径，等于一张空头支票。在清朝，要做到此点可以说是不可能的。他与戴震等人治学路数上差别甚巨，但在精英主义与俯瞰众生的取径上，实际难分伯仲。坚持圣人、贤人与众人的划分，以及对野史、私史的排斥，便将表面放逐了的英雄史观重新迎回了神龛。超出同时代人甚远的章学诚尚且如此，其他恪守通经求道的学人的态度就可想而知。

这方面，反而是宋明理学家们所倡导的工夫修养，走得更远，遗憾的是，理学家们并没有将工夫修养推广为历史认识。如学者所指出的，理学家们相信借由"工夫"的指引，任何人都可以达到"圣人"的境界，而"工夫"的使用，就是从"凡夫"状态开始的，只是他们好用"学者"一词来代替"凡夫"的称谓。在儒释道三家的工夫修炼传统中，儒家对于人与人的关系和日常生活事务投注了更多的关注，任何离身离事的隔离性修炼工夫，都只是暂时性的权宜之计，更加看重的是日常生活的各种实践，以"事"的磨炼作为自身所把握到的道德意识与心灵境界真实不虚

---

① 章学诚《文史通义新编新注》"外篇五·《亳州志·掌故》例议下"，下册，第1006页。

不知其然而然。孰为近道？曰：不知其然而然，即道也。非无所见也，不可见也。不得不然者，圣人所以合乎道，非可即以为道也。圣人求道，道无可见，即众人之不知其然而然，圣人所借以见道者也。故不知其然而然，一阴一阳之迹也。学于圣人，斯为贤人；学于贤人，斯为君子；学于众人，斯为圣人。非众可学也，求道必于一阴一阳之迹也。①

将众人"无所见""不知其然而然"的状态视为"即道也"，认为圣人求道，需要到"道无可见，即众人之不知其然而然"中去寻找，由此方可见道，并将此概括为"学于众人，斯为圣人"。这种对众人的高度重视，对圣人与众人之间互动的认识，显然与清代"经学即理学"，要到六经文字训诂中去明道的经学家传统全然不同②。正因有如此殊别于时代的看法，他开辟了一条于六经之外通过"政教典章"与"人伦日用"接近"道"的新路。这在中国历史上的确超迈前贤，尽管自视甚高，却也因异乎主流而遭时人冷落。

析言之，章学诚虽然承认圣人之道学自众人，实际所谓的"事物"，还是落在了"政教典章"，与一般人有别的只是不只关注"国"，同样看重州县，故对方志颇为倾心。立场还是站在圣人与国一方，在他心目中"部府州县之志，

---

① 章学诚《文史通义新编新注》"内篇二·原道上"，上册，第95页。
② 此问题可参余英时《章实斋的"六经皆史"说与"朱、陆异同"论》，收入氏著《论戴震与章学诚：清代中期学术思想史研究》，北京，生活·读书·新知三联书店，2000年，第49—61页。

者,后人亦有不可废者","不必执古以概今"①,强调尊重当时的现实。当然,不可否认,他眼中的"人伦"依然来自儒家经典,所谓"惟《丧礼》为《礼经》之最要……大约《仪礼》子夏服丧之传,作为大纲,而以诸经分析为类,条贯其下,可见圣人人伦之至"②。

这一观念背后是他异乎流俗的对"道"与人的认识。章学诚说:"天地之前,则吾不得而知也。天地生人,斯有道矣,而未形也。三人居室,而道形矣,犹未著也。……人之生也,自有其道,人不自知;……故道者,非圣人智力之所能为,皆其事势自然,渐形渐著,不得已而出之,故曰天也。"将"道"与圣人、普通人之间的关系颠倒,强调"道"不外于人,只是不为人所见、所知,圣人的作用亦不再加以神化。后文他又继续阐发道、圣人与众人的关系:

> 道有自然,圣人有不得不然,其事同乎?曰:不同。道无所为而自然,圣人有所见而不得不然也。……圣人有所见,故不得不然;众人无所见,则

---

① 章学诚《文史通义新编新注》"内篇六·同居""感遇""外篇一·《述学》驳文""外篇一·评沈梅村古文""外篇一·家谱杂议",上册,第342、346、365、362、363、482、483、497页。
② 同上书,"外篇二·清漳书院留别条训(三十三篇)",下册,第624页。倪德卫(David Nivison)是一位罕见地注意到章学诚重视当下的意义的研究者,见氏著《章学诚的生平及其思想》(*The Life and Thought of Chang Hsüeh-ch'eng 1738—1801*),1966年初刊,杨立华译,南京,江苏人民出版社,2008年,第138—140页。

成的"掌故"属于实斋眼中的"比次之书","其用止于备稽检而供采择"①,"记注"而已,称不上"著述",更难以与独断之学、考索之功比肩。当然,他能将目光拓展至此,已远迈同侪,甚至也超过了清末的张之洞之流②。

"人伦日用"具体所指,章学诚并无专门的论述。前人论实斋的著作极多,对此似亦甚少措意,实际散见他的各种论述中,体现为对现实人生的接受与认可,并通过反对师古、泥古而赋予现实正当的位置。如在讨论"同居"时指出"人事不齐,同居亦有不可终合之势","自私自利,天真易漓,中人而下,往往不免……夫狎则易忘,离则思合,人情莫不然也"。在抒发自己坎坷遭遇时说"中人之情,乐易而畏难,喜同而恶异,听其言而不能察其言之所谓者,十常八九也"。在评论时人作品时说"犹今百司执事,隐微利病,惟亲其事者知之,而非文案簿书所具"。除了承认现实、体察人情,他更明确反对"动言法古",说"古今时异,周、孔复生,亦必不尽强今以服古也","先王制礼,有必不可易者,亦有必不能仍者"。包括对于文学作品中出现的"官名地名",一再指出"必遵现行制度,不可混用古称",并说"学者动言师古,而抑知古人亦有不可法

---

① 章学诚《文史通义新编新注》"内篇四·答客问中",上册,第257页。
② "八千麻袋事件"中所见张之洞、傅增湘等人的眼光,见王汎森《什么可以成为历史证据——近代中国新旧史料观点的冲突》,收入氏著《近代中国的史家与史学》,上海,复旦大学出版社,2010年,第112—117页。

托之空言,不如见诸行事之深切著明',则政教典章、人伦日用之外,更无别出著述之道,亦已明矣",并批评儒家"彼舍天下事物、人伦日用,而守六籍以言道,则固不可与言夫道矣","舍器而求道,舍今而求古,舍人伦日用而求学问精微,皆不知府史之史通于五史之义者也","世儒言道,不知即事物而求所以然,故诵法圣人之言,以谓圣人别有一道在我辈日用事为之外耳"①。诚如叶瑛所言,"盖清儒自顾亭林以来,以为道在六经,通经即所以明道。实斋则谓道在事物,初不出乎人伦日用之间。学者明道,应即事物而求其所以然"②,众人与人伦日用获得了前所未有的重视。他在编撰方志的史学实践中,特别强调要收集和依靠"令史案牍",如他所言:

> 令史案牍,文学之儒,不屑道也。而经纶政教,未有舍是而别出者也。
>
> 苟议政事而鄙令史案牍,定礼乐而不屑宗祝器数,与夫工师音节,则是无质之文,不可用也。……令史案牍,政事之凭借也。③

这大抵对应于他所说的"政教典章"。不过,基于这些而编

---

① 章学诚《文史通义新编新注》"内篇二·原道中""内篇五·史释""外篇三·与邵二云论学",分见上册第101、271页,下册第665页。
② 叶瑛《文史通义校注》"内篇二·原道上"注一,上册,北京,中华书局,1994年,第124页。
③ 章学诚《文史通义新编新注》"外篇四·州县请立志科议",下册,第837、838—839页。

《编年记》是个人墓葬中偶然保留下来的记录,展示了对国与家大事的记忆,性质上各有特色,实际与传世文献,乃至后代出土的墓志铭之类在筛选与断裂上并无差别。从《春秋》到《通鉴》,《史记》与《汉书》,直至《清史稿》的记述莫不如此。审视可见的资料,清代《起居注》《实录》亦然,尽管看起来包含了更为丰富的资料。

5. 放逐"日常"的史学: 章学诚是例外吗?

日常遭到放逐,有深刻而悠久的历史根源。制度之外,还源于古人对历史、对人、对事、对史书的意识。无论是个人,还是王朝,浸透其中的观念是英雄与变动主导一切、凡夫与庸常没有意义。所谓的英雄,往往和在王朝中占据的位置有关联。被誉为"清代唯一之史家""清代唯一之史学大师"① 的章学诚,则承认"史为记事之书,事万变而不齐,史文屈而适如其事,则必因事命篇,不为常例所拘",他心目中所记之事,扩展到"当代典章"与"官司掌故",认为可由此而"切于人伦日用""通于经术精微",反对一味"昧今而博古""舍今而求古"②,似乎向前迈进了一步。

在他眼中,"夫子自述《春秋》之所以作,则云'我欲

---

① 梁启超《中国近三百年学术史》"十五、清代学者整理旧学之总成绩(三)",1926 年初刊,北京,东方出版社,1996 年,第 362、368 页。
② 章学诚《文史通义新编新注》"内篇一·书教下""内篇五·史释",仓修良编注,北京,商务印书馆,2017 年,第 38、271 页。

纪，尚有史家坚持认为"如一人，只是生老病死，只是温饱度日。在其人生过程中，无特殊性，无变异性，其人之一生，便亦无历史可言"①。

这种观念支配下，官员的日常活动与仕宦之外的生活没有了存在的空间，皇帝与官员均难逃此运，更不用说普通百姓了。剩下的只有国家角度映照下对他们个人而言的"大事件"：官职的迁转，王朝重大事件中的作为，还有相伴而来近于模式化的描述。正如同秦汉以来各级官府要定期销毁日常工作形成的文书②，只有超出"日常"的秀异之人与特殊之事（所谓的"故事"）才有保留价值③。南方古井中发现的秦汉三国西晋时期官府文书，几乎都可以视为这种拣除与废弃的产物，新疆吐鲁番十六国、高昌时期墓葬中发现的使用官文书剪制的纸鞋、纸衣，以及宋元时期的公文纸背印本典籍，也都是这类文书拣除后的再利用。宋代以后，情形才开始有所变化，但至清末，变化的幅度还相当有限。

---

① 说见钱穆《中国历史研究法》第一讲"如何研究通史"，北京，生活·读书·新知三联书店，2001年，第4页。
② 据汪桂海的研究，汉代官文书大致是十年左右一拣除，见氏著《汉代官文书制度》，南宁，广西教育出版社，1999年，第223—232页；《唐律·贼盗》"盗制书官文书"条"及盗应除文案者，依凡盗法"句"疏议"曰"依令，文案不须常留者，每三年一拣除"，该令或是《公式令》，日本《养老令》第73条存有详细令文，可参，刘俊文笺解本，下册，北京，中华书局，1996年，第1350—1351页。有关研究可见邢义田《汉代简牍的体积、重量和使用——以"中研院"史语所藏居延汉简为例》，收入氏著《地不爱宝：汉代的简牍》，北京，中华书局，2011年，第20—21页。
③ 关于"故事"，可参邢义田《从"如故事"和"便宜从事"看汉代行政中的经常与权变》，收入氏著《治国安邦：法制、行政与军事》，北京，中华书局，2011年，第380—449页。

于自己诞生的"神话"。两者所宣示的知识并非空洞无物的言辞堆积,正体现为一种异乎凡人的精英意识。这种意识一方面体现为在当代政治体中所占据的职位,另一方面,则表现为出身与祖先来历的记忆以及无论真伪的谱系建构能力。中古以降,后一方面甚至更重要,没有仕宦经历,但出身与家世有可称述者,亦足以记入墓志,如邵真。翻检唐代墓志,姓氏来历的内容简化了不少,但依然存在,不变的仍是通过王朝中的官职来表达自己。墓主人父祖的官职,哪怕是前朝给予的,或未曾担任实职,只是"吏部常选"①,也不忘抄录。本人的仕宦,更是书写的核心,即便是将仕郎、文林郎、上骑都尉之类的散官、勋官,也要记上一笔②。不曾入仕的处士或"×府君",没了仕宦,除了堆砌的典故,真正的生活入不得法眼,而对为何居家不仕,却多要花费相当的笔墨③,所谓"丘园之志"的成色实在要打不少折扣。

个别官员,似乎不具备这类知识,死后只能在砖志上简单刻下名讳、卒日等④。这种心理绵延难绝,到了20世

---

① 王颀墓志,见周绍良、赵超编《唐代墓志汇编》上册,开元018,上海,上海古籍出版社,1992年,第1163页。
② 如赵勤墓志、张敬之墓志、李琮墓志、杨训墓志,《唐代墓志汇编》上册,永淳029、天授042、如意002、如意003,第706—707、823—824、829—830页。
③ 参杨向奎《中国古代墓志义例研究》,北京,中国社会科学出版社,2018年,第119—129页。
④ 《中国古代砖刻铭文集》,第919、923、932、937、946、953、972、984、1001、1026、1043、1049、1050、1172、1181、1197号,下册,第155、156、158、159、160、162、165、167、169、173、176、177、178、205、206、209页。高昌砖志几乎均是如此,不备列。

仕宦；更遥远而来历模糊的，也会缀上几句含混空洞的表白，如"其先周灵王之后，自秦汉逮于晋宋，世载光华，羽仪相属""启源命族，其来尚矣。少典诞炎，德感火瑞；营都于鲁，王有天下。历八世五百余年，伯夷为尧秩礼，四岳佐禹治洪，太师以翼周建国，穆伯因分封命氏，君其后焉。弈叶英邵，官冕相袭……铭曰：姜川昺瑞，炎德降祥，丕烈不已，乃叶克昌。匡尧赞禹，翼武凫商，遥基蔼蔼，崇构堂堂。庆流昆后，笃生明懿，韶卬凤成，幼弘礼义"之类。关于墓主降生，则是"崇华雾密，五龙气冥，河沂表瑞，渭滨献精。两才和绪，叡哲乃生""五岳降灵，英生我君，金玉早贞，凤叡凤神""灵川启育，神岳流津，二气交祥，载生哲人"①。

墓志中类似的表述颇多，言辞变化无穷，内核不出以下两端：一是列举祖先在三代以降的功德，表述或有脉络可循，或虚晃一枪，究竟有几分真实，还是更多传达了某种信念，颇难估量②；二是表示墓主人诞生是如何得天地之精华。亦不乏两者兼具的墓志。这些通常为墓志研究者所轻视的文字，恰恰显示了盛行于时人头脑中的观念。官/民之间的区分，亦体现在能否构建出关于祖先的记述以及关

---

① 分见赵超《汉魏南北朝墓志汇编》，第29、66—67、61、62、75页。
② 顾炎武便已指出"氏族之书所指秦汉以上者，大抵不可尽信""汉时碑文所述氏族之始，多不可据"，见《日知录》卷二三"氏族相传之讹"，长沙，岳麓书社，1994年，第800、801页；杨树达亦云"汉人碑版，多妄举同姓仕宦者以相夸耀，如《张迁碑》并载留侯、张释之之类"，见《汉书窥管》卷九"酷吏·尹赏传"，下册，上海，上海古籍出版社，2006年，第715页。汉代碑刻如此，中古墓志亦然。

天保十年润（闰）四月八日」真定人张承，年卅」六死。铭记。名远兴①

即便有仕宦经历，也只是官职的堆积与排列。当然，更多的死者下葬时根本就没有任何文字记述，无声无息地躺在棺椁中，等待与大地融为一体。可怕的可能正是这种太过平常的无声，变为粉尘，散入黑夜中，积聚成无言的夜幕，衬托着几颗闪烁的星辰。让我们忘记他们曾经存在过、发声过，以致误以为留存到今天的几声鸣叫，便是时代合奏的全部。

这种叙述方式背后的观念，以及孕育这种观念的时代氛围恐怕就是那种将人与王朝捆绑在一起的史观，没有了王朝的映衬（从国号到年号，从时间表达到空间定位），没有在本朝或前朝谋得一官半职，便无从述说。个人的生活、日常全无记忆与述说的价值。

随意翻翻史书或碑碣、墓志，东汉以后，哪位人物不去自高身价，借助同姓先人来标榜自己奕世高贵？建立王朝或试图建立的，要将自己的祖先追溯到黄帝、尧舜禹，官员则是商周时代名人之后②。能记清楚的，不忘详列先祖

---

① 赵超《汉魏南北朝墓志汇编》，第138页；胡海帆、汤燕编著《中国古代砖刻铭文集》下册，北京，文物出版社，2008年，第173页。
② 侯旭东《逐鹿或天命：汉人眼中的秦亡汉兴》，《中国社会科学》2015年第4期，第197—199页；侯旭东《汉魏六朝父系意识的成长与"宗族"》，收入氏著《北朝村民的生活世界：朝廷、州县与村里》，北京，商务印书馆，2005年，第93—101页；仇鹿鸣《"攀附先世"与"伪冒士籍"——以渤海高氏为中心的研究》，《历史研究》2008年第2期，第60—74页。

被朝廷"假"安定太守,"假"是当时优抚高年的一种手段①。此人虽寿近百年,墓志中的记述却几乎是空白:

> 君讳真,字天生,相州魏郡阿阳人也。玄」祖京尹雍州刺史后之苗裔。曾祖黑,」魏郡文学。地籍联辉,德厌民望,仁风四」被,英声遐著。乃移方秦都,徙根姚末。**君**」**德苞量,才过后秩。春秋九十有九,枕痾**」**晦朔,奄辞荣世。**亲宾痛楚以肠摧,僚友」法歆而慕德。以正光元年十一月辛未」朔三日癸酉穸于明堂北乡永贵里。神」姿殒谢,秘玉幽泉,无以畅志,托名旌文,」铭咏千载,万古流芬。②

属于这位世纪老人生平的只有短短22个字!邵真一生经历了三万四千多个日出日落,竟如白驹过隙,以无语与空白告知地下世界。普通百姓,若想告知地下世界,似乎只能使用砖志,刻上名字与卒日:

> 正光四年五月廿四」日河内郡白水县」民姬伯度铭记
> 正光四年十月」故平珍显妻」李贞姬在此

---

① 参梁满仓《魏晋南北朝五礼制度考论》第五章,北京,社会科学文献出版社,2009年,第353—354、360—362、373—375页;吴丽娱《论中古养老礼仪式的继承与兴衰——兼析上古宾礼之遗存废弃与皇帝的礼仪地位》,《文史》2013年第4辑,第111—112页;付晓惠《魏晋南北朝板授制度探析》,硕士论文,郑州大学历史学院,张旭华指导,2012年,第18—21页。
② 《魏故阿阳令假安定太守邵君墓志铭》,赵超《汉魏南北朝墓志汇编》,第115页。

墓、甘肃河西地区十六国时期墓葬中的版授文书，以及刻于碑碣上和墓葬中发现的唐代"告身"①、南宋的徐谓礼墓葬中出现的告身与印纸等文书②，甚至可以说随葬的官印、墓志铭在呈现官职时间维度上的准确程度差别甚大，但在宣示官职上的作用却是相似的。

这套转换机制的后果之一便是例行工作的消失与标准化及官职的凸显，实际经历压缩为不同官职的填写与连接，鲜活丰富的人生历程蒸发了内涵，变为庞大王朝官僚机器中的一员，个人的生命亦因成为这一机器的零件而获得意义与表达③，甚至很长一段时间里，官职成为几乎唯一的依据。可以取作对照的是，到了墓志已经颇为成熟的北朝，若没有仕宦经历，墓志中除了罗列祖先的名讳官职，以及关于死者籍贯与典故编织的套话之外，似乎就找不到什么值得书写的内容④。北魏人邵真，据说活了九十九岁，生前

---

① 徐畅《存世唐代告身及其相关研究述略》，《中国史研究动态》2012年第3期，第33—43页。
② 相关研究可参周佳《南宋基层文官履历文书考释——以浙江武义县南宋徐谓礼墓出土文书为例》，魏峰《宋代印纸批书试论——以新发现"徐谓礼文书"为例》，《文史》2013年第4辑，第163—180、181—198页。
③ 即便到了清代，犹是如此。看看清代档案中保存的康熙至宣统朝的五万多件官员的履历片、履历折与履历单，十几年，乃至几十年的仕宦生活、日常工作被压缩为不同机构、不同地点的若干官职名目之间的跳跃与连接，以及皇帝引见时的几句评语，见《清代官员履历档案全编》。有资格为"国史馆"撰写列传的只是其中上升到高位者，不然只好家人自掏腰包，请私人撰写碑铭墓志了，详见《碑传集》与《续碑传集》。自然，因无名而生前被按数统计，又没有家谱、族谱登录其名，死后也无钱请人书写墓志、墓碑而遭遗忘者，更是不计其数。
④ 如北朝墓志中的处士墓志：元显儁墓志（延昌二年二月廿九日）、王基墓志（正光四年十月二十日）、房周陁墓志（天统元年十月廿四日），均见赵超《汉魏南北朝墓志汇编》，天津，天津古籍出版社，2008年，第68、138—139、430—431页。

□□□啬夫孙忠中功三劳三岁十月

属国左骑千人令史马阳中功三劳四月廿日

□守属林参中功二劳九月廿一日

氏池令史丁彊中功二劳二岁十月十日

居延殄北令史苏谊中功二劳二岁五月五日

肩水都尉属□并中功二劳二岁三月十八日

屋兰候官令史孙宏中功二劳一岁七月五日

延水啬夫路兴中功二劳十月一日

居延千人令史阳召中功二劳九月

居延都尉属王宣中功二劳十月五日

73EJT30：30B[①]

基于经过标准化处理的功劳，官吏之间形成可以相互比较的"功次"，进而在出现官缺时实现迁转、调补等等。个人的仕宦在日常工作/标准化处理交替中延伸，每个新官职成为个人生活与记忆中的标志性大事。察举、九品官人法与科举的出现，亦没有改变，只是让入仕的途径更为多样。即便身后，也常常不忘带入地下世界。《编年记》即是如此。汉代墓葬中不时发现相关的简牍文书，不一定是完整的仕宦履历，如湖北荆州松柏汉墓、云梦睡虎地77号汉

---

① 甘肃简牍博物馆、甘肃省文物考古研究所、甘肃省博物馆、中国文化遗产研究院古文献研究室、中国社会科学院简帛研究中心编《肩水金关汉简（叁）》中册，上海，中西书局，2013年，第173页。释文校订据曹天江《甘肃省金塔县A32遗址出土两方功次木牍试探》，《简帛研究二〇二〇（春夏卷）》，第194—213页。

□□啬夫隗敞中功一劳三岁十月廿四日

居延令史郑恽中功一劳三岁四月七日

□□千人令史郭良中功一劳三月

□□都尉属傅博中功一劳三岁八日

□千人令史诸戎功劳一劳二岁十月

显美令史马□中功一劳三岁三月十四日

郡库令史崔枚中功一劳三岁三月四日

73EJT30：29A

大□令史傅建功一劳三岁八月十日

居延都尉属孙万中功一劳二岁一月十一日

73EJT30：29B

2.

属国都尉属陈严中功二劳七月七日

敦□置啬夫张尊中功二劳五月十三日

删丹库啬夫徐博中功二劳五月一日

肩水候官令史王严中功二劳四月

北部都尉史陈可中功一劳三月廿日

城仓令史徐谭中功二劳二月五日

删丹令史成功并中功一劳三岁十一月二日

北部库啬夫□□中功一劳三岁十月廿日

73EJT30：30A

赐劳 （以上第一栏）

能书、会计、治官民颇知律令。文

应①令（以上第二栏）

居延鸣沙里。家去大守府千六十三里。

为吏五岁三月十五日

其十五日河平元年、阳朔元年病，不为劳（以上第三栏）

产居延县 居延县人（以上第四栏）EPT50：10②

这份"功将"除了个人能力的描述"能书会计、颇知律令、文"，以及籍贯、家庭住址外，最主要的就是徐谭个人的工作成绩与履历，包括额外奖励（增劳）与病假（夺劳），这些全部转换成了功劳年月数字（中功一劳二岁），便于和同秩级的其他官吏比较，在出现官缺时可以按照功劳的多少确定补授的人选（即所谓的"以功次迁"）。甘肃金塔县的A32遗址发现的两枚木牍就抄录不少官吏的功劳：

1.
□都尉属陈恭中功一劳　　北部司马令史乐音中功
三岁十月　　　　　　　　一劳三月廿四日

---

① "应"字原释作"迁"，据邬文玲《居延新简释文补遗（四则）》改，收入《出土文献研究》第十七辑（2018），第292—293页。
② 张德芳主编，杨眉著《居延新简集释》第二卷，兰州，甘肃文化出版社，2016年，第241页。释文均认为此简分为上中下三栏，郭伟涛发现应分为四栏。核图版，所言甚是，谨谢！

□计。BⅠ

年卅六。BⅡ

户计。CⅠ

可直司空曹。DⅠ　8-269

又如:

冗佐上造临汉都里曰援,库佐冗佐。AⅠ

为无阳众阳乡佐三月十二日,AⅡ

凡为官佐三月十二日。AⅢ

年卅七岁。BⅠ

族王氏。BⅡ

为县买工用,端月行。CⅠ 8-1555

库六人。8-1555背①

汉代相关资料更多,这里仅举相对完整的几例。西汉张掖郡居延都尉所辖的甲渠候官遗址(A8)出土的隧长徐谭个人的"人事档案":

居延甲渠候官第十燧长公乘徐谭功将

中功一劳二岁

其六月十五日河平二年、三年、四年秋试射以令

---

① 陈伟主编《里耶秦简牍校释》第一卷,武汉,武汉大学出版社,2012年,第125—126、357页。

卖""监督物品的出贷和授予""巡守'庙'及堤坝""举报官吏的不当和违法行为""户籍管理与人口的入籍"等①,周而复始的例行事务都被《编年记》的作者一笔勾销了。

最初"压缩"琐碎重复例行工作的还不是《编年记》的作者,而是当时的官吏管理制度。当时记录官吏工作情况的"阀阅"中,所有任职期间的例行工作均按照统一的标准——工作一天＝一天劳、四年劳＝一功——转换成功劳数据,得以标准化,形成可以相互比较的序列,甚至在跨郡范围内,将官吏的工作情况实现了序列化,为管理官吏的升迁、降黜、调转奠定了基础。这一过程中,无论工作内容为何,除非军功或额外的奖励或各种原因的夺劳,都可以兑换为标准的功劳,其代价便是例行工作被标准化,被冷冰冰的功劳数字所取代。里耶秦简中发现了迄今最早的"阀阅":

资中令史阳里钿伐阅：AⅠ

十一年九月隃为史。AⅡ

为乡史九岁一日。AⅢ

为田部史四岁三月十一日。AⅣ

为令史二月。AⅤ

---

① 相关研究,可参刘晓满《秦汉令史考》,《南都学坛》2011年第4期,第14—19页;朱红林《史与秦汉时期的决狱制度》,《社会科学辑刊》2017年第1期,第150—155页;汤志彪《略论里耶秦简中令史的职掌与升迁》,《史学集刊》2017年第2期,第30—37页;王斌帅《秦汉县廷令史研究》,硕士论文,东北师范大学历史学院,王彦辉指导,2017年;鲁家亮《里耶秦简所见秦迁陵县的令史》,《简牍学研究》第七辑(2018.9),第28—55页。

始皇，未成。不消说，《编年记》的编写带有高度的选择性，用意亦明确，即渲染与烘托秦国与秦朝的战绩。

不只是大事值得关注，大事依托的时间框架同样值得注意。从秦昭王元年到秦始皇三十年这样一个以秦王在位年数为基准的线性时间序列的使用，为国之大事与家庭大事确立了足以嵌入与对照的标准，实际所掌握的时间划分精确到月、日与时。空白的年份虽多，这种序列的存在与使用，为跨地域发生的各种事件形成序列创造了框架，事件因此而交汇。除了自己生活的安陆及周遭的南郡，大事中出现的诸多地名的确切方位，喜未必清楚，但这无妨。一连串"攻"与"陷"彰显了秦国所向披靡的辉煌，同时，也将个人的生命史与秦国的开拓进程编织在一起，家庭记事中不只是个人出生、死亡的记录，还有"喜"个人"傅"、"自占年"、"揄史"、任吏与"从军"的一连串记录，无论置身何处。喜虽生于楚地，生来便是秦人，担任的均是秦吏，国/家/喜个人经历的交织，无声地塑造/传达了他的认同与态度。

纳入《编年记》的大事都是经过挑选的，挑选者不只是喜或其家人，也包括了未出场的官方。对照最右侧一栏，不难发现与《史记》记载上的差异。就个人而言，也只是记入人生标志性的数件大事，当然，除了生死，多半与秦国的制度，及其个人仕宦经历难舍难分。内容的空白并不意味着无所事事。根据2002年湖南龙山县里耶镇出土的里耶秦简，主要是秦朝洞庭郡迁陵县的官文书，一名县令史日常承担的繁杂工作大致可见，包括"校雠、解释文书""监督官府买

续表

编号	国之大事	家庭记事	《史记》中秦国记事
35-2	【廿八年】（前219），今过安陆（第二次出行）		东巡、南巡，封禅于泰山，遣徐市入海求仙
36-2	廿九年（前218）		东巡，张良遣人刺杀，不成
37-2	卅年（前217）①		

根据学界对比研究，"国之大事"的性质与来历，可能是《秦记》②。"国之大事"发生地最远在武安（今河北武安），距离"喜"生活的南郡颇为遥远。字迹上看，从昭王元年到秦王政十一年的大事，大概是一次写成的③，不是墓主人"喜"或其家人自行收集整理的，乃是从官方编撰的编年类简帛文献中分两次抄录的。直到喜去世，秦朝尚未覆灭，故这种抄录的编年记呈现的是秦朝官方心目中的"大事"，洋溢着成功者的乐观，攻城略地，凯歌行进，是从胜利走向胜利的记录。那些偶见的败仗，都不见收入其中，如秦昭王五十年，白起被杀，魏公子无忌救赵，大败秦军，就全没了踪影，只记录了"攻邯郸"。还有不少预示了秦不得人心的"事迹"亦被排除在外，如秦始皇二十年发生的荆轲刺秦王，以及二十九年东巡中张良遣人刺杀秦

---

① 录文据陈伟主编《秦简牍合集》第一辑，壹，上册，武汉，武汉大学出版社，2014年，第8—11页。
② 详参陈伟主编《秦简牍合集》第一辑，壹，上册，第6—8页。
③ 同上书，第6页。

续表

编号	国之大事	家庭记事	《史记》中秦国记事
24-2	十七年（前230），攻韩		韩亡
25-2	十八年（前229），攻赵	正月，恢生	
26-2	十九年（前228），□□□南郡备敬（警）		
27-2	廿年（前227），韩王居□山	七月甲寅，妪终	燕太子丹使荆轲刺秦王不中
28-2	廿一年（前226），韩王死。昌平君居其处，有死□属		
29-2	廿二年（前225），攻魏梁（梁）		魏亡
30-2	廿三年（前224），兴，攻荆，□□守阳□死。四月，昌文君死		
31-2	【廿四年】（前223），□□□王□□		楚亡（或曰二十三年亡）
32-2	廿五年（前222）		燕亡、赵亡
33-2	廿六年（前221）		齐亡，天下一统
34-2	廿七年（前220）	八月己亥廷食时，产穿耳	北巡，治驰道于全国

三、日常的意味（下） 097

续表

编号	国之大事	家庭记事	《史记》中秦国记事
11-2	【四年】（前243），□军	十一月，喜除安陆□史	
12-2	五年（前242）		秦攻魏，取酸枣等二十余城，初置东郡
13-2	六年（前241）	四月，为安陆令史	楚、赵、魏、韩、卫五国合攻秦，败于秦
14-2	七年（前240）	正月甲寅，鄢令史	
15-2	八年（前239）		
16-2	九年（前238）		
17-2	【十年】（前237）		
18-2	十一年（前236）	十一月，获产	
19-2	十二年（前235）	四月癸丑，喜治狱鄢	
20-2	十三年（前234）	从军	
21-2	十四年（前233）		
22-2	十五年（前232）	从平阳军	燕太子丹为质于秦，自秦亡归
23-2	十六年（前231）	七月丁巳，公终。自占年	秦初令男子书年

续表

编号	国之大事	家庭记事	《史记》中秦国记事
52-1	【五十二】年（前255），王稽、张禄死		
53-1	【五十】三年（前254），吏谁从军		
1-2	五十四年（前253）		
2-2	五十五年（前252）		
3-2	五十六年（前251），后九月，昭死	正月，遬（速）产	
4-2	孝文王元年（前250），立即死		
5-2	庄王元年（前249）		吕不韦为秦相，秦攻韩，取成皋、荥阳，置三川郡
6-2	庄王二年（前248）		秦攻赵，得三十七城
7-2	庄王三年（前247）庄王死		嬴政立，事皆决于吕不韦
8-2	今元年（前246）	喜傅（17岁，成年登记手续）	秦开凿郑国渠，秦益富饶
9-2	二年（前245）		
10-2	三年（前244），卷军（魏地，河南原阳西）	八月，喜揄史	

续表

编号	国之大事	家庭记事	《史记》中秦国记事
42-1	卅二年（前265），攻少曲（韩地，河南济源东北）		
43-1	【卅三年】（前264）		秦白起伐韩，拔九城
44-1	卅四年（前263），攻大（太）行（韩国境内太行），□攻		秦攻韩取南阳（一说南郡）
45-1	卅五年，攻（前262）大野王（韩地，河南沁阳）	十二月甲午鸡鸣时，喜产	
46-1	卅六年（前261），攻□亭		赵将廉颇拒秦于长平
47-1	卅七年（前260），攻长平（赵地，山西高平西）	十一月，敢产	赵使赵括代廉颇，秦白起大破赵军，坑四十五万人
48-1	卅八年（前259），攻武安（赵地，河北武安西南）		秦攻皮牢，定太原、上党，攻赵邯郸
49-1	【卅九年】（前258），□□□		
50-1	【五十年】（前257），攻邯单（郸）（赵都，今河北邯郸）		秦杀白起，魏公子无忌救赵，大破秦军
51-1	五十一年（前256），攻阳城（韩地，河南登封东）		攻赵取二十余县，诸侯大震

续表

编号	国之大事	家庭记事	《史记》中秦国记事
31-1	卅一年（前276），□		
32-1	卅二年（前275），攻启封（魏地，河南开封西）		
33-1	卅三年（前274），攻蔡、中阳（魏地，河南上蔡西南、中牟西）		
34-1	卅四年（前273），攻华阳（韩地，河南新郑北）		
35-1	卅五年（前272）		
36-1	卅六年（前271）		
37-1	卅七年（前270），□寇刚（齐地，山东宁阳东北）		秦灭义渠，有陇西、北地、上郡，筑长城以拒胡
38-1	卅八年（前269），阏舆（赵地，山西和顺，秦败）		
39-1	卅九年（前268），攻怀（魏地，河南武陟西南）		
40-1	卌年（前267）		
41-1	卌一【年（前266），攻邢丘】①（魏地，河南温县东）		

---

① 【】括号内的文字原简残，据文例、字迹补。下同。

续表

编号	国之大事	家庭记事	《史记》中秦国记事
19-1	十九年（前288）		秦拔赵桂阳
20-1	廿年（前287）攻安邑（魏地，山西夏县西北）		
21-1	廿一年（前286），攻夏山（韩地，不详）		
22-1	廿二年（前285）		
23-1	廿三年（前284）		
24-1	廿四年（前283），攻林（魏地，河南尉氏西）		
25-1	廿五年（前282），攻兹氏（赵地，山西汾阳南）		
26-1	廿六年（前281），攻离石（赵地，山西离石）		
27-1	廿七年（前280），攻邓（楚地，河南邓县）		
28-1	廿八年（前279），攻□		
29-1	廿九年（前278），攻安陆（楚地，湖北云梦、安陆）		秦白起攻楚，拔郢，楚迁都陈，秦置南郡
30-1	卅年（前277），攻□山		

续表

编号	国之大事	家庭记事	《史记》中秦国记事
7-1	七年（前300），新城陷		攻楚，取襄城
8-1	八年（前299），新城归		楚怀王入秦，秦留之，楚立太子横，是为顷襄王
9-1	九年（前298），攻析（楚地，河南西峡）		秦伐楚，取十六城
10-1	十年（前297）		
11-1	十一年（前296）		秦归魏封陵，楚怀王卒于秦，楚与秦绝
12-1	十二年（前295）		秦拔魏襄城
13-1	十三年（前294）攻伊阙〈阙〉（河南洛阳龙门）		秦伐韩取武始
14-1	十四年（前293），伊阙〈阙〉		
15-1	十五年（前292），攻鏧〈魏〉		
16-1	十六年（前291），攻宛（韩地，河南南阳）		
17-1	十七年（前290），攻垣、枳（魏地，山西垣曲东南，河南济源南）		魏与秦河东地四百里，韩与秦武遂地二百里
18-1	十八年（前289），攻蒲反		秦伐魏至轵，取六十一城

"喜"家中的大事,是个难得的例子。《编年记》秦国的大事与"喜"小家庭的大事兼记,两项对照,可以分辨时人心目中何为国与家的大事。这些记录了当时人的看法,而《史记》的《秦本纪》《秦始皇本纪》与《六国年表》则体现了西汉初年人的认识,相互比对,微妙的差别值得玩味。下表四栏中,最左边一栏为简牍编号,其右一栏为《编年记》中记录的秦国大事(括号内加注的年代与地点今址,均为笔者补充),再右为"喜"家庭中的大事,最右边一栏为笔者根据《史记》补充的内容:

编号	国之大事	家庭记事	《史记》中秦国记事
1-1	昭王元年(前306)		
2-1	二年(前305),攻皮氏(魏地,山西河津西)		
3-1	三年(前304)		秦楚盟于黄棘,归楚上庸
4-1	四年(前303),攻封陵(魏地,山西芮城西南)		
5-1	五年(前302),归蒲反(魏地,山西永济西)		
6-1	六年(前301),攻新城(楚地,河南襄城)		定蜀

三、日常的意味（下）

岂止朝廷的史书如此，个人的日记、墓志铭、年谱、传记何尝不是如此。其中有本人的筛选，后人的筛选，等等，随着时间推移，没有笔录下来的逐渐散失、遗忘，记载下来的亦是有意无意挑选出来的内容。一个人如何走过人生路，众人如何创造历史，只能借助遗留下来的碎片去拼凑全图。其中消失最多的就是日复一日，循环往复的"日常"了。

4. "大事"与"琐事"：记忆/遗忘的机制

"常事不书"已见于《春秋公羊传》，这样一套机制乃是古已有之的老传统。1975年湖北云梦县睡虎地秦墓出土的竹简《编年记》（今称为"叶书"）①中记录的墓主人

---

① 按照李零的研究，则应称为"叶书（牒书）"，见氏著《视日、日书和叶书——三种简帛文献的区别和定名》，《文物》2008年第12期，第77—78页。

富汗肯定赶不上大清王朝①。这一场与鸦片战争几乎同时发生的战争,英阿对比悬殊,结果却出人意料。在阿富汗人面前,历史的必然多次失灵。

借助相对更接近历史现场的《起居注》,从道光十二年闰九月观察道光十八年到二十二年,看这几年的经历如何生成为"鸦片战争"的"历史叙述"。拉长镜头,尽可能贴近其中一个现场(以道光帝为中心的现场),顺时而观,从经历,到散落在时序中的记录,到分类事务(夷务),到事件,再到划时代的事件。对照清朝自身的"事件"生产机制,可以看到不同目的的驱使下,时人的经历与处置、事后诸人的思考、外人的叙述如何交汇,时人如何"失语",后人如何控制了历史叙述。"事件"如何从经历中脱颖而出,意义又是如何被不断增添、改变与筛减的,"事件"形成后又是如何变为一层返回历史现场的障碍的。或许尽可能地返回现场,返回日常,在日常事务的映衬下,对照后人的叙述,才能从根基处发现更多的声音,才能理解"事件"与"后设意义"是如何产生的。

---

① 感谢 2018 年 11 月 18 日"古代中国国家研究的新探索"工作坊上,曹寅教授提醒我注意英阿战争。关于英阿战争,可参"伊朗百科全书"中"英阿战争"条目,J. A. Norris, L. W. Adamec, "ANGLO-AFGHAN WARS," *Encyclopædia Iranica*, II/1, pp. 37 - 41。网址如下:http://www.iranicaonline.org/articles/anglo-afghan-wars。最近出版的一部译著,威廉·达尔林普尔(William Dalrymple)《王的归程:阿富汗战纪(1839—1842)》(*Return of a King: The Battle for Afghanistan*, 2013 年初刊,何畅炜、李飚译,北京,社会科学文献出版社,2019 年),亦是描述第一次英阿战争的。以及 Archibald Forbes, *The Afghan Wars: 1839 -42 and 1878 -80*, Luton, Bedfordshire: Andrews UK Limited, 2012。

遗憾的是，道光二十三年正月朔日至二十五年七月十日的日记不存。此后的日记中仅偶尔记录战事善后产生的涟漪，引起他注意的似乎只有交纳"抚夷费"了（分见道光二十五年十二月十一日、二十六年正月十日日记）。数年前困扰多时的战事，如夏季的蚊蚋，当时反复叮咬，让人痛苦难堪，秋凉之后，不再扰人，往日的烦恼，也就丢得一干二净。

清代的资料，我了解有限，应该还可以找到更多的资料，让我们切近观察时人是如何看待这场战事的。

一种颇为流行的看法，认为此役不启，仅比较当时清军与英军的装备、后勤等等，就可知清军必败无疑。做些国际比较，宿命论的苍白便暴露无遗。目光往西略转，看看几乎同时的中亚小国阿富汗，在那里英军也和阿富汗人打了一场恶战，结束的时间也是1842年，获胜却不是头号殖民帝国，而是弱小的阿富汗！这是第一次英阿战争（1838—1842年）。此后数十年中，又发生过两次英阿战争（1878—1880年，1919年），结局相同，都是英军失败，最后承认了阿富汗王国的独立。稍具些地理知识就清楚，阿富汗东邻英国的殖民地印度，英军到阿富汗作战，不必扬帆渡海、劳师远顿，可比到中国要方便、迅速得多，唯一困难的就是阿富汗多山，冬季气候寒冷，英军不得不进行山地作战。要说实力与军队，还有国家的组织化程度，阿

（道光二十一年二月廿八日日记），对英吉利略知一二，并抄入道光二十一年正月四日（1841年1月26日）的日记，最后写道："向来粤东疆吏不加调察，思患豫防，可为浩叹。"清朝与英夷的战火从广东烧到浙江沿海，反反复复，有时甚至使他"愁绪万端，夜不得寐"（道光二十一年三月六日记）。夷船游弋，往来倏忽，清廷疲于应付，败仗连连，终未得要领。无望与无奈不时流露，他几次在日记中哀叹"然此事终不知作何了局也。忧心殷殷，愤懑欲绝"（道光二十一年五月廿一日）、"兹事何日是了耶"（二十一年七月廿五日）、"此事何日是了耶"（二十一年八月廿二日）。

《翁心存日记》这几年记事中关于战事的虽多，但也不能夸大战事的影响。除了道光二十二年五月十五日（1842年6月23日），听说英军破宝山，将溯江而上，逼近常熟，迫使翁心存携家眷外逃避难，至九月朔日（10月4日）返城，生活丕变。此间英夷近在眼前，三个多月担心大患将至，日记中"夜不能寐""如何如何""奈何奈何"频见，情绪低落。其余不过是记录听闻，示其关切。读书、访友、待客、侍母、写家书、书信联络友朋、阅邸报了解官员迁转动态和科举乡试、会试、殿试的试题与结果等等占据了主要篇幅，英夷来犯的传闻穿插其间，和湖北出现的"贼匪"[①]一道构成家居生活的记忆。

---

① 分见道光二十二年正月二十日，二月六日、廿四日、廿五日、廿七日，三月朔的日记，《翁心存日记》，第二册，第500、502、505、506页。

辅导皇子读书。前一日决计回家奉养老母，拟好了奏折，命长子誊录，十日"丑正二刻诣宫门递折"，没想到那天道光要去黑龙潭神祠拈香，早朝早早结束，没赶上进奏。翁心存只得十一日晨待宫门开启后再次进奏，很快获得道光恩准，准其开缺，回籍终养。今人眼中的朝廷大事与翁心存个人生活中的转折，就如此凑巧相遇。随后的二十多天，到五月七日（6月28日）启程南归，他除了收拾行装，主要在与京城的各色官员话别辞行。可惜，十八年六月五日（7月25日），翁心存抵达江苏常熟祖居之后，到道光二十年正月旦间一年半的日记不存。

道光二十年三月廿六日（1840年4月27日）到二十二年十二月二日（1843年1月2日）的日记中，和战事有关的内容颇为不少。粗略统计，到二十二年五月十四日（1842年6月22日）外逃避战乱前一日，日记中至少有128天记录了与此役有关的内容[①]。听闻者居多，源于邸报的多半是官员调动的消息；来自商人的则是广东与福建的战事，虚虚实实，翁心存只是录闻，亦半信半疑[②]；也不乏亲身经历，甚至还曾向时任江苏巡抚的裕谦提出过长江防御的具体建议（道光二十年六月中，见九月朔日的日记）。他还先后读过明人郑若曾撰写的《筹海图编》（道光二十一年正月六日日记）、杨炳南的《海录》与《海防全图》

---

① 据《翁心存日记》第一、二册统计。
② 道光二十一年四月廿二日："粤中文报久未通，闻初已通商，因奉严旨切责，乃止，现尚未知如何，而商贾传来消息，似皆未真也。"《翁心存日记》，第二册，第450页。

表》等等编年类著作,会充实更多的内容,但依然属于按照一定标准择取后的作品。

清朝存留的资料丰富而多元,便于让我们贴近现场来观察过去是如何形成的,同时,通过不同史书的对照,也可以发现各种记载是如何形成的,其中收录了什么,筛掉了什么?让我们看清"日常"如何逐渐从记载中刊落,"大事"又是如何制造出来的。

这一问题还可从更多的角度观察。翁心存(1791—1862),清道咸时期的名臣,翁同龢之父,道光二十年(1840年)元旦至二十二年(1842年)十二月廿九日,正好在江苏常熟奉亲家居。他保存下来的日记中有不少涉及战事的传闻,和战事有关的人事安排、军事调动,以及英军进入长江后如何避患外逃,记录下一位暂居乡里的官员眼中的清英战事。

道光十八年闰四月十日(1838年6月2日),鸿胪寺卿黄爵滋上奏,述鸦片泛滥带来的银价上涨危害,建议吸食鸦片者一年后仍吸食"俱罪以死论",道光帝下令将军及直省督抚"各抒所见,妥议章程,迅速具奏"[1],是清朝与英国鸦片之争中的一个关键性日子。对翁心存来说,也是他仕宦中的一个拐点。此时他正任大理寺少卿,并直上书房,为道光六子,即后来的恭亲王奕䜣的老师[2],每天在圆明园

---

[1]《清宣宗实录》卷三〇九"道光十八年闰四月辛巳",《清实录》第37册,第811页下—812页上。
[2]《清史稿》卷三八五《翁心存传》,第11679页。

二日,"谕旨琦善奏查明天津海口无庸复设水师一折"条①,琦善的上奏具体意见与建议为何,均不详,只能据标题知其主旨,无法对照了解君臣之间在处理奏折或题本呈送的事务上的互动,无形中放大了皇帝的作用。《实录》亦是如此。当时能够读《实录》的主要就是皇帝,他所看到的也只是先皇如何处理各种事务,看不到大臣奏折中汇报的事务本身,尽管很多事务他也会不断遭遇,他却无法从相对更接近原貌的往复叙述中体察先皇如何应对,捕捉其治国的智慧与失误。缺乏了细节的抽象事由与丧失了语境的应对只会突出先皇的作用,却难以让后代君主学到如何具体处理问题。与此相反,《筹办夷务始末》则网罗了大臣的上奏与皇帝的朱批、谕旨等,且标明了臣下奏折、折片与皇帝谕旨之间的呼应关系,君臣之间如何讨论相关事务一目了然,谕旨如何形成可以有比较清晰的了解。

到了《清史稿》本纪,简化得更严重。皇帝的谕旨更无踪影,只剩下一些大事按照时间的胪列了,每月内所记诸事之间充满了时-空上的间隔与跳跃,只是挑选出一些编纂者认为是大事的内容编排在一起。每件事只有短短一句话而已。当然,各种反复发生的日常活动已消失得无影无踪,只是在"志"或其他地方会提到。当然,后人编写的诸如《近代中国史事日志》《清史编年》以及《中外历史年

---

① 《清代起居注册·道光朝》第 27 册,第 15857—15858 页;《嘉庆道光两朝上谕档》第 37 册,第 520—521 页。

更为突出的变化体现在编写道光、咸丰与同治三朝《筹办夷务始末》上。这些应是与三朝《实录》一道编纂的，修成后存放在宫中备皇帝阅览，秘不外传①。《文宗实录》卷二一一，咸丰六年十一月乙卯朔，对《宣宗实录》与《宝训》告成，有颇为详细的记载，包括对参与编纂的大臣的赏赐。相形之下，《文宗实录》对于先此而完成的《筹办夷务始末》只字未提，除了参与其事的实录馆官员，获知此书存在的官员恐怕都很少。根据《进书表》而知，杜受田"面受谕旨"纂辑此书，很可能是口谕，咸丰六年九月编成，可见此事之低调。1930年此书才第一次影印出版。其中道光朝《筹办夷务始末》主要围绕"鸦片烟"来编排，实际也包含了少量其他内容，卷七七就有英国与清朝在西藏地区定界通商交涉的奏折与上谕。此书本非"史书"，不过是大臣们根据咸丰的谕旨，从朝廷收到的各种奏折、题本等等中按照特定主题（夷务）挑选出来，按照时间汇编的资料，并非历史实态的全貌，为后代皇帝处理夷务提供参考。因其主题明确，在鸦片战争成为一个研究对象后，自然就变为备受关注的史料，很早便影印公布，且出现了多种整理本、补编本。

值得注意的是，《起居注》只收录了皇帝的谕旨，大臣的奏折或题本只用一句话加以概括。道光十二年闰九月初

---

① 据张德泽介绍，同治朝《筹办夷务始末》得之于昭仁殿，100册；道咸二朝《筹办夷务始末》得之于景阳宫后殿学诗堂，160册，均为朱丝栏写本，见氏著《故宫文献馆所藏之清代外交史料》，《辅仁学志》8卷2期（1939.12），第157页。

计，就有27通之多。最多的一天记录有四通，如八月丁亥（六日）、戊子（七日）与甲午（十三日）三天。两者成书时间相差不到二十年，清廷，包括皇帝——从道光到咸丰——对这场战争的关注度却已然发生了不小的变化。

相较《起居注》，《实录》更突出了所谓的"大事"。上引该卷《实录》花费篇幅最多的，一是与英人交战、备战的各种事务，二是黄河水患，另外还有一些祭祀活动。很多日常工作，如引见官员之类踪迹全无，只保留了较高品级官员的任命。换个角度看，因编撰于咸丰朝，更多地看到了事务延展产生的后果，更能从结果（后见之明）的角度区分出何为"大事"、何为"细务"，形成"事件等级"，进而带着这种区分来编写前朝的《实录》，结果是更加远离了日常。

纂修《实录》，主要是为了帮助皇帝处理政务。乾隆时修的《国朝宫史·典礼·常日视事仪》便说，皇帝每天起床后进早膳之前，要"阅列朝《实录》《宝训》一册"。这也是希望嗣君能不断返回祖先，从祖先处汲取经验与力量，更好地治理天下。道光十二年九月初二日那天，《起居注》便记载道光帝恭阅《世宗宪皇帝实录》关于培训各部院官员熟悉河务的谕旨，感觉值得继续施行，要求"检查旧案，当时行之几年，何时停止？其现在可否循照旧章，捡员派往之处"，"着大学士会同军机大臣妥议具奏"[1]，即是一例。

---

[1] 《清代起居注册·道光朝》第27册，第15853—15856页。有清一代皇帝如何利用《清实录》进行统治，详参谢贵安《清实录研究》第十一、十二章"《清实录》的经世致用（上）"与"（下）"，第567—679页。

纂《筹办夷务始末》，到了咸丰朝，皇帝对夷务的重视程度要远高于道光朝，编修《宣宗实录》涉及鸦片战争那几年的记事中，收录和战事有关的奏折谕旨占了多半的篇幅，与道光朝当时完成的《起居注》相比，变化极为明显。仅举一例，道光二十一年八月，《起居注》中收录的与战事有关的奏折谕旨只有五通：

> 八月初七日，闽浙总督颜伯焘奏厦门之战金门镇等处阵亡将领如何抚恤。
>
> 八月十八日，关于颜伯焘收复厦门后如何处理颜伯焘。
>
> 八月二十四日，对裕谦上奏的二十二日英军进攻定海，葛云飞等击退英军而"我兵一无损伤"，表示嘉奖的批示。
>
> 八月二十七日，裕谦奏定海失守，现先严守镇海一折的批示，裕谦交部，严加议处，阵亡总兵交部照例赐恤。
>
> 同日，同意山东巡抚托浑布奏请拨海防经费十五万两。①

仅对照一下《清宣宗实录》卷三五五"道光二十一年八月上"，前半个月内的记事中收录和战事有关的谕旨，粗略统

---

① 以上分见《清代起居注册·道光朝》第64册，第37473、37523—37524、37539—37542、37549—37552页。

清代起居注除严格记注顺序外,还对每件事载与不载、记载繁简做了专门规定。

起居注草本是由起居注官根据每日侍值时所记内容和各衙门的档册编纂而成,按月成册。一般是"例以上年之事,至次年分月排纂"。然后由总办记注官逐条查核增改,送掌院学士阅定,并由编纂官中"能文者"撰写前序后跋。草本定稿后,又须专派翰林院庶吉士缮写正本,并于册中骑缝处加盖翰林院印章,封存铁柜,待年终呈皇帝御览后交内阁大库作为档案保存,草本仍保存在翰林院。①

不过,因其最终定稿于次年,如学者所言"记载的事实与事件发生的时间不过数月或一年左右,基本上可以说是当时人修当时事"②,更能体现皇帝、众起居注官以及总办记注官等对当下发生的各种事务的态度。所有记录的内容可以帮助我们了解当时日常理政的大致轮廓。更为生活化的内容,则要到内起居注中去寻找。

《实录》则成书于嗣君即位以后。《宣宗实录》纂成于咸丰六年(1856年),《实录》修撰中会对档案进行简化、删削与舍弃③。正如在纂修《清实录》的同时,咸丰口谕编

---

① 夏宏图《清代起居注的纂修》,《档案学研究》1996年第3期,第29—30页。
② 同上文,第30页。
③ 修纂过程与如何改写档案,参谢贵安《清实录研究》,上海,上海古籍出版社,2013年,第206—212、128—138页。

还是来看看清代历史。经历之后，当时遗存的资料之外，剩下的便是记忆，只有书写下来，记忆才会长久保留，书写则经历后人的多重筛选与编织。随着资料的加工，"日常"不断隐没，最终出现在后人史学叙述中的便是以"宏大叙事"为主轴的史学。

中国第一历史档案馆以及台北故宫博物院、"中研院"史语所收藏的清宫档案，是最接近历史现场的资料。这些原本是当时大臣上奏皇帝的文书，以及皇帝批示（谕旨），还有各个衙门工作中形成的文书。从不同角度去观察，可以看到清朝皇帝以及朝廷诸多机构如何工作、处理过哪些事务等等。档案也有残损，因其是在历史过程中作为当事人活动痕迹而遗留下来，保存至今，未加处理，保留原始状态最多，最接近当时的历史实态。要揭示统治的实态，此中的信息最直接、最丰富。

《起居注》由起居注官逐日记录，记录每天的主要活动，包括皇帝下发的谕旨（但抄录的并非全部），按月装订成册（雍正后改为每月两册）。因抄录有选择，故带有加工的成分，相对于档案，已经掺杂了众起居注官以及负责审查的官员，乃至皇帝的取舍。据学者研究：

> 纂修起居注时，起居注官以每日侍值时所记内容为基础，然后根据各衙门的档册，按谕旨、题奏、官员引见等顺序进行补充，编纂成草本，并书名年月日及当值官姓名。

的杰出史家，同时也是反对王安石变法的政治家，更多的生平，今人恐怕就不甚了了。对不曾生活在宋代的人而言，他撰写此书时的结衔，通俗地讲，担任的官职，就是一道复杂难解的谜题，看上去令人如坠五里云雾。姑且看下卷七五上所录：

> 翰林学士兼侍读学士朝散大夫右谏议大夫知制诰判尚书都省兼提举万寿观公事柱国河内郡开国侯食邑一千三百户食实封二百户赐紫金鱼袋臣司马光①

结衔长达六十字。分析具体官职最早出现时代，从战国（如柱国）到宋代（如侍读学士）皆有。性质亦颇复杂，有差遣、有经筵官、有文散官、有本官、有内祠官、有勋官、有爵位，等等。相互叠加，表达的含义亦相当微妙，今天即便是研究宋代以外历史的学者，若非查阅龚延明先生的《宋代官制辞典》一类的工具书，亦无从知其底蕴。而对生活在北宋后期以降的官吏士人来说，胸中有官制全局，则属于"常识"，一望即可知此人在官僚队伍中的位置、俸钱多少，及与皇帝的关系。这种"现场感"是生于宋代以后直至今天的人所缺乏的。今天即便专治宋史，不经过专门训练，也难以部分具备这种"现场感"而读懂官衔的丰富含义。

---

① 《资治通鉴》卷七五，点校本，第6册，北京，中华书局，1956年，第2365页。

石膏填补空缺，复原出完整的陶罐。带有时代特点的陶罐，就相当于当时的"常态"。考古学家可以借助墓葬出土的完整陶罐获得参照，钻研故纸堆的史学家就没那么幸运，要返回过去，重新获得历史现场感，并不容易。传世文献既是便利，又是障碍，宛如横在古今之间的磨砂玻璃，透过它们可以看到一些过去的景象，却又模糊斑驳，有时甚至还带有一些歪曲与变形。道光帝生活的时代并不遥远，保留至今的资料尚多，重建他的日常世界，并不困难。越邈远，越艰难。尤其在那些可用资料主要是传世文献的时代。

吕思勉便指出："须知'常事不书'，为秉笔者的公例。……这是因为著书的人，总得假定若干事实为读者所已知，而不必加以叙述，如其不然，就要千头万绪，无从下笔了。"尽管如此，他还是希望在了解"特殊事实"之外，能再现历史上的"一般状况"，即"综合各种事情而推想出来的，并不是指某一个人或某一件事"，所谓"重常人，重常事"，内容则分为物质状况和社会状况[1]。吕思勉所说的"一般状况"有点类似于社会学统计中的"均值人"，实际带有很大的欺骗性[2]。

例言之，《资治通鉴》的作者司马光，是今人耳熟能详

---

[1] 吕思勉《历史研究法》"五、现代史学家的宗旨"，《吕著史学与史籍》，第20、22、23页。
[2] 关于"中值"的反思，可参叶启政《实证的迷思：重估社会科学经验研究》第三、四章，北京，生活·读书·新知三联书店，2018年，第143—241页。

将"大事件"置入"小事件"中，同时解明两者之间的关系。此其一。

其二，从另一角度观察，上述问题的出现，纵与目的论立场的观察、不自觉地陷入后见之明的诱惑有关，同时平时接触的各类文献亦很大程度上捆住了读者头脑，不能不加以反省。无论是传世的正史中的本纪、列传，还是出土的墓志铭，乃至个人日记，甚至包括《起居注》和《实录》，可以说都继承了《春秋公羊传》"桓公四年"中"常事不书"的说法。《春秋》"桓公四年"："春正月，公狩于郎。"当时春夏秋冬四时皆有田猎，名称各不相同，《春秋》一般不记这类反复发生的活动，所以《公羊传》说"常事不书"，接着又指出："此何以书？讥。何讥尔？远也。"何休解诂说："以其地远。礼，诸侯田狩不过郊。"因为桓公当年在郎地狩猎，距离国都远，不合礼制，故史家特别记录下来，以示讥讽。依此，史书记下的大都是各种各样的变动与异常，从人事、生平到天象。不过，最初记录的史家生活在当时，自然对何为"常"、何为"变"了然于心，但他们记录下"变"时，是以经历或现实中的"常"为背景与衬托的。岁月流逝，人事代谢，千百年后，生活的"常态"已悄然变化，所欲揭示的时代的资料亦残存无几，后人已不再具备那个时代的"现场感"，只能借助多重筛选后遗留下来的资料来重建过去，如同用同一地点、同一地层出土的碎陶片去复原陶罐。只有我们知晓了那个时代的那类陶罐形态如何，才能根据碎片轮廓相互拼合，并用什么是"事件"、为何成为"事件"却不是不言而喻的,需要先仔细考虑。是基于目的论而建构的如罗马建城这样的"大事件",还是日常中反复出现的"小事件"(事务)?"事件"之间是否存在某种等级制?"鸦片战争"何以将诸多"小事件"聚合提升为"大事件"?成为"大事件"的意义是什么?如何去认识笼罩在"鸦片战争"下的诸多事件与其他同时发生的事件,以及后来发生事件之间的关系?一连串的问题,都值得深思。

● **不同的记述、不同的画面**

什么能成为"事件",无法脱离时人、后人看待过去的立场与角度。确如学者所指出的,不同的"事件"观背后耸立的是不同的史观:英雄社会与英雄史观/平民社会与平民史观①。前者与中心辐射模式以及实证史学有直接的联系,后者产生于1750—1850年代的苏格兰,构成欧洲历史学与社会学因果分析的基石。回到中国历史,我们无法否认英雄人物的作用,但亦绝不能无视/轻视普通人的力量,大事件也好,小事件也好,均需纳入视野,两者兼顾,且揭示两者之间关系的"事件"观与分析,恐怕是必需的。当下,对学界而言,占据主流的是所谓"大事件因果关系"的分析,需要返回日常世界,发现"小事件"的意义,并

---

① 吕思勉便已注意到"既然偏重政治,则偏重战事和过度崇拜英雄之弊,必相因而起","过分偏重军事,则易把和平时代跳过了","过分崇拜英雄,……大家觉得只要有一个英雄出来,就一切问题都解决了,而忘却自己应负的责任"。见《历史研究法》,收入《吕著史学与史籍》,第16、17页。

布迪厄同样高度重视"日常生活"的作用，提出的"惯习"概念，就包容了相当多的日常行为与知觉图式[①]。一方面，结构与日常、人的例行化活动与意识之间的关系不断得到梳理与清晰化；另一方面，"事件"的内涵也在发生转向，从"大事件"降解为"小事件""日常事件"，埃里克松的分析与李猛的研究，为重新理解"事件"内涵与历史叙述提供了基础[②]。古人所说的"事务"就是"小事件"中的一类，亦属于吉登斯所言的"惯例"，只是观察的角度有别。反复出现的事务连接了皇帝、官吏、百姓与规则，处理事务的过程即是几方互动的过程，同时又通过成规将当时与过去衔接起来，并不断伸展到未来，王朝因此而向前延续。将"鸦片战争"还原为日常状态下的系列"小事件"，可以让我们从不同的视角、不同的组合方式，以及更加多元的角度去观察那个时代。

现在要完全抛弃"事件"这个概念恐怕不太容易，但

（接上页）基"，"（日常生活的惯例与社会组织的各种制度形式）两者彼此介入对方的构成过程中，同时也都的确介入了行动中的自我的构成过程。所有的社会系统，无论其多么宏大，都体现着日常社会生活的惯例，扮演着人的身体的物质性与感觉性的中介，而这些惯例又反过来体现着社会系统"，"制度形式的固定性并不能脱离或外在于日常生活接触而独自存在，而是蕴含在那些日常接触本身之中"，"在联系转瞬即逝的日常接触与社会再生产，并就此联系日常接触与表面上具有'固定性'的制度方面，日常接触的例行化过程发挥了重大作用"，同上书，第43、102、144、148页。

[①] 其观点的主要内容，见皮埃尔·布迪厄、华康德《实践与反思——反思社会学导引》。
[②] Björn Eriksson, "Small events-big events: A note on the abstraction of causality," *European Journal of Sociology* 31.2 (Dec., 1990): 205-237; 李猛《迈向关系/事件的社会学分析：一个导论》，《国外社会学》1997年第1期，又收入谢立中主编《结构-制度分析，还是过程-事件分析？》，北京，社会科学文献出版社，2010年，第62—76页。

社会，但毕竟面积有限，库克船长率船两度抵岛，足以成为改变传统社会构造，同时实现文化再生产的重大事件。对当时当地身处不同位置的夏威夷人而言，具有不同的意义。1838—1842年清朝与英国之间的一连串战事，在当时却不能说已经具备了类似的意义。这种意义的获得，来自事后更晚时期人们的构建。缘于中国领土广袤、人口众多、信息传播渠道的限制，很多事件即便在当时便被赋予了重大意义，亦须考虑具体的人，难以一概而论。公车上书、戊戌变法失败、废除科举、清帝退位与民国建立，这些时人确能感知的重大事件，所谓"时人"所指亦需要细究，无法泛泛而谈。对刘大鹏们、阿Q们的意义，与对维新派、革命派、士人、清廷大吏的意义显然有别。中国这样一个广土众民且高度分化的国家，再生产的机制远比夏威夷社会复杂，萨林斯的分析只是补充了一种超越对立而观察"事件"的角度。

更为晚近的社会学家们则力图突破传统的宏观社会学/微观社会学之间、结构/个人之间的对立，将结构与日常生活联系起来，这种思路其实等于取消了传统史学眼中的"事件"。英国社会学家安东尼·吉登斯便提出"日常生活的结构化"的观点，强调了例行化（routinization）和形成结构之间的紧密关系①；法国社会学家、人类学家皮埃尔·

---

① 安东尼·吉登斯《社会的构成：结构化理论大纲》，第42—43、46、102页。如吉登斯所言"惯例（routine）（依习惯而为的任何事情）是日常社会活动的一项基本要素"，"各种活动日复一日地以相同方式进行，它所体现出的单调重复的特点，正是我所说社会生活循环往复的特征的实质根（转下页）

的更长期的结构①,诸如作为众所周知不断重复的统治之基础的制度形式与权力模式,生产力与生产关系,给定的地理与空间因素——它们长期来看使日常生活趋于稳定或可能唤起政治冲突局势,而这些在历史过程中彼此类似或重复;还有行为的有意识与潜意识模式——既为制度所决定,亦反过来形成其制度;也包括风俗与法律体系,甚至还有生殖行为。作者强调这些结构时间维度上的特点是同一事物的重复,尽管长期或中期看,事物的变化也在不断累积②。被收纳到"鸦片战争"中的那些事件散布在清王朝构造的不同部位中,与其他事务本交织共存、相互渗透与转化。

人类学家萨林斯则提出了另外一种处理事件与结构关系的思路。他透过分析1778、1779年英国人库克率领帆船两次到达夏威夷群岛的遭遇,反思西方社会科学中结构/历史的关系,发现了结构中的内在历时性与生成性,借助这场遭遇以及库克船长被杀,揭示事件如何改造了夏威夷人传统社会的结构(惯习),实现了文化的再生产,以及个人/集体、现实/理念、变/不变、过去/现在等等二元对立的荒谬③。夏威夷人拥有国王,存在头人,是个等级分化的

---

① Reinhart Koselleck, "Concept of Historical Time and Social History," p. 124.
② Reinhart Koselleck, "Concept of Historical Time and Social History," pp. 124 - 125.
③ 马歇尔·萨林斯(Marshall Sahlins)《历史之岛》(*Islands of History, Historical Metaphors and Mythical Realities*),1985年初刊,蓝达居、张宏明、黄向春、刘永华译,上海,上海人民出版社,2003年。感谢刘永华兄提醒我注意萨林斯的研究。

兰克时代的"一切历史都是政治史",到布罗代尔提出的著名的三个时段说,将结构与事件对立起来,并将事件贬为"瞬间即散的尘埃",认为"它们像短暂的闪光那样穿过历史。它们刚刚产生,旋即返回黑暗中,并且往往被人遗忘",他强调的是经济事件和这些事件的短期形势的链条,以及广义的政治事件、战争、外交条约、决定和内部骚乱等的链条[1]。作为"结构主义者",布罗代尔认为:"在历史的分析解释中,最后终于取得胜利的总是长节拍,……这种长节拍否定大量事件,否定所有那些它不能卷进它自己的水流中的并且被它无情地排开的事件。"[2] 布罗代尔尽管轻视事件,但还承认一些事件可以卷进水流,不过,事件在水流、在长节拍面前,是无力且被动的。像布罗代尔这样轻视事件的史家,社会史流行的时代应该很多。也有史家接受了他对时间的析分,对于事件/结构的关系并没有走得那么极端,科塞雷克便指出"事件与结构的层次依然内在依赖","事件与结构内在彼此关联,但此无法还原为彼"[3],即是承认历史中两者各自的意义,无法相互取代与演绎。科塞雷克所说的"结构"(structures)除了事件的历时性结构之外,还包括了在时间维度上的特点表现为重复

---

[1] 费尔南·布罗代尔(Fernand Braudel)《菲利普二世时代的地中海和地中海世界》(*La Méditerranée et le monde méditerranéen à l'époque de Phillppe II*)下册,1949年初刊,唐家龙、吴信模等译,北京,商务印书馆,1998年,第416、417页。
[2] 同上书,第984页。
[3] Reinhart Koselleck, "Concept of Historical Time and Social History," in *The Practice of Conceptual History: timing history, spacing concepts*, pp. 125 - 126.

嘉庆朝以后编纂的九部均有刊本，还有五部清代未曾刊印①。

构成 25 部方略（或纪略）记述对象的，只限于清朝获胜的战事，而像与英国的交涉和战事，尽管咸丰朝编辑了《筹办夷务始末（道光朝）》，却秘而不宣，只留在宫中备皇帝个人参考②。一显一隐相互映衬，清廷在选择、编撰与刊布这类著作时"成王败寇"的事件构建意识，颇为明显③。20 世纪以降，将 1838—1842 年这段清廷讳莫如深的往事作为"重大事件"突显出来，已经是另外的立场在发挥作用了。

作为事件史的"鸦片战争"背后是整个清王朝的历史，某种意义上，可以从事件/结构之间关系的角度来认识。从

---

① 参姚继荣《清代方略馆与官修方略》，《山西师大学报》（社会科学版）29 卷 2 期（2002 年 4 月），第 75—78 页；《清代档案与官修方略》，《青海师范大学学报》（哲学社会科学版）2002 年第 1 期，第 68 页。《方略》如何编纂，可参覃波《〈钦定剿平粤匪方略〉编纂研究》，《历史档案》1998 年第 4 期，第 90—95 页；以及氏著《清代方略研究》，北京，西苑出版社，2006 年，第 24—42 页，刻印情况，见第 76—108 页，25 种方略的名称、卷数、年代、内容等概况，见第 255—257 页。
② 戊戌变法时期，任总理衙门章京的张元济在给汪康年的信中讨论抄写同治朝《洋务实录》一事，此应即是《筹办夷务始末》，没有提到道光朝的，只是第 14 封信中说"《洋务实录》子培处有同治一朝，书约有百余册。咸丰朝则无，有光绪朝，子封云曾稍稍见之"，第 18 封信中说"吾兄书到，拟往取书，而子培忽而不肯，云此书前为康先生及卓如借阅，散失不少，至今言之，为之痛心"云云，见上海图书馆编《汪康年师友书札》张元济致汪康年函，第 14、15、18、20、33 通，上海，上海书店出版社，2017 年，第 2 册，第 1538、1541、1542、1568 页。子培乃沈曾植，亦为总理衙门章京，子封为曾植弟曾桐，卓如为梁启超。同治朝《筹办夷务始末》成书于光绪六年（1880 年），戊戌时预其事者，应有不少还在世，故可以找到原书，沈曾植处保存的，恐怕也是抄本。而道光朝与咸丰朝的恐因时代较早，且又是秘密编撰，后人并不知晓。感谢张勇教授提示此线索。
③ 编撰方略的特点是"一事一书"，目的是"宣扬皇朝的武功，渲染皇帝的睿智谋略，总结巩固政治统一的历史经验"，见姚继荣《清代方略研究》，第 109—153、210—213 页。

换个角度观察，其实，清朝本身并非没有"大事件"生产机制①。立国后百余年清廷开设"方略馆"，康熙朝至光绪朝，先后编纂大部头的官修方略达 25 种，且多抄录数本或公开刻印发行，每一部方略记述的对象，几乎都是有清一代的重大军事活动，如三藩之乱（《平定三逆方略》60 卷）、郑成功和清朝收复台湾（《平定海寇方略》4 卷）、中俄雅克萨之战（《平定罗刹方略》4 卷）、平定大小金川之战（《平定金川方略》《平定两金川方略》等）、太平天国（《剿平粤匪方略》420 卷，同治十一年刊）、捻军起义（《剿平捻匪方略》320 卷，同治十一年刊）、西北回民起义和击溃阿古柏（《平定陕甘新疆回匪方略》320 卷，光绪二十二年刊）等等，实际成为一种生产重大军事事件的方式。此举始于康熙二十一年（1682 年）八月，平定三藩之乱后，福建道御史戴王缙上奏，得到康熙认可，于是编纂了《平定三逆方略》②；到乾隆十四年（1749 年）正式设立"方略馆"作为常设机构，附属于军机处。按《钦定大清会典》（光绪朝）卷三规定"每次军功告蒇，及遇有政事之大者，奉旨纂辑成书，纪其始末，或曰《方略》，或曰《纪略》，皆由馆承办"，这是事后的总结。乾隆五十三年编纂《台湾纪略》（镇压台湾林爽文起义）以前的十部方略，收入《四库全书》，只有数个抄本存世，乾隆朝刊刻过《廓尔喀纪略》，

---

① 此问题得益于 2018 年 11 月 18 日清华大学召开的"古代中国国家研究的新探索"工作坊上，田耕兄的提示，谨谢！
② 《清圣祖实录》卷一〇四"康熙二十一年八月乙酉"与"戊子"，《清实录》第 5 册，第 50 页上、51 页上一下。

为何要以此作为标准？能区分吗？有从个人角度，顺时而观做出的区分，按照人生历程标记出的大事；也有站在更为宏观的角度，乃至从后见之明出发做出的划分。

这种观念乃至潜意识中的"事件等级制"，不过是现实生活中无处不在的"等级制"的观念映射。至少自西周以来，历朝历代，等级与阶级划分一向是构成人群的关键性方式，且扩散到各个方面，从身份地位、宗庙礼仪，到服饰车马、墓地规格，等等①。1949年以后，只是获得了名义上的平等，现实中各种等级差别依然随处可见：从城乡二元对立与户口制度上的城市户口、农村户口之别，到中央与地方，以及城市中工人、干部身份的不同，附着在干部等级上的待遇差别，男女退休年龄差别，学校、医院乃至寺庙对应的行政级别差别，颜值高低与工作好坏、收入高低之间的对应关系所建立的工作等级体系（如空姐/高铁乘务员所代表的高收入与高颜值之间的对应），等等。市场经济削弱了某些方面的等级制，但在另外一些领域，等级制反而获得了强化。这样一套既复杂又简单的逻辑随着日常生活的反复接触注入我们的思考中，成为关注过去时坚持"事件等级制"最隐蔽的基石。无意识中受其支配，则会不自觉地将那些等级高的人/事视为重要的，漠视那些居于等级体系低端的人/事。

---

① 这方面最为综合性的梳理，见瞿同祖《中国法律与中国社会》第三、四章"阶级"，1947年初刊，重印本，北京，中华书局，1981年，第136—249页。

些矛盾与摇摆，尤其是前一道还涉及任命新的河南巡抚与布政使。收与不收的标准既是模糊的，同时也是人为的与武断的。

这类事例不在少数，特别是有关战事的筹款，便很少收入《筹办夷务始末》[①]。按今天的想法，这些铁定都应属于战事范畴，没收恐怕与时人对夷务的理解有关。事与事之间，形式上在奏折、上谕中日期明确，书写载体上的物理边界分明，内容却相互牵连互渗，纠缠交叠，如同水中的水滴（water in water），难以清晰分出彼此；汇合成事务流，齐聚皇帝案头，应该是当时的常态，各地事态亦是如此。后人则按照特定的标准（复数的，各有各的标准），从中抽取，编织纳入各种有始有终、有边界的"事件"或"事件序列"中（如《筹办夷务始末》、"鸦片战争"或《清代职官年表》、清代财政史的叙述等等），并在事件发展的序列中获得特定的位置与等级。

有了标准，便按照距离标准的远近形成了核心与边缘、大事与细务之分，耸立背后的是"事件等级制"的观念乃至潜意识，即将面临的各种事情以标准为中心，通过衡量与中心的远近区分轻重，编制成重要程度不等的层级，这是历史研究中惯用的做法。值得追问的是，从什么角度、如何区分轻重？区分轻重的标准是什么？标准从哪里来？

[①] 如道光二十一年九月初二日针对裕谦奏请将部拨解闽军需改拨浙江一折的上谕，见《嘉庆道光两朝上谕档》第46册，第264页，又见《清代起居注册·道光朝》第64册，第37573—37574页，就没有收入《筹办夷务始末》与《鸦片战争档案史料》。

需要皇帝处理的事务，无论造成员缺的原因为何，道光都循成规任命。又如道光二十一年九月初五日，道光曾下了一道明发谕旨："牛鉴着署理两江总督，迅速驰驿前往，毋庸来京请训。河南巡抚着鄂顺安署理。河南布政使张晋熙前经奏准陛见，现在豫省事务殷繁，该员无论行抵何处，着即速赴新任，毋庸来京，钦此。"① 牛鉴自河南巡抚署理两江总督，接替阵亡的钦差大臣、两江总督裕谦。三天后，道光又下旨："牛鉴着补授两江总督，仍迅速驰驿前往，毋庸来京请训。"② 两道任命前后关联，均抄录入《清宣宗实录》卷三五七③。按照咸丰六年（1856 年）九月监修总裁官大学士文庆领衔的《筹办夷务始末进书表》的表述"凡有涉于夷务而未尽载入《实录》者，编年纪月，按日详载，期于无冗无遗"④，既然已入《实录》，便不应收入该书，实则不然。《筹办夷务始末》收录了后一道上谕，今人所编的与鸦片战争有关的档案史料与大事年表亦如此⑤。两个前后相连的任命是否与夷务/鸦片战事有关，在后人眼中却颇有

---

① 《嘉庆道光两朝上谕档》第 46 册，第 267 页；《清代起居注册·道光朝》第 64 册，第 37590 页；《清代军机处随手登记档》第 60 册，第 19 页。谕旨文字乃摘录，不完整。
② 《清代起居注册·道光朝》第 64 册，（道光二十一年）九月初八日己未，第 37609 页；《清代军机处随手登记档》第 60 册，第 35 页；又见《筹办夷务始末》（道光朝）卷三五，己未（九月初八日），第三册，北京，中华书局，1964 年，第 1296 页。
③ 分见《清宣宗实录》卷三五七"道光二十一年九月初五日丙辰"与"初八日己未"，《清实录》第 38 册，第 444 页下、448 页上。
④ 《筹办夷务始末》第一册，第 1 页。
⑤ 见中国第一历史档案馆编《鸦片战争档案史料》第 4 册，天津，天津古籍出版社，1992 年，第 238 页；萧致治编《大事年表》，收入氏著《鸦片战争与林则徐研究备览》，第 303 页。

限的认识。要想恢复鲜活的历史，回到历史现场，回到日常世界，恐怕是不得不采取的策略。只有这样，我们看到的才不只是几条躺在案上待人解剖的死鱼，而是流淌的活水及其中活蹦乱跳的鲜鱼。

当然，消失的远不止道光皇帝的生活，还有被视为与鸦片战争无甚关联的数亿百姓，以及众多未卷入这场战争的官员、兵弁的生活。史家笔下的历史穿梭、跳跃于事件与事件之间，拾掇相关史料，编织出种种线索，来充当种种观点的脚注。

● 事件如何形成？内部机制与后人的观察

实际上，这些被归入大事件的事务，并非与其他事务泾渭分明、截然分开的。前引《起居注》中八月初七日关于金门镇等处阵亡将领如何抚恤的谕旨后紧接着的一道谕旨"福建金门镇总兵员缺，着詹功显补授"，又按照出缺惯例补授，同日谕旨任命的还有两位：陈朝良补授江南苏松镇总兵、赖恩爵署理福建南澳镇总兵[①]。战事造成的总兵员缺与其他情况产生的总兵员缺相互交织，并无分别，都是

（接上页）到特定群体所持立场的过滤。"见华勒斯坦等著《开放社会科学：重建社会学报告书》（*Open the Social Sciences*），刘锋译，北京，生活·读书·新知三联书店，1997年，第98页。当然，若用海登·怀特的分类，"鸦片战争"的故事一定是悲剧性的。关于中国历史，特别是近现代史的叙述，见李怀印（Huaiyin Li）《重构近代中国：中国历史写作中的想象与真实》（*Reinventing Modern China: Imagination and Authenticity in Chinese Historical Writing*），2013年初刊，岁有生、王传奇译，北京，中华书局，2013年，第10—16页。

[①] 《嘉庆道光两朝上谕档》第46册，第242—243页；《清代起居注册·道光朝》第64册，第37470、37473页。

纵然提供了众多细节，也不足以帮助我们切近地认识那段往事。这种态度是用一种观察者同其对象之间的学究关系，代替了在行动者和实践之间存在的实践关系。用皮埃尔·布迪厄的话，这是一种"科学家群体的自我中心主义"，甚至可以说已经成为历史学的一种学科无意识，必须要连根拔起①。

一旦只戴着"鸦片战争"这副滤镜反观过去，丰富的日常多半已经从我们的视线中消失，剩下的只有对后世产生特定影响的事件系列，被史家挑选出来置于时空脉络中加以叙述②。我们也就只能从前因后果与过程去提供些有

（接上页）如能再打一个胜仗，则他们相去数千里，远隔重洋，不易再来第三次，时局就可望转机了。"吕氏评论："我们在今日看起来，可谓洞若观火，而在当日，号称开通的薛福成竟不能知，这也无怪其然。当日英、法的情形，自非薛氏所能洞悉。"吕氏所言，确是平情之论，见氏著《历史研究法》，1945年初刊，重印本，收入《吕著史学与史籍》，上海，华东师范大学出版社，2002年，第1—2页。

佐藤慎一侧重于"知识分子"，对此有更为充分的揭示，见氏著《近代中国的知识分子与文明》"序章：近代中国与知识分子"，1996年初刊，刘岳兵译，南京，江苏人民出版社，2006年，第3—13页。

① 见皮埃尔·布迪厄、华康德（Pierre Bourdieu and Loïc Wacquant）《实践与反思——反思社会学导引》（*An Invitation of Reflexive Sociology*），1992年初刊，李猛、李康译，邓正来校，北京，中央编译出版社，1998年，第106、102、44页。

② 如海登·怀特所说："史家面对一种已然构成诸事件的十足的混沌，他必须从中选取一些用来讲述故事的要素。他通过纳入一些事件，排除另外一些，强调一些而令其他事件从属于这些来创作故事。贯彻这种排除、强调与从属的过程为的是构成一种特殊类型的故事。这即是说，他赋予故事'情节'。"《元史学：十九世纪欧洲的历史想像》，第7页注释5，译文有改动。

社会科学家对此有更一般性的认识，否认了近代以来长期秉持的"客观性"与"中立性"，华勒斯坦（Immanuel Wallerstein）等指出："我们同意，所有的学者都必须根植于一个特定的背景之中，因而都不可避免地要利用各种前提和偏见，而这些前提和偏见会干扰他们对社会现实的感知和理解。从这个意义上来说，根本不存在什么'中立的'学者。我们也同意，对社会现实进行照相式的再现是不可能的。一切数据都是从现实中挑选出来的，这种选择要以某一时代的世界观或理论模式为基础，要受（转下页）

定期举行的各种仪式性活动)①，当下/过去的反复交织形成了王朝统治的"实态"，构成了今人所理解的"历史"。不理解依附于过去的复杂多向的"日常"，便无法理解当时的实态，亦无法理解为何会从失败走向失败。如德国史家科塞雷克（Reinhart Koselleck）所说："早期近代之前，未来不能带来根本的新东西乃是从经验中得出的一条普遍原则。"② 某种意义上可以说，正是这种面向过去、循规蹈矩的作风，使得时人很难正视当下，积极开动脑筋来主动思考与面对挑战，无法走出先例的羁绊。站在今人的角度指点江山，论证清军不开战即已不敌英军，是外在于历史现实的结论③，

---

① 关于此问题的简短说明，可参安东尼·吉登斯（Anthony Giddens）《社会的构成：结构化理论大纲》（*The Constitution of Society*），1984初刊，李康、李猛译，王铭铭校，北京，生活·读书·新知三联书店，1998年，第101—102页。当时处理政务时先例的作用，可见钱仪吉在《碑传集》"后序"中提到的一事：嘉庆二十一年江西漕项奏销册送与户部，其中所列名目有里民津贴银米一项，查部例没有此项开支，怀疑是小吏的"私征"，严词追问再三，只知乾隆以来漕督上奏中曾经提到过，雍正元年的谕旨中也曾提及作答。户部商议"以他省治漕皆是，顾行之已久，可无罢，宜如旧征，而以其岁入解部备他用"，恰好仪吉再莅云南司，从旧牍中发现乾隆末年的报部册中已有此项，持续了几十年未见驳诘，疑必有故，建议依旧处理为便。户部尚书遵从了仪吉的提议，更改奏稿，"解部之议寝"，便是因无部例产生的疑难问题，最终解决还是靠从旧牍中发现了未收入部例的先例。此事发生在道光三年，数年后，钱仪吉才在《赋役全书》中找到了依据。见所编《碑传集》第一册，北京，中华书局，1993年，第2页。
② Reinhart Koselleck (1923.4.23 – 2006.2.3), "Time and History," in *The Practice of Conceptual History: timing history, spacing concepts*, Trans. by Todd Samuel Presner and et al. Stanford: Stanford University Press, 2002, p. 111.
③ 从道光角度观察，中英战事已持续了近两年，他对英国、英军还是知之甚少，见道光二十二年（1842年）三月二十一日庚午（5月1日）收到奕经奏折后给军机大臣下发的谕旨，据《清宣宗实录》卷三六九，《清实录》第38册，第646页下—647页上。另外一例见吕思勉转述的薛福成的感慨，咸丰十年（1860年），僧格林沁打败了英法联军，薛福成有一篇文章记载其事，深表惋惜，说："咸丰八年，业经把英、法兵打败了，这一次（转下页）

所有发生的事情构成事务转述为文字，并在文字与以往的文字之间建立联系、求得对策的机制，处理过程中将当下与未来全部打包装入过去，装入几乎一成不变的"词汇"编制的应对方案中。二百年的历史实在悠久，列祖列宗经历过各种大风大浪，积累的成例太丰富，以至几乎无须思考，只要查查《方略》《会典》与《则例》，读读《实录》，就能找到现成的对策。那些文字一如所有的汉语，在时态的表达上颇为模糊，只要去读，就仿佛是为当下提供纾解难题的办法，过去/惯例＝日常，是左右现实最重要的力量。除了人事安排，一切事务与难题都可以在建立与过去文字的联系中找到答案。

过去并非"客观化"的、与当下无关的僵尸，它借助各种"例"仍然潜在地具有活力。把握前进方向的皇帝一次一次地谕旨"部议"或"照例"处理，连接起当下与过去，将埋入文字的过去激活，各种仪式、形式化的词语与表达，相袭已久的处理方式，都是如此。刊刻在典册中的文字，今人看来不过是些史料，没有生命，但在当时，意义却非如此，相当于操作手册。一旦被援引，便枯木逢春，立即再现生机。甚至可以说"日常"便是依附于过去词汇编织的网络而存在。一方面是单向的、朝向未来的线性时间的展开，无数问题扑面而来，另一方面则是不断地返回过去，将当下与过去连接，以及循环往复的成分（如每年各地起兵的浪潮中寿终正寝。自己的"希望"没过十几年就变成了"幻想"与"泡影"。

这些如社会学家墨顿所说的"未预期结果"① 是人生与历史中反复出现的,只是当我们利用"后见之明"去观察过去时②,常常会将这些误以为是时人所能体会到的,以致产生很多非历史主义的"辉格解释"。

如果我们设身处地观察,清朝的统治,具体说来,道光帝治下,尽管发生了后来称为"鸦片战争"的一系列战事,并遭到失败,被迫开放口岸通商并割地赔款,但运行了近二百年的大清王朝,历经风雨,已经磨合为一个按照固定程序运转、沿着既定轨道前进的机器,因过于庞大,部件繁多,组合在一起,运转不那么敏捷,时常需要添加些润滑油,皇帝既是孔飞力所说的其中镶钻的齿轮,也是最终扳动开关决定如何运转、朝那个方向前进,以及是否该加油的人。机器已经成熟到如此程度,通常,不分大事小事,均有惯例可依。不论是沿海的战事,还是某地的歉收、四时的祭祀、先帝的忌辰、太后的万寿圣节、官员的引见等等,都有规章可循。各种事情,哪怕是前所未有的难关,也会纳入既有的惯例中去处理,皇帝无须多动脑筋,王朝也能运转如常。这是一个有条不紊的世界,是一个将

---

① Robert K. Merton, "The Unanticipated consequences of purposive social action," *American Sociological Review*, 1.6(Dec., 1936): 894 - 904.
② 关于此问题的分析,可参彭刚《叙事的转向:当代西方史学理论的考察(第二版)》附录《后现代视野之下的沃尔什——重读〈历史哲学导论〉》,第282—283页。

规，大臣们也很清楚该如何抚恤①。

　　大清王朝已经在这块大陆的东端屹立了近二百年，什么样的风浪没有碰到过？祖先经历的困局、遭遇的险境不都挺过来了？《会典》《则例》(《事例》)中分门别类记载的祖先处理各种各样问题的对策，成为子孙们可以仰仗的靠山、吸取力量的宝藏，诚如嘉庆在《大清会典》"序"中所言："(会典)著奕祀之法程，为亿龄之典则，后嗣恪遵勿替。"几个远来的毛贼蚍蜉撼树，如何能奈何我大清？

　　当然，如我们所知，一旦海开，时局便并非清朝君臣自己所能独立左右的，后来历史的走向完全超出了他们的预想。这次来犯的逆夷不是三藩，不是准噶尔，不是金川土司，不是苗猺，而是挟坚船利炮的西方资本主义列强，一系列的碰撞，结局亦如我们所知，开启了中国三千年未曾有之变局。这些自然都是道光帝等绝大多数时人想象不到的，亦是那些参与过鸦片战争的清朝军政大员们所想象不到的②。就如同两千多年前，秦始皇在统一天下后确立皇帝名号所言："朕为始皇帝。后世以计数，二世三世至于万世，传之无穷。"③ 他哪里想到皇位只传到二世，秦朝便在

---

① 《鸦片战争档案史料》第 4 册收有道光二十一年九月初三日兵部尚书裕诚等奏为遵旨议恤定海阵亡之总兵葛云飞等官兵折（军机处录副奏折），云"查定例，殉难阵亡官兵恤赏，提督恤银八百两，总兵恤银七百两"等，吏部还有赏给励官等定例，以及根据具体情形的变通安排等，第 207 页。
② 关于此问题，可参茅海建《天朝的崩溃：鸦片战争再研究》第八章"历史的诉说"，第 549—570 页；以及王尔敏《道咸两朝中国朝野之外交知识》，收入氏著《晚清政治思想史论》，桂林，广西师范大学出版社，2005 年，第 144—155 页。
③ 《史记》卷六《秦始皇本纪》，点校本，北京，中华书局，1959 年，第 236 页。

惩处,如"兴贩鸦片烟,照收买违禁货物例,枷号一月,发近边充军。如私开鸦片烟馆,引诱良家子弟者,照邪教惑众律,拟绞监候,为从,杖一百,流三千里"①。面对日益泛滥的鸦片贸易、携带、吸食以及官员的纵容等等,上述律与例已无法震慑,嘉庆与道光根据大臣的建议,制定专门的《章程》与《条例》来惩处,只能算是亡羊补牢了。

"鸦片战争"硝烟散去多年,咸丰即位之后,清廷君臣方逐渐意识到这英吉利人绝非内地一般可以轻易荡平的蛮夷,所以专门编写了《筹办夷务始末》;到了咸丰朝又设立了总理衙门,甚至开始学习西方的技术。但在当初,除了魏源、徐继畬、梁廷枏等个别人,包括道光在内的绝大多数人,对此都浑然无感。应对之策,多捡拾前代用来对付各种动乱时惯用的套路②,只不过这些战事主要发生在沿海。即便是总兵、钦差大臣阵亡,祖先早就留下了各种成

---

① 《大清会典事例(嘉庆朝)》卷六一五"刑部三十二"之"兵律关律·私出外境及违禁下海"条,《近代中国史料丛刊三编》,第682册,第1770页。
② 如组织征召各地乡勇团练帮助"剿灭英逆"便是过去常用的对策:"其沿海各处乡村,均宜自行团练乡勇,联络声势。上为国家杀贼,下即自卫身家。其有奇才异能,足备御侮之用者,许赴军营自行投效,该将军等量才器使。遇有出力之处,随时保奏,候朕施恩。从前三省教匪滋事,尽有由义勇出身,擢至大员者。该将军等务当多方激劝。"《清代起居注册·道光朝》第64册,第37629页;《清宣宗实录》卷三五七,"九月癸亥"条,《清实录》第38册,第456页上。
费正清(John K. Fairbank)亦根据傅礼初(Joseph Fletcher)的研究,指出《南京条约》的各条款都有先例,主要是1835年和浩罕达成的协议,清人并不觉得有多少不妥,见氏著《伟大的中国革命》(*The Great Chinese Revolution, 1800-1985*),1986年初刊,刘尊棋译,北京,世界知识出版社,2000年,第115—116页,感谢郭伟涛君检示此文。新近的研究可见Pär K. Cassel, *Grounds of Judgment: Extraterritoriality and Imperial Power in Nineteenth-Century China and Japan*, New York: Oxford University Press, 2012. Chap. 1. 感谢严思齐(Charlie Argon)君惠示此书。

本纪部分每月下的记录,便一目了然。不同之处只是年份、地点与灾情的轻重,性质并没有多大差别。嘉庆二十年(1815年)三月,清廷根据两广总督的建议,颁布了《查禁鸦片烟章程》①,将处罚贩卖鸦片制度化,道光三年(1823年)八月戊戌,清廷又根据吏兵二部奏,制定了《失察鸦片烟条例》,进一步确立了处理洋船夹带鸦片、奸民种植罂粟以及开设烟馆、按照鸦片斤数惩罚失察官员的处分标准②。这应是《查禁鸦片烟章程》的补充。谕旨提到"向来地方官,只有严参贿纵之例,并无议处失察之条。且止查禁海口洋船,而于民间私熬烟斤,未经议及,条例尚未周备",两次明言"仍照旧例革职""均着照旧例行",旧例当指此。

《章程》与《条例》可以从不同角度去理解:既表达了朝廷的关注与决心,同时将处理纳入日常管理,又显示朝廷分明意识到仅靠不断下发的谕旨难以剿灭鸦片,不得不准备持久作战,君臣上下已经觉察问题严重且棘手③。

检索嘉庆朝《大清会典》与《会典事例》,涉及鸦片的记载不过五处,案例仅一件。最早的规定颁布于雍正七年(1729年),但尚无专门的处罚规定,只是参照其他律例来

---

① 《清仁宗实录》卷三〇四"嘉庆二十年三月己酉",《清实录》第32册,第38页上。
② 《清宣宗实录》卷五六"道光三年八月戊戌",《清实录》第33册,第993页上—下。
③ 关于清朝《会典》与《则例》的编撰与作用,参郭松义《清朝的会典和则例》,《清史研究通讯》1985年第4期,后收入氏著《清代政治与社会》,北京,中国社会科学出版社,2015年,第258—267页。感谢王彬君检示此文集。

鸦片困扰清廷，并非始于道光朝。清廷最早一次下谕旨禁鸦片，要追溯到雍正七年（1729年），嘉庆朝更是不时下谕旨查禁①。道光从登基之初就不断为鸦片所困扰②，隔几年便下谕旨禁止吸食与种植买卖③。官民吸食鸦片与官府查禁并非突如其来的新现象，而是旷日持久的拉锯战，日益蔓延，且屡禁不止④。当然，与鸦片有关的奏折一定是和其他事务的奏折一道送上道光案头的。对他而言，此起彼伏的鸦片吸食与买卖，让他每隔数月便要重述一次严禁的谕旨，不知反复发生过多少次，严词背衬的是收效甚微，愈演愈烈，这种态势积淀成道光心中挥之不去的阴影。

目的论史观的观照下，这些或许可算作"鸦片战争"的前史。换个角度观察，这不过是皇帝理政中令他蹙眉疾首的众多难题中的一道。相似的还有各地的灾荒，以及几乎年年出现的黄河水患。不必查看档案，翻翻《清史稿》

---

① 见《清史稿》卷一六《仁宗本纪》，嘉庆十五年二月丙子、十八年七月甲戌、二十年三月己酉，第598、603、606页。若据《清仁宗实录》，提到鸦片的谕旨，自嘉庆十二年十月甲午到二十五年二月壬子，至少有十五处之多，从禁烟条例到禁止侍卫、太监买食鸦片，乃至对携带鸦片案件的处理，等等，不一一胪列。
② 道光元年二月丁未，就曾给内阁下谕旨，针对御史郭泰成上奏要求严禁晋省私贩鸦片烟一折表达了自己的态度，见《清宣宗实录》卷一三，《清实录》第33册，第265页下。又见同年九月丙子、十一月丙寅，分见《实录》卷二三、二六，同上书，第426页上、468页上一下。
③ 道光十八年之前至少有三次，分见《清史稿》卷一八《宣宗本纪二》，道光十一年二月戊戌、六月丙申以及十四年五月丙戌，第651、652、662页。《清宣宗实录》中的相关资料更多，不详举。
④ 鸦片在中国历史上的输入、传播与使用，以及对清廷态度演变的扼要概括，见姚薇元《鸦片战争史实考》，修订本，北京，人民出版社，1984年，第9—13页。

沿途传递奏折的众多驿站的官吏，内阁票拟题本的官吏，军机处登记奏折、抄录谕旨的官吏，奏折涉及的官民，传递谕旨的官吏，服侍皇帝的太监宫女，等等，因皇帝的生活/理政而牵动、交织、展开自己的生命，不但是清朝皇帝生活的主旋律，同样也是古代中国皇帝生活的基调。就此而言，裕谦的死，以及围绕鸦片产生的众多军务，不过是漫长皇帝生活与王朝运转中无数细务汇集成的水流中的一滴。纵然一时战事奏报频频，前方大臣谎报胜仗让道光振奋不已，随之而来的各处失利让道光焦躁不安，应对之策亦反复变动，全国调兵遣将沿海布防，前线督抚不断奏请调拨军需银两，令国库吃紧，也让道光忧虑，其他事务照旧要处理，请安、祭祀、阅兵循例进行。岁月流逝，细务带来的变化一点点积累扩大，加上后来君臣不断处置失当，转机与新的可能逐渐流失。戊戌失败，八国联军入京，庚子割地赔款，朝廷的新政被认为是敷衍应付，最终让读书人忍无可忍，革命呼声战胜了立宪，武昌起义的隆隆炮声将清王朝送上了不归路。

  道光十八年以来围绕鸦片弛禁萌生的诸多事务，从大臣们的讨论到派遣林则徐作为钦差大臣去禁烟，再到英国兵舰开始不断地在沿海各地骚扰进犯，甚至攻陷了若干炮台、港口与城池，最后兵临江宁城下，道光帝也在不断调兵遣将，对付来犯的英人。这一系列逆夷的骚扰，如同不断向人体进攻的蚊子，躯体巨大，运转迟缓，消灭不了小小的蚊子，反而不时遭到叮咬，奇痒无比。

其中和战事有关的不过是朱批胡超折,以及下谕旨要求奕纪由浙江改发到天津效力,外加颜伯焘的两道奏折。据《起居注》和《实录》,还可补充对奕经等人的恩赏①,亦是对参战官员的奖励。余下的均与战事无关。特别是浙江巡抚刘韵珂,身处与英军作战的第一线,自道光二十年七月迁任浙江巡抚,直至道光二十三年五月升任闽浙总督。第一次定海之战之后,他就任浙抚,此后中英在浙江沿海的所有战事,均发生在他任内。即便如此,战事亦非他工作的全部,官缺推荐人选、粮价、雨水、收成、银价等均需照常上奏。道光昨天看到的刘韵珂用六百里马递火速传来的奏折(及折片、单),全部都与战事相关,无论是关于裕谦殉节的善后,还是建议防守天津②,今天则都是些日常的琐事。事与事之间相互浸润、弥散,没有截然的边界。如岸边的海浪,一浪推着一浪,前后相连,有别又无别。日起日落,浪涛绵延不绝,日子便在反复的浪涛中一天一天度过。

　　日复一日,一个月如此,一年亦复如此,连绵不绝。生命的持续,时间的延展,事务的处理,周而复始的祭祀、检阅军队、向太后问安,旻宁三十年的皇帝生涯就是这样从即位走到去世。不仅如此,背后还有众多官民,无论在场不在场、现身不现身:起草奏折的官吏,上奏的官员,

---

① 《清代起居注册·道光朝》第 64 册,第 37611—37613 页;《清宣宗实录》卷三五七"道光二十一年九月庚申",《清实录》第 38 册,第 455 页下。
② 《清代军机处随手登记档》第 60 册,第 32 页。

单一两塘柴埽各工丈尺由 　　览

图一未　发下

朱批惟勤果陞阿折

　　一革员四幅侵欺银两追缴全完由　　　刑部议奏　　交

　　一审拟监守印库之官兵委无知情等由　　刑部议奏　　交

　　一请将擅自回家之佐领奎福严议由　　　另有旨　　随/旨交

朱批胡超折　　报　九月初七日拜发/马递发回

　　一谢授参赞大臣　恩由　朕因浙省立时兵将①不能到齐汝先赶到亦碍难剿②而天津一带口岸距京不远最关紧要虽经督臣讷尔经额布置周妥但后路一无接应陈金绶石生玉又不克分身朕十分放心不下汝忠勇自矢又率本省之兵于天津迤北或一处二三处择要屯驻既可沿海接应又为京师屏障甚属有裨汝其尽心尽力慎防守③如有动作务要如有动作务要计出万全勇加百倍朕实有厚望于汝但切忌恃勇轻率毋忽

谕旨　道

　　一吉林伯都讷佐领奎海交部严议由　　　　　　　　　全折交

　　一浙江黄岩令准颜正杰升补由　　　　　　　　　　　全折交

　　一浙江海塘准动项修筑由　　　　　　　　　　　　　全折交

　　一奕纪改发浙江效力由　　　　　　　　　　　　　　　交

　　钞递颜伯焘折两件七月十二日/八月二十二日④

---

① "立时兵将",《清宣宗实录》卷三五七"道光二十一年九月庚申"条作"兵将立时",《清实录》第38册,第455页下。
② "亦碍难剿",《清宣宗实录》卷三五七"道光二十一年九月庚申"条作"亦碍难进剿",同上书,第455页下。
③ "慎防守",《清宣宗实录》卷三五七"道光二十一年九月庚申"条作"慎勉防守",同上书,第455页下。
④《清代军机处随手登记档》第60册,第37—39页。

光的书案,当日经道光批阅而作为谕旨发布,令有关部门办理。

无论大事小事,按照《会典》《事例》等规定,需要奏请皇帝的,都会送到道光那里,请他批阅。该去绮春园向太后问安也照旧进行,并未因镇海失守、裕谦下落不明而受到影响。对道光而言,每天总是会有各种事务摆上案头,千头万绪,沿海战事只是一端而已,究竟会蔓延到何处,他心中亦无从了解,只好沿海全线戒备,尤其是毗邻北京的天津与山海关。

次日,又会有众多的奏折、题本等通过不同渠道堆上几案。转录该日军机处随手登记档如下:

初九日　　　　　吴庄

朱批朱襄折

　一遵旨赴任由　　实心力祛积习勉之慎之

朱批刘韵珂折

　一请以颜正杰升补黄岩令用　另有旨　随/旨交

　一委珠煇署衢州守等由　　览　　　　交

　一旱未收成由　　　　　　览

单一收成分数　　　　　　知道了

　一雨水粮价情形由　　　　知道了

片一监银　　　　　　　　户部知道　　交

单一粮价　　　　　　　　览

　一动项修筑海塘各工　　　另有旨　　随/旨交

葛云飞、郑国鸿与王锡朋阵亡所下的第二道谕旨中也使用了①。

同在九月八日己未这一天，道光先是"诣绮春园请皇太后安"，然后又看了不少奏折，做了批示。与裕谦殉国善后事宜一道，同一天处理的还有若干人事调动、军事部署，涉及浙江前线颇多——与裕谦多少有些关系，如浙江巡抚刘韵珂的奏折、折片与奏单；也有与战事无关的奏折，如湖广总督裕泰的奏折（片、单）；也有朝廷内部事务——谕旨户部尚书祁寯藻在军机大臣上行走，谕旨肃亲王敬敏补进内大臣班，文蔚、端华现俱出差，所有正黄旗护军统领事务着关圣保署理，镶白旗护军统领事务着恩华署理；还有多道奏折谕旨涉及顺天府武举乡试中发生的车夫刘六滋事一案②。据军机处录副奏折以及内阁全宗，当日还有其他录副奏折与题本③，换言之，尽管道光对于镇海失守以及裕谦下落的确颇为揪心，裕谦殉国一事不过是和其他相关、不相关且不期然碰到一起的奏折、题本等一道被送上了道

---

① 《清代起居注册·道光朝》第64册，第37569页，又见《清宣宗实录》卷三五七"二十一年九月癸丑"，《清实录》第38册，第439页下—440页上。
② 见《清代军机处随手登记档》第60册，第31—37页；《清代起居注册·道光朝》第64册，第37605—37611页；《嘉庆道光两朝上谕档》第46册，第1177号"车夫刘六着交刑部讯办，至恩桂失察家人滋事自请议处之处，着交都察院议处，钦此"，第270页。
③ 此外还有广东巡抚怡良奏报遵旨驰赴福建交卸启程日期事（03-2712-041）、福州将军保昌奏为秋贡应进燕窝不及采办事（03-2828-046）以及湖广总督裕泰奏为拿获湖南浏阳县逃军盗犯张显扬事（03-4002-028）等，内阁题本中有大学士署理工部事务穆彰阿为核议广西巡抚题请核销左江镇标中左右三营及南宁城守营补制年久帐房等项用过工料银两事（02-01-008-004033-0014）等两件。

其文云：

> 两江总督裕谦，功臣后裔，世笃忠贞，经朕擢任，封圻适当。逆夷滋事，特派为钦差大臣，办理浙江军务。该督锐意图功，方资倚畀，兹以镇海县城失陷，投水殉节，为国捐躯，深堪悯恻。着加恩赠太子太保衔，**照尚书例赐恤**，任内一切处分悉予开复。伊祖班第于乾隆年间在伊犁殉节，入祀昭忠祠，今该督临危致命，不忝前人，着附祀昭忠祠，并俟军务完竣后，再于镇海县建立专祠，以彰荩节。其灵柩回京时着沿途地方官妥为照料，并着伊弟裕恒前赴江苏迎接。到京时准其入城治丧。**应得恤典，该衙门察例具奏**。①

除了表达自己的哀悯之外，指示将此事纳入各种"例"来应对，即参照之前的规定与先例做"例行化"处理②。二十六日丁丑又针对礼部上奏的裕谦殉节如何赐恤下发谕旨，除了照部议办理外，"并着加恩与谥，用示朕悯节褒忠至意"③，增加些额外的恩赐褒奖。道光在谕旨批示"深堪悯恻"属于针对阵亡将领的套话，九月初二癸丑那天，针对

---

① 《清代起居注册·道光朝》第64册，第37606—37607页。
② 具体规定，见《钦定大清会典（嘉庆朝）》卷三〇"礼部·祠祭清吏司三"，《近代中国史料丛刊三编》，第634册，第1339—1341页。《会典》此处规定"若柩回京，不准入城。系二品以上大臣，由部专奏请旨"，裕谦丧事办理便是如此。《钦定大清会典事例（嘉庆朝）》卷三八八"礼部·恤典"，专门有"王公大臣官员恤典"，多处涉及对阵亡官员的抚恤办法，同上书，第667册，第7611—7634页，文繁不录。
③ 《清代起居注册·道光朝》第64册，第37691—37692页。

帝十月一日孟冬时享太庙,道光谕旨"朕亲诣行礼后殿"①,于是乎要按部就班地准备时享,二十七日便要"御斋宫致斋三日"到十月一日,二十九日还要先到中和殿"视孟冬时享太庙祝版"。这套节奏与安排几乎是道光十二年时享的重演,就连二十七日自圆明园返回紫禁城时要到大高元(玄)殿拈香,日期也丝毫不差。稍有变化的是太常寺上题本的日期,道光十二年在闰九月初七日,二十一年是九月初四日②。另外,因十二年闰九月,这些均推迟到闰月来进行。频繁的带领引见亦照旧进行,阅兵也按时开展,不时上报的灾情亦需要道光批准才能赈济或缓征。

即便发生了后人与今人眼中划时代的大事,在道光的生活与理政中,不过是投入平静池水的几块碎石,一时激起浪花,随着石头的下沉,很快也就风平浪静、岁月如常了。即便是在浪花四溅时,循规蹈矩的生活与理政仍然依序展开。该年八月二十六日丁未英军攻占浙江镇海,钦差大臣裕谦投水而亡;九月四日乙卯,道光收到杭州将军奇明保的加急奏报,得知镇海失守,但裕谦下落,多日不明③;四天后(九月八日己未)收到浙江巡抚刘韵珂的奏折,才得到确切消息。当日,道光专门下了一道明发谕旨,

---

① 《清代起居注册·道光朝》第64册,第37587—37588页。
② 这套斋戒仪的详细内容,可参《国朝宫史》卷五"典礼·斋戒仪",《摛藻堂四库全书萃要》史部,第六、七页。
③ 《清宣宗实录》卷三五七,《清实录》第38册,第445页上、第450页下—451页上。详细考证,可参茅海建《天朝的崩溃:鸦片战争再研究》,1995年初刊,修订版,北京,生活·读书·新知三联书店,2014年,第365—373页。

朝）》收录了2719件，一档馆编的《鸦片战争档案史料》七册内容更为丰富，更接近原貌。不过，即便补充上这些，即便相关档案全部保存下来，也只是当时道光所处理的奏折的一部分，绝非全部。现在能看到的各类奏折、题本中占绝对多数的都是和其他承平岁月一样的各种日常琐事。即便是虎门销烟的主持者林则徐，除在钦差大臣任上的三道奏折与鸦片有关外（04-01-30-0513-047、04-01-30-0513-049、04-01-30-0513-051），随后转任两广总督，保留下来的奏折涉及鸦片问题虽多，依然是与人事、治安、漕运、钱粮等日常事务交织并存[①]，自然也没法收纳到"鸦片战争"巨伞之下。

不断爆发的沿海战事的确带来不少变动：与军务相关的奏章、谕旨比平时陡增，相应的官员奖惩、调遣与安排急剧增多[②]。

但还有不少工作与安排雷打不动：隔几天便要去绮春园向皇太后请安；九月初四那天太常寺便上了题本，提醒皇

[①] 可参林则徐全集编辑委员会编《林则徐全集》第三册"奏折卷"，第671件"报抵粤日期并体察洋面堵截趸船情形折"（道光十九年正月二十七日，1839年3月12日）到第846件"出洋潜买鸦片烟犯陈亚幅等审明定拟折"（道光二十年九月二十三日，1840年10月18日），一共176件奏折类文书，福州，海峡文艺出版社，2002年，第127—498页。

[②] 每年九月惯常的"朝审""秋审"，二十一年取消，改到了二十二年进行，见道光二十一年六月八日上谕，《嘉庆道光两朝上谕档》第46册，第180页；《清宣宗实录》卷三五三"六月庚寅"条，影印本，北京，中华书局，1986年，《清实录》第38册，第367页上。据《翁心存日记》道光二十一年六月廿七日，可知停勾是因为皇太后六十大寿（"本年六旬万寿，百官仍穿蟒七日，秋审停勾"），与战事无关。《翁心存日记》第2册，北京，中华书局，2011年，第461页。

所限定了①。其结果便是将当时丰富的历史实在削减到只是围绕鸦片这一轴心旋转的历史表现,自然,这样的画面只是那几年交错重叠的众多画面中的一幅而已。如果仅仅用这一幅来涵盖 1838—1842 年的历史,失真与狭隘在所难免。

• **事件与日常**

当我们跳出以事件史为中心的窠臼,再去看看《起居注》《实录》《上谕档》以及一档馆保存下来的档案,本月中,道光批阅过的与这一战事相关的奏折的确不少,尤其据《实录》②。军机处录副奏折中保存下来的倒是不多,只有三件(03 - 2986 - 046、03 - 2986 - 052、03 - 2986 - 053),可以肯定,遗失了很多。《筹办夷务始末(道光

---

① 这样一种"事件"其实是被赋予的概念所指涉的,甚至也可以说是被建构的,源于记录者与研究者的发明与使用,以及读者的接受与认可,这种概念即是沃尔什所说的"总括性概念"(colligatory concepts),安克斯密特将其发展为"叙事实体"(narrative substance)。见彭刚《叙事的转向:当代西方史学理论的考察(第二版)》第二章,北京,北京大学出版社,2017 年,第 55—64 页。何为"事件",见上田信撰、王晓葵译《被展示的尸体》:"现实是一组连续事态的组合。事态本身是一个连续的、没有分断的整体,中间没有时间和空间的分界,当我们试图理解它时,'事件'被切分出来,并被赋予了一种完整性。而'理解'这个行为本身是从混沌、连续的事态中选出我们认为有关联的事件,并使之具有一贯性,从而产生出一个固有的'事件'。因此,析出'事件'本身的过程,也就是明确要理解的对象的过程。在这里,理解这个行为或过程导致了客体'事件'的产生,而被构成的'事件'则是被理解的方法和范围所规定的。"收入孙江主编《事件·记忆·叙述》,杭州,浙江人民出版社,2004 年,第 115 页。
②《起居注》与《实录》完成的时间有先后,内容取舍上便可以看出差别。《起居注》逐日记录,积累而成,更体现当时的想法,其中抄录鸦片战争中各处战事的谕旨很少,多是与承平时期相类的日常事务,而《实录》完成于咸丰六年(1856 年),外患已成为清朝面临的重大问题,抄录与战事相关谕旨就相当多。两相对照,可见微妙变化。

为开篇①,直至今天。后人颇有微词的关于鸦片战争史"三段论式"体系:战前的世界与中国、战争经过、战败原因及后果②,实际自刘彦的《中国近时外交史》便是如此。此书第一章鸦片战争,其下三节标题如下:

> 第一节　中西国际交通之起源
> 第二节　英商鸦片贸易之情状与开战之原因
> 第三节　中英战况及南京条约

今天对鸦片战争的叙述结构,与一百年前刘彦的著作并无根本的差别,只是具体问题上的认识有所不同。

毋庸讳言,当我们的目光仅仅停留在《道光洋艘征抚记》《夷氛闻记》《中西纪事》以及《筹办夷务始末》《鸦片战争》《鸦片战争档案史料》等主题集中于这场战争的各种著作或中外史料集,思考的焦点自然不会脱离战争的前因后果与过程,无论关注的是多么具体而微的问题,无论如何跳出善恶忠奸的道德评价。因为自入手处便已被决定了,被这个概念以及概念指导下选取、编辑的资料划定的范围

---

① 1940年代,金毓黻便注意到"近贤研究国史者,多谓近代史应自鸦片战争叙起",见氏著《中国史学史》附录《最近史学之趋势》,1944年初刊,石家庄,河北教育出版社,2000年,第433页。当然也有少数持不同意见的,关于近代史开端问题的不同见解的梳理,见王也扬、赵庆云编著《当代中国近代史理论研究》第一章第一节"中国近代史学科及其理论溯源"之"一、历史分期与中国近代史学科的兴起",北京,中国社会科学出版社,2016年,第1—10页。据作者梳理,近代史开端主要有两说,一为"明清之际说",一为"鸦片战争说",后者在1930年代成为主流,见第5—6页。
② 见萧致治主编《鸦片战争与林则徐研究备览》,第14页。

出现了"鸦片战事"一说。而1903年开始出版的中小学历史教科书中也已开始论及此役,有的称为"鸦片之役"或"中英战争",更多的是"鸦片战争"①,这些教科书有移译自日本人的著作,也有自行编写的。至晚,1907年在日本的中国人已经开始使用"鸦片战争"这一说法②,中国最早将"鸦片战争"作为独立对象纳入系统的历史论述的,目前见到的是郭希仁在《国华》1910年12月3日、4日、6日第5版"警世钟"栏目连载的文章《鸦片战争 六十年交涉史略》与1911年出版的刘彦著《中国近时外交史》第一章"鸦片战争"③,1929年武堉干亦出版过《鸦片战争史》(商务印书馆),此后,以"鸦片战争"作为对象的论文著作、资料集可谓层出不穷,难计其数,1930年代以后,各种《中国近代史》《中国近世史》大都将"鸦片战争"作

---

① 如丁保书编的《蒙学中国历史教科书》第八篇"我朝与外国交涉时代",第三节"鸦片之役及江宁条约",上海,文明书局,1903年,第61页;吴葆诚编译《东西洋历史教科书》之"近世史"第三篇"欧人东略",第三章"鸦片战争",上海,文明书局,1904年,第116—117页。两书的内容均很简单。1910年代以后的中小学历史教科书中设有"鸦片战争"或"中英鸦片战争"章节的,更多,不赘举。
② 见铁生《敬告我汉族大军人书》云"第三,断送时代:自鸦片战争,旻宁贬我伟人林则徐,割香港于英,是为满人转贩吾土地之始",《汉帜》第2期(1907.2),第80—81页。此杂志创办于日本东京。前一年,1906年7月,汪精卫在《民报》第六号发表《驳革命可以召瓜分说》,其中有"道光之际有鸦片之役,咸丰之际有联军之役,光绪之际有甲午之役,中更丧乱,贱外之心,变而为畏外仇外"(第19页),出现了"鸦片之役"的说法。
③ 前者承胡恒兄示知。刘彦书此章似乎出版过单行本,见张静庐《中国近代出版史料初编》,1953年初版,重印本见《中国近现代出版史料·近代初编》,上海,上海书店出版社,2003年,第111页。感谢王彬君检示此资料,但单行本迄今尚未检得,即便是各大图书馆藏目录,亦未发现。

至晚 1840 年 1 月 1 日英国的报刊已在使用，此后见于多家报刊①，1844 年日本人斋藤竹堂就撰写《鸦片始末》向日本国内介绍战争的原因和具体过程，流传颇广。1885 年日本翻译出版的《大英今代史》里第八章便是"鸦片战争"，此书是英人 Justin Mccarthy（1830—1912）所著 *A History of Our Own Times* 的日译本，此书的前四卷于 1879—1880 年出版。1894 年的《绘入万国历史》中也有《英清の阿片戦争》一章②。1903 年，英国爱特华斯著，史悠明、程履祥译《中国六十年战史》出版，该书第四章为"论中英战事"，第一目为"鸦片战事"，云：

> 一千八百四十年之战，由于一千八百三十九年英人居住广州者尽被中国大吏拘入图圄，又派钦差大臣林则徐至广东查禁鸦片，逼令缴出充公，故西人名此为鸦片战事。③

---

① 据关世杰《英国大众反对政府进行鸦片战争》(《世界历史》1990 年第 4 期，第 12 页)一文，1840 年 2 月 15 日的《北极星报》上就开始用了此说法，见 *The Northern Star and Leeds General Advertiser*, Saturday, Feb. 15, 1840, 上面的确有一文，名为 "The Opium War"。更早在 1840 年 1 月 1 日的 *The Standard* 上的文章中就出现了 "the opium war against China" 的说法。感谢梅雪芹教授及陈鸣悦同学费心查找上述资料。
② 关于日本方面对"鸦片战争"的介绍，承蒙中央大学文学部阿部幸信教授提供，提醒我注意此问题的是南开大学历史学院王安泰先生，谨此一并致谢！后两部在日本国会图书馆的链接地址如下：http://dl.ndl.go.jp/info:ndljp/pid/776735；http://dl.ndl.go.jp/info:ndljp/pid/1919310。关于鸦片战争中相关战事消息如何传到日本，可参王晓秋《鸦片战争在日本的反响》，《近代史研究》1986 年第 3 期，第 20—25 页。
③ 爱特华斯 (Neville P. Edwards)《中国六十年战史》(*The story of China: with a description of the events relating to the present struggle*) 第四章，1900 年初刊，上海：美华书馆，1903 年，第一页上。有关信息承蒙清华大学人文社科图书馆任平老师与宋英俊同学惠示，谨此致谢。

尽管亲历、亲见与亲闻这场战争的中外人士留下了不少记载①，清廷在咸丰六年（1856年）利用内阁、军机处等处保存的臣下奏章、道光的谕旨以及中外交涉的照会、书札等编成了《筹办夷务始末（道光朝）》八十卷，围绕的中心实际就是后来被称为"鸦片战争"的这场中英战争。不过，那时称为"夷务"，在咸丰与大臣心目中，与祖先乃至前朝处理的外夷交涉并无根本的区别，只是王朝面临的一类事务。

目前所知，"鸦片战争"（The Opium War）这个说法，

（接上页）84—93页，感谢顾涛兄惠示此文。

这样一种思考方式，用海登·怀特的话来表述，就是将一系列事件（incidents）赋予情节来故事化（成为"events"，虽然他原文中，前者用的是"events"，后者是"story"或"narrative"）、添加意义，并给予种种不同的解释的过程，见氏著 *Metahistory: The Historical Imagination in Nineteenth-Century Europe*, Baltimore: Johns Hopkins University Press, 1973, pp. 5 - 42，中文版见《元史学：十九世纪欧洲的历史想像》导论，陈新译，彭刚校，南京，译林出版社，2004年，特别是第6页以下。将"鸦片战争"作为中国近代史的开端，这本身便是自西方经日本引进的话语解释，无论背后指向的是革命，还是现代化，目的均是解决中国如何从失败中再度复兴。中国近代史这一学科，某种意义上便是围绕这一核心问题而建立与展开的。亦如沃尔什（W. H. Walsh）所说的"每个历史学家所寻求的都不是赤裸裸地复述各种不相联系的事实，而是一种流畅的叙述，每一桩事件在其中都仿佛是放在它的自然位置上并且属于一个可以理解的整体"，"历史学家的目的乃是要从他所研究的事件中构成一个一贯的整体，我要提示，他做出这一点的方式是寻求某些主导的概念或指导的观念，以此阐明他的事实，追踪这些观念本身之间的联系，然后表明事实细节是怎样由于对所讨论的那个时期的各种事件构造出一种'有意义'的叙述而（就这些观念看来）成为可以理解的"，"历史的思维由于历史学家的题材的性质的缘故，常常是以目的论的术语来进行的"。"鸦片战争"亦成为他所说的"在'适当的概念'之下'综合'各种事件的这一过程"的一个例子，而这种过程，他认为"确实形成了历史思维的一个重要部分"，见氏著《历史哲学——导论》（*Philosophy of History: an Introduction*），1967年修订版，何兆武等译，桂林，广西师范大学出版社，2001年，第27—28、58、57页。

① 英方亲历者的著作见蓝诗玲（Julia Lovell）《鸦片战争》（*The Opium War: Drugs, Dream and the making of China*）所列，2011年初刊，刘悦斌译，北京，新星出版社，2015年，第464—466页。

灾，与战前、战后其他年份的记事类型一致。从道光十八年闰四月辛巳，"鸿胪寺卿黄爵滋奏请将内地吸食鸦片者俱罪死"开始，到二十三年（1843年）十月己酉，"耆英奏通商事竣，命回两江总督任，办善后及上海通商事宜，祁𡋄等办粤省未尽事宜"（19/691）为止，前后五年多，均是如此。

后人所谓的"鸦片战争"，不过是将鸦片贸易、销烟、东南沿海发生的多次战事，以及此前朝廷中关于弛禁与严禁的讨论，战后双方议和、达成协议，并具体落实，等等，从按照时序发生的无数事件、事务中抽取出来，聚拢在一个名为"鸦片战争"的巨伞之下，并进一步从后代历史演进中发现（"发明"）其意义，探究与此相关的方方面面，构成近代史叙述链条中的重要一环。不仅如此，还将整个清朝近三百年的历史切分为两段：前期归入古代史，后期归入近代史。许多论著据此来做起止的分水岭，甚至成为机构设置的分界线（如"中研院"的史语所和近史所、中国社会科学院的古代史所与近代史所）①。

---

① 两者之间的壁垒，至今依然存在，可参张海鹏《晚清政治史研究的理论和方法问题》，中国社会科学院近代史研究所政治史研究室编《晚清政治史研究的检讨：问题与前瞻》，北京，社会科学文献出版社，2014年，第1页；崔志海《晚清史研究百年回眸与反思》，《史学月刊》2017年第8期，第5—11页。

对于鸦片战争研究的回顾，可参萧致治主编《鸦片战争与林则徐研究备览》，武汉，湖北人民出版社，1995年，第1—271页；任智勇《第一次鸦片战争史研究的几个问题》，《晚清政治史研究的检讨：问题与前瞻》，第167—190页；葛夫平《新中国成立以来的鸦片战争史研究》，《史林》2016年第5期，第197—213页。最近英文研究的反思，见黄宇和《21世纪初西方鸦片战争研究反映的重大问题——从近年所见的三部鸦片战争史研究著作说起》，《清华大学学报》（哲学社会科学版）2013年第1期，第（转下页）

江。庚寅，以朱襄为河东河道总督。辛卯，万寿节，上诣皇太后宫行礼。御正大光明殿，皇子及王以下文武大臣，蒙古使臣、外藩王公行庆贺礼。褫文冲职，枷号河干。以王鼎署河东河道总督。英人去厦门。丁酉，英人寇浙江双澳、石浦等处，裕谦督兵击走之。命怡良赴福建查办军务。以梁宝常署广东巡抚。庚子，以赵炳言为湖北巡抚。辛丑，英人复大举寇浙江。戊申，英人再陷定海，总兵王锡朋、郑国鸿、葛云飞等死之。裕谦、余步云下部严议。是月，免陕西华州、大荔二州县，河南睢州等八州厅县水灾额赋。

九月乙卯，英人陷镇海，钦差大臣裕谦死之，提督余步云遁。命奕经为扬威将军，哈哴阿、胡超为参赞大臣，督办浙江海防。命怡良为钦差大臣，会同颜伯焘、刘鸿翱督办浙江海防。以牛鉴署两江总督，鄂顺安署河南巡抚。丁巳，命文蔚为参赞大臣，赴浙江，胡超仍驻天津。命特依顺为参赞大臣，赴浙江，哈哴阿仍驻山海关。命祁寯藻在军机大臣上行走。授牛鉴两江总督。辛酉，英人陷浙江宁波府。己巳，上阅火器营兵。是月，赈奉天辽阳等六州县水灾。（19/684）

这两段中用楷体字表示的便是中英交战或与此相关的内容，属于后人所说的"鸦片战争"；而仿宋体字记述的，则是与此无关的事情，包括官职任免、节庆活动、检阅军队和赈平淡单调,这何尝不是道光在位三十年理政生涯的常态?人从生到死无不是一天天度过的,每一天都构成其中的一环,环环相连,个人不也是在日复一日的三餐中吸收营养,逐渐成长与衰老?头脑中印象深刻的恐怕只是那些不同寻常的聚会或偶尔品尝到的美食,却无法分辨哪顿饭发挥了多少作用。没有长年累月的积淀,我们无法从婴儿长到成年,再最终走到死亡。人生史在一天天累积而成的岁月中造就,纵有人生的节点,耀眼的光辉,更多的却是平凡岁月,重重复复的活动。作为基调,常常被遗忘,却低沉地展开的便是这些。王朝的历史亦然。在如此平凡的日子的反反复复中,王朝从立国走到覆灭,其间穿插着一些时人或许有意识,但更多的是因结果而事后被时人或后人视为"重大事件"的经历,让王朝的生命史显得不那么乏味沉闷。

• "鸦片战争"作为事件的产生

如果将目光转到道光十八年(1838年)至二十二年(1842年),今天归纳到"鸦片战争"这一重大事件下的那些众多事件,按照它们发生的日期,镶嵌在时序中,散落在《清史稿》之《宣宗本纪二》与《宣宗本纪三》逐年逐月的叙述中,与其他事件穿插交织。抄录两段以为例,道光二十一年(1841年)八月、九月:

> 八月癸未,以桂轮为热河都统。丁亥,英人寇浙

道光十二年闰九月平淡如水，在旻宁三十年的皇帝生涯中毫不起眼，几乎可以忽略不计。《清史稿·宣宗本纪》本月所录只是从整月逐日活动中拣选了六事，并将其转述为国家的活动。更为例行化的事务，如引进、祭祀与勾决之类，完全没有出现，仿佛不曾发生。六事中，除了"简阅健锐营兵"，要离开圆明园实地检阅，其余五件都是借助批阅奏折来完成的。赈灾与贷粮的记载实际都有具体的日期，亦是如此。

赈贷，《清史稿》所录简略，《起居注》中的"谕旨"则极为详尽，逐县罗列了遭受不同程度灾情（如成灾五分、成灾八分到成灾九分，或歉收三分）的村庄数量，以及如何区分成灾情况并采取不同的办法来应对：成灾六分以上的，要求"各就地方情形，分别银米，酌量搭放"，"其应放折色，仍照成案，每米一石，旗民折给银一两四钱"；成灾五分及歉收三四分的村庄，则不给赈济，而是缓征粮租到次年秋后启征，等等。有的一道谕旨足足抄写了17页之多，2100多字[①]。每年全国总会有不同州县遭灾，朝廷按什么标准赈济，早有成例可循[②]。

[①] 如闰九月十三日对"琦善奏查明各州县被旱被水情形恳请分别蠲缓赈济一折"的谕旨，见中国第一历史档案馆编《嘉庆道光两朝上谕档》，桂林，广西师范大学出版社，2000年，第37册，第534页下—537页下；又见《清代起居注册·道光朝》第27册，第15929—15947页。

[②] 相关规定见托津等《钦定大清会典（嘉庆朝）》卷一二"户部·户部侍郎职掌三"，影印本，《近代中国史料丛刊三编》，第632册，台北，文海出版社，1991年，第639—640页；研究可参魏丕信（Pierre-Etienne Will）《18世纪中国的官僚制度与荒政》（*Bureaucratie et famine en Chine au 18e siècle*）第二部分"六、勘灾""七、赈济""八、供给：1743—1744年的实例"，1980年初版，徐建青译，南京，江苏人民出版社，2003年，第79—145页。

驾幸圆明园，上诣绮春园请皇太后安（十月初二日）

阅武楼在圆明园西侧的西苑；香山演武厅位于香山正东的团城内；绮春园在圆明园的东南，接近今天的南门处；大高玄殿在紫禁城北，景山西侧。道光十一年以后，皇帝平时居住在圆明园九洲清晏西侧的慎德堂①。即便这些外出或请安的日子，除了二十二日随手登记档是空白外，其余诸日都多少要批阅奏折，下发谕旨。最多的十三日，除了向太后请安，还批了至少35份奏折（含折片、单），写了谕旨15道，最少的是十日，只下了一道谕旨②。

闰九月里道光帝除了去绮春园向皇太后问安属于私事，余下的无论是祭祀、阅兵还是批阅奏折、勾决、引见官员，均属理政。当然，从保存下来的奏章、题本以及《起居注》或《实录》抄录的谕旨看，都是些细碎琐屑的小事，包括很多例行公务，当然，重复的频率不同：引进，全月中一半的天数都有；有的是以季度或年为单位循环，如斋戒、准备孟冬太庙的时享与勾决人犯。

---

① 郭黛姮等根据《起居注册》和《穿戴档》等档案文献统计，以下摘录自该书"五朝皇帝园居概况及规律"：道光帝于道光三年正月十二日首次驻园，道光三十年正月十四日在圆明园驾崩。道光年间秋狝礼废，皇帝较少巡幸别处，从三年至二十九年间平均每年驻园时间达260.1天，道光二十九年有355天驻跸圆明园，是五朝中最长的；而同期平均一年住紫禁城的时间只有90.9天，仅为驻园时间的三分之一略强。见《远逝的辉煌：圆明园建筑园林研究与保护》第2版，上海，上海科学技术出版社，2018年，第72—73页。

② 《清代军机处随手登记档》第46册，第639、643—649页。清朝皇帝处理政务的一般情况，可参李文杰《清代的"早朝"——御门听政的发展及其衰微》，第142—152页；《清代同光年间的早朝》，第245—259页。

道光帝已在九月勾决了部分人犯,闰九月又分别在八日、十三日、十七日、二十三日与二十六日五次将内阁刑科覆奏的14个省待决死刑犯一一审理,决定是杀还是留。这一工作在圆明园正大光明殿东侧的洞明堂进行,道光本人勾决之前,已有多位朝臣进行了会审,确定了各省"应勾决"的人犯,口请道光最后定夺。道光则"命大学士曹振镛秉笔,将刑部诏册详勘审定",逐省分别进行。每次都会有若干人"情有可原"或"情稍可原"而"着牢固监候",其余则是"情罪重大,法无可宽",而"均予勾决"。《起居注》按照皇帝的勾决结果,分类抄录了所有人犯的姓名,也算是青史留名了。这是行使皇帝最高审判之职的体现。

除了看上去乏味的文书批阅与人命关天的勾决,本月还有几次难得的外出:

诣阅武楼检阅宗室,挑选侍卫马步射(初九、初十、十六、十八日)

诣香山演武厅阅健锐营操演(十四日)

诣绮春园向皇太后请安(初七、十三、二十二日)

诣大高元(玄)殿拈香,驾进宫,……上以孟冬时享太庙,先期御斋宫致斋三日(二十七日)

御斋宫(二十八日)

御中和殿视孟冬时享太庙祝版……上御斋宫(二十九日)

诣太庙行孟冬时享礼,礼成驾还宫(十月初一日)

据《起居注》，除了批阅奏章，皇帝理政另一频频要做的工作是"引见"要升迁的中下级官员。此制雍正朝执行得颇为严格，他不只是面见各类候选官员，还会在官员的"履历片"上写下批语，最为认真①。后来诸帝很少写朱批，"引见"还是一直在进行，道光朝亦然。据《起居注》，闰九月29天中，14天有相关记载②，倒是《实录》将此等内容一律删去不录。兹举一例：

> （闰九月初一）是日，吏部将协办大学士、云贵总督阮元等题请升补景东直隶厅同知之丽江府通判陈桐生带领引见，奉谕旨，陈桐生准其升补云南景东直隶厅同知。又将病痊起复之原任福建建宁府知府珠庆带领引见，奉谕旨珠庆着照例坐补原缺。又将病痊起复之原任奉天铁岭县知县富显带领引见，奉谕旨富显着照例坐补原缺。③

此外，九月和闰九月还是皇帝秋审勾决情实人犯的月份。

---

① 相关研究可参王志明《雍正朝官僚制度研究》，上海，上海古籍出版社，2007年，第20—66页。
② 没有"带领引进"活动的有闰九月初五、初七、初八、初九、初十、十三、十四、十六、十八、二十一、二十二、二十三、二十四、二十七、二十八日，见《清代起居注册·道光朝》，第27册，第15847—16123页。
③《清代起居注册·道光朝》，第27册，第15851—15852页。中国第一历史档案馆整理的《清代官员履历档案全编》（上海，华东师范大学出版社，1997年）中没有道光十二年闰九月的履历折，只有该年九月内发往江苏江宁府遗缺知府的苏良贵履历片一份，见第2册，第630页上；另外，有蒋祥苓、张青选、洪锡光三位的引进履历折，见第29册，第441页。张国相的履历片中注明"道光十二年闰九月内召见"，朱批"尚未衰"，见第2册，第662页下。

审之类的文书也没登记。

《清代军机处随手登记档》第 46 册收录了道光十二年三月初一日至闰九月二十九日的登记档,统计该月道光帝批阅的各类奏折(含折片、单。上奏者含总督、巡抚及将军以及京内的六部、都察院、宗人府、御史),一共有 449 通,下发的谕旨共 126 道[①]。

目前一档馆的档案目录检索只涵盖了内阁全宗、军机处全宗与宫中档案全宗三类。道光十二年闰九月内,内阁档案全宗有 153 笔,军机处 389 笔,宫中档案 284 笔。后两者中有相当多是重复的,以直隶总督琦善所上奏折来看,军机处录副奏折有 20 笔,宫中档的朱批奏折 16 笔,其中 12 笔属同一事由,其余不同。整个闰九月,琦善给道光帝的上书一共 25 通(内阁档案中有一通)。由此推算,道光帝该月看过的奏折当在 500 通左右,加上内阁收到的题本之类,650 通上下应该不算离谱。这中间记入《起居注》和《实录》的不过是少数。还举琦善为例,《起居注》中不过提到了 11 次而已,其中还有几通奏折不见于一档馆的档案[②]。相互比较,不难发现《起居注》的取舍程度。道光帝此月平均每天要看 20 多通大臣的奏折与题本,应该是常态。

---

① 据该月随手登记档统计,详见李国荣主编《清代军机处随手登记档》第 46 册,北京,国家图书馆出版社,2013 年,第 618—695 页。
② 如道光十二年闰九月初二日上谕旨"琦善奏拣员调补沿河要缺知县一折",联合报文化基金会国学文献馆整理《清代起居注册·道光朝》,台北,联合报文化基金会国学文献馆,1985 年,第 27 册,第 15856—15857 页;同日上谕旨"琦善奏查明天津海口无庸复设水师一折",同上书,第 15857—15858 页。

寅，以朝鲜国王李玜却英吉利贸易，下诏褒奖之（廿九日壬申）。是月，赈直隶阜平等十州县灾民（十三日丙戌）。贷河南祥符等七州县（七日庚辰）、陕西兴安府水灾口粮（十七日庚寅）。贷齐齐哈尔等处被旱兵丁银谷（十八日辛卯）。①

收入道光帝本纪中的这六件事，除了朝鲜国王拒绝英国贸易一事，可以和数年后的鸦片战争有些缥缈的关联，其余五件都是日常琐务，尤其是四件给州县赈灾与贷粮，更是每个月都少不了的事务。这几件细碎的事务不过是民国初年修撰《清史稿》时本纪的纂修者们从"道光朝的起居注""宣宗实录"，还有可能包括内阁档案中摘录出来的。

当然，无论是《起居注》还是《实录》，抄录的道光谕旨也是有选择的，更完整的当属中国第一历史档案馆收藏的档案了。已出版的军机处随手登记档（逐日抄录的奏折、谕旨收发登记簿，类似中央办公厅机要局秘书处的文件收发与处理情况记录）可以做个索引。不过，登记档只抄录军机处收到的奏折，那些京内部院衙门的奏折，如果皇帝意见仅是"知道了"或"依议"，会由奏事处口传谕旨，由各衙门将奏折带回执行，军机处不会得到副本，亦不会抄录到随手登记档中②。内阁上呈的题本亦未收入，引见与秋

---

① 《清史稿》卷一八《宣宗本纪二》，点校本，北京，中华书局，1976年，第656—657页。括号中的日期与干支据《宣宗起居注》，二处干支不同用斜体表示。
② 参李文杰《清代同光年间的早朝》，第252、255、257—258页。

反复进行的事务间有相当的重叠,隐身其后的则是不同位置上的"人"。这为我们带着新的学术眼光重返日常世界,将"日常"作为观察过去的新窗口,将统治、支配、顺从、共谋、懈怠、抵制、反抗等等放在日常经历、具体场景中并置合观,赋予了内在依据。

3. 经历与书写: 日常的隐没与再发现

除了日常行动,更常见的是"日常"被遗忘,不仅见于现实生活,亦见于历史记述。这既是人类的生理现象,亦通过文字予以筛选和定向,包含了人为的有意构造。如何筛选,和记述者的立场、取向以及形成惯例的记述方式分不开,对"过去"的记述和记忆与此纠缠难分,不论是个人、家族还是国家的记忆。通过比较,才能发现被刊落的过去。

● 道光帝的日常

不妨用清朝道光十二年(1832年)闰九月作为例子。这一年与这一月,都是历史上的庸常日子,没有什么值得大书特书的事件。《清史稿·宣宗本纪二》"道光十二年闰九月"条:

> 闰九月丁亥,上简阅健锐营兵(十四日辛亥)。壬

的角度揭示支配与抵抗之间如何纠缠互动的不多①，有必要将福柯分析微观权力机制的洞见与日常抵抗研究结合起来。

回到中国的语境，当"日常"不再唯一性地与"生活"或"生活世界"捆绑，而与"统治"、历史勾连，吸收福柯对无所不在的微观权力技术的分析，包括米歇尔·德·塞托等从消费者的生产角度提炼出来的战术与策略，以及吉登斯和布迪厄通过"日常"超越主/客观对立的理论关怀，挖掘出聚集在"日常"周围相互争夺的多重活动与交叠的意义，不只是丰富，某种意义上说更是一种解放。从与生俱来的结构与个人、支配与抵抗二元对立中解放，更为宽广多元与复杂细腻的视域随之呈现，更丰富多彩的过去得以进入视野。有可能超越西方既有"日常生活"与"日常抵抗"研究的内在局限，发现更多被遮蔽的世界。

中国的历史语境下，因佛教实践创造了每天坚持修行的契机与要求，催生了"日常"+动词的表达，这超越了无意识的过日子状态与空洞的时间流，随后又在历史中增添了新的场合与意义。"日常"意味着带有特定追求而反复进行的活动，实践中意义可能会被遗忘、改变或增添：为了解脱的修持或君臣间的仪式性会面和事务的处理。它和

---

① 开始关注这一问题的，见 Gumira Joseph Hahirwa, Camilla Orjuela, and Stellan Vinthagen, "Resisting resettlement in Rwanda: rethinking dichotomies of 'survival'/'resistance' and 'dominance'/'subordination'," *Journal of Eastern African Studies*, 11.4 (Nov. 2017): 734 – 750; Shapan Adnan, "Departures from Everyday Resistance and Flexible Strategies of Domination: The Making and Unmaking of a Poor Peasant Mobilization in Bangladesh," *Journal of Agrarian Change*, 7.2(2007): 183 – 224。

到处都是平滑的、顺从的、波澜不惊的琐事在反复,变成了"常数"与肉身的秩序。这种抽离了权力的日常,显然和国家出现后的日常有距离①。

1980年代以来,随着米歇尔·德·塞托与斯科特著作的出版,"everyday resistance"(日常抵抗)、"everyday politics"(日常政治)渐成为西方学界的新宠,在农民、工人、女性、弱势群体与教育领域,后续研究颇多,并形成所谓的"resistance studies"(抵抗研究)②。追踪两位先行者的学术谱系,可以上溯到马克思、葛兰西、E. P. 汤普森与福柯,与阶级斗争、霸权、阶级意识与冲突理论有密切关系。在研究中,学者也提出不能在权力关系之外看待抵抗,支配的日常体验(everyday experience of domination)也是决定性的要素③,但在日常抵抗的实际研究中,支配依然是作为一种抽象的外部变量,给予具体化分析的甚少,能从关系

---

① 刘永华对此有所剖析,见《物:多重面向、日常性与生命史》,2016年初刊,后收入氏著《时间与主义》,北京,北京师范大学出版社,2018年,第171—173页。
② 通过 ProQuest 检索,带有"everyday resistance"关键词的英文论著就有二百多(部)篇。如 Benedict J. Tria Kerkvliet, "Everyday Resistance to Injustice in a Philippine Village," *Journal of Peasant Studies*, 13.2 (1986): 107–123; GillianHart, "Engendering Everyday Resistance: Gender, Patronage and Production Politics in Rural Malaysia," *Journal of Peasant Studies*, 19.1 (Oct.1991): 93–121; James Tucker, "Everyday Forms of Employee Resistance," *Sociological Forum*, 8.1 (Mar.1993): 25–45; Ming-sho Ho, "Manufacturing loyalty: the political mobilization of labor in Taiwan, 1950–1986," *Modern China* 36.6(Nov. 2010): 559–588; Suzanne M. Hall, "Migrant Urbanisms: Ordinary Cities and Everyday Resistance," *Sociology: the Journal of the British Sociological Association*, 49.5 (Oct. 2015): 853–869.
③ Marta Iñiguez de Herdia, *Everyday Resistance, Peacebuilding and State-making: Insights from "Africa's World War"*, Manchester: Manchester University Press, 2017, p. 51.

生活的结构：可能和不可能》问世，1979年修订再版，讨论了人口、一日三餐中的主食与饮食构成、餐桌礼仪、住宅、服装与时尚，还有能源、冶金技术、运输与城市等。这些内容被作者称为物质生活、物质文明或日常生活，"无处不在、无孔不入、多次重复"，"表现为一整套惯例"，"过去在现时中顽强地表现自己，贪婪地、不动声色地吞噬着人们转瞬即逝的时间"，作者视之为"一潭死水般的历史"。作者称这些为"杂事"或"历史的尘埃"，与个别事件或历史事件相对，它们"反复发生，经多次反复而取得一般性，甚至变成结构"，"侵入社会的每个层次，在世代相传的生存方式和行为方式上刻下印记"。布罗代尔之所以花费了整整一卷的篇幅描述这些，是要"为过去的时代勾画了虚线图和远景图"，是因为"每件小事都代表着成千上万件小事"，"它们给过去时代带来某种秩序"[①]。布罗代尔眼中的物质生活或日常生活，构成结构，依然是与经济生活或事件对立的存在，体现了"因循守旧"与"无意识"的部分，与"能动的、有意识的"经济活动，乃至资本主义相对，再次重现了结构与人的能动性之间的对立，尽管结构体现为人们的物质生活。当然，我们也无法从中看到权力的影子，看不到生活中包含的哪怕极为微弱的抵抗，

---

① 费尔南·布罗代尔（Fernand Braudel）《十五至十八世纪的物质文明、经济和资本主义》第一卷《日常生活的结构：可能和不可能》（*Civilisation matérielle, economie et capitalisme, XVe - XVIIIe siècle Tome 1 Les Structures Du Quotidien: Le Possible Et L'Impossible*），1967年初刊，顾良、施康强译，北京，生活·读书·新知三联书店，1992年，第25、27、666页。

Bourdieu）尝试突破这种对立，布迪厄更是强调了"权力"的作用，无疑在弥合两者的对立，确立"日常"在宏观意义上具有重要的价值。

资本主义时代的到来，创造了日常生活的新组合：闲暇、劳动和"私人生活"①，也带来了全面的"异化"，经济方面最为突出。如亨利·列斐伏尔所指出的，"财富不只是异化的标志，财富是人本身的异化，财富是人的'异化的本质'"，"财富、货币、商品、资本不过是人与人之间的社会关系（'个人'，定性的人的任务之间）。然而，这些社会关系以外在于人的事物作为它们的表象和形式"，"经济的'实在'，即那些人们顶礼膜拜的财富、货币、商品、资本，掩盖了构成它们的人的社会关系"②。资本主义社会的确如此，市场及其变化了的诸形式渗透到人与人关系的各个方面，而在中国，受到膜拜的主要并非财富、货币、商品与资本，仅仅从围绕"生产"与"市场"所连接和建构起来的人与人关系角度切入，显然是不充分的，甚至可以说是未及要害的。因此，抛开了工作——不止是无产者的"劳动"——仅仅去讨论"日常生活"，对认识中国古今而言，不免偏离了靶心。当然，他们着眼于改造世界，追求知行统一，这一点是不能和脏水一起泼掉的。

1967年，法国年鉴学派第二代领袖布罗代尔《十五至十八世纪的物质文明、经济和资本主义》的第一卷《日常

---

① 亨利·列斐伏尔《日常生活批判》第一卷，第二版序言，第30、37页。
② 同上书，第147、165页。

以及海德格尔对"此在""常人"与"日常"①的深入思考有关。从前者出发,产生了不少从日常生活角度批判资本主义社会与现代性的理论;基于后者,则诞生了大量剖析微观层面有意义的行动如何理解与阐释、行动如何构成社会、人们日常接触的社会结构等方面的成果,对如何理解人的行动以及行动与社会的关系,颇有价值②。两类研究的兴起很大程度上又复制了宏观/微观、客观/主观、结构/人之间的对立,前者批判的锋芒尽管也触及"国家"与"政治",但并非焦点与核心③,后者的前提则是认可与接受当下的社会,"国家"与"权力"常常是默认的缺席者。安东尼·吉登斯(Anthony Giddens)与皮埃尔·布迪厄(Pierre

---

① 集中的论述见海德格尔(Martin Heidegger)《存在与时间》(*Sein und Zeit*)第四章,1927年初刊,陈嘉映、王庆节合译,熊伟校,陈嘉映修订,北京,生活·读书·新知三联书店,2014年,第131—151页。有人甚至认为此章是全书最基本的一章,见张汝伦《〈存在与时间〉释义》上册,上海,上海人民出版社,2014年,第341页。
② 有关"日常生活社会学"(everyday life sociology)学术谱系及1980年代中期以前发展的梳理,可参 Patricia A. Adler, Peter Adler and Andrea Fontana, "Everyday life sociology," *Annual Review of Sociology*, 13(1987): 220-227;新近的研究可参 *Sociology*, 49.5(Oct. 2015)专号: *Sociologies of Everyday Life*。
③ 亨利·列斐伏尔说"在一个意义上,政治异化(以及政治迷信,通过这样的政治迷信,国家实际上被赋予了超越于社会生活之上的一种生活)是最严重的异化类型","无论在哪里,只要国家没有消失,就存在政治的异化",但他又说"社会生活才是真正的纽带,政治生活不是"。见《日常生活批判》第一卷,第二版序言,第59、60、84、85页。赫勒指出"只有当政治活动形成为处在社会分工条件下的'个人'的简单再生产之中时,它才是日常生活的有机组成部分。从这一观点看,对政治活动的探讨,比对工作、道德和宗教的探讨更使我们远离日常",同时又说"资本主义社会兴起以来,不再有同政治'隔绝'的阶级。政治变化影响每个人的日常生活,这正是'熟悉政治'已成为日常必需的主要原因之一","传播得更多的东西不是政治信息,而是政治意识形态。……政治意识形态的功能之一,是阻止那些对自己的日常生活不满的人们去改变他们的生活,或者真正阻止他们设想自己的生活值得改变"。见《日常生活》,第104—105页。赫勒虽然认识到政治,特别是政治意识形态的重要性,但在全书的分析中并未给予重视。

免游离了中国传统使用"日常"一词原本的语境,造成语义转向与流失。

欧洲宗教改革开启的新教,极大地提高了世俗生活的地位,被学者概括为"常人生活的肯定"(the affirmation of ordinary life),革命性地突出了作为生产者的人的意义,成为近代资本主义兴起的重要基础,也构成现代自我认同的来源之一①,亦为后来日常生活研究的产生提供了可能。

西方日常生活研究的兴起,与马克思在《1844年经济学哲学手稿》中提出的"异化"理论②、批判逻辑实证主义的现象学的兴起,包括胡塞尔提出的"生活世界"的概念

---

① 关于此问题,可参查尔斯·泰勒(Charles Taylor)《自我的根源:现代认同的形成》(*Sources of the Self: The Making of The Modern Idenity*)第三编,1989年初刊,韩震等译,南京,译林出版社,2008年,第279—410页。书中翻译为"日常生活的肯定",查 *Oxford English Dictionary* 网络版,作为形容词,"ordinary"含义有"Belonging to the regular or usual order or course of things; having a place in a fixed or regulated sequence; occurring in the course of regular custom or practice; normal; customary; usual",指人则有"not distinguished by rank or position; of low social position; relating to, or characteristic of, the common people; common, vulgar; unrefined, low, coarse";"typical of the population or a particular group; average; without exceptional experience, knowledge, etc.; normal"。所指重在类别上的一般性与通常状态,而与时间、重复性无关,译为"常人生活"庶几更接近作者本衷。
② 亨利·列斐伏尔认为:"在他(指马克思——引者)的著述中,异化理论和异化概念都并入了他的思想发展,保留了它们的哲学意义。异化理论和异化概念得到了改造。虽然异化理论和异化概念不再如在经济科学里那样明显,但是,异化理论和异化概念构成了经济科学的基础和哲学意义。异化理论被改造成了拜物教理论(商品、货币、资本的拜物教)。"《日常生活批判》第一卷,第二版序言,第74页。赫勒则是通过卢卡奇接受了早年马克思的"异化"理论,具体论述见《日常生活》第一编第二章、第四章,第17—33、51—64页。

上升到"知",也停留在抽象肯定人伦日用、日用事为是道①,没有将此思想延伸到对过去的认识与研究中。

中文的"日常"来历如上。它既是一个日用词语,在现实生活中同样高频使用,1980年代以后,也因西方哲学、社会科学著作的持续翻译,随着"日常生活批判"学派的引介、"微观社会学"与"日常生活史"的传播与兴起,而流行学界②。对应于英语的"everyday""daily""diurnal"与"quotidian",这些英语词核心都落在了"day"上,表示日子的循环往复,与人们的活动无关。"日常"从生活迈入学术殿堂,不过,引进版的"日常"只是个修饰语,一定要缀个名词或动词才能成为具有实际意义的术语或领域,常常是与"生活"搭配,构成"日常生活"③。这不

---

① 可见戴震《绪言》卷上,收入《孟子字义疏证》,北京,中华书局,1961年,第79—99页。
② 如亨利·列斐伏尔(Henri Lefebvre)《日常生活批判》(*Critique de la vie Quotidienne*)三卷,1945年初刊,叶齐茂、倪晓晖译,北京,社会科学文献出版社,2018年;阿格妮丝·赫勒(Agnes Heller)《日常生活》(*Everyday Life*),1970年初刊,1984年英文版,衣俊卿译,重庆,重庆出版社,1990年;微观社会学名著阿尔弗雷德·舒茨(Alfred Schütz)《社会世界的意义构成》(*Der Sinnhafte Aufbau Der Sozialen Welt*),1932年初刊,游淙祺译,北京,商务印书馆,2012年;欧文·戈夫曼(Erving Goffman)《日常生活中的自我呈现》(*The Presentation of Self in Everyday Life*),1959年初刊,冯钢译,北京,北京大学出版社,2008年;米歇尔·德·塞托(Michel de Certeau)等著《日常生活实践 1.实践的艺术》《日常生活实践 2.居住与烹饪》(*L'invention du quotidien 1. arts de faire 2. habiter, cuisiner*),1980年初刊,方琳琳、黄春柳、冷碧莹译,南京,南京大学出版社,2014、2015年。常建华主编过一本《中国日常生活史读本》(北京,北京大学出版社,2017年),编者在"导言"中对"日常生活史"的来龙去脉做了系统的梳理,第1—19页。研究著作如杨善华主编《当代西方社会学理论》(北京,北京大学出版社,1999年)中李猛、李康对舒茨、常人方法学、埃利亚斯与福柯的介绍;刘剑涛《现象学与日常生活世界的社会科学》,上海,上海三联书店,2017年。
③ 其实还有各种可能的组合搭配,如"日常工作""日常学习""日常处理""日常保养"等等。

国语境中的"日常":不是太阳朝升夕落的重复——那只是缺乏内容的时间循环与流逝,而是夹杂着不同的实践——为追求解脱的反复修行,高僧们树立了榜样;或京师里每天伴着晨曦的痛苦奔波,仪式、荣耀混合着倦怠、抵制与统治的展开。今天,当我们重拾"日常","日常"不是个简单的修饰语,突显了观察和认识过去生活的一种方式:贴近人的实际生活本身,从循环反复、例行事务中发现生命的意义、生活的逻辑以及秩序的生成、维系与抵制。中国古代语言中使用的"日常"描述的实际相当于带有不同目的的例行化活动,并非浑浑噩噩地过日子。

因应佛教刺激而生的理学,强调工夫涵养,在静坐、读书、做事中体味道,关注日常举止上的修行。发展到明清,日用与日常备受关注。王阳明《别诸生》诗中云"不离日用常行内,直造先天未画前"[1],强调致良知需要落实到人们的日常生活之中,圣人产生之前良知便已存在。阳明弟子王艮创立的泰州学派甚至产生出"百姓日用即道"的说法。明清儒学沿此方向前进,有学者称之为儒学的"日用常行化"或"人伦日用化",这不是湮没在个人生活的琐碎事务上,依然是"家事、国事、天下事,事事关心"[2]。当然,这种转向更多地落实在"行"的层面,即便

---

[1] 《王阳明全集》卷二〇"外集二",吴光等编校,上海,上海古籍出版社,2011年,第872页。
[2] 余英时《现代儒学的回顾与展望——从明清思想基调的转换看儒学的现代发展》,收入氏著《现代儒学的回顾与展望》,北京,生活·读书·新知三联书店,2004年,第182页。

日常参官"①,日久亦招致官员的厌倦乃至抵制②。唐代还有"六参官""九参官"等不同名目,和朝见皇帝的频率有关③。明代也有"每日常朝",朱元璋时臣下无论品级高低每日均须参加,后来,无论臣下还是皇帝,均感倦怠而罢废④。清代前期有几乎天天进行的早朝:御门听政⑤。旧的变为了具文,会有新的取而代之,雍正以后每日接见军机大臣以及部院轮值,成为新的早朝⑥。这种按日反复出现的参见皇帝的活动,跻身其中的只是少数高级官员,披星戴月,劳顿辛苦,但在无缘厕身其中者眼中却也是一份荣耀⑦。这亦成为以日计而反复进行的活动。宋代以后,朝廷场合,"日常"一词亦渐开始使用。

佛教背景下出现与流行的"日常",与修行解脱相关,靠的是自己的不懈坚持;朝廷上的每日常参,荣耀的同时也是折磨。两类实践与表达相遇,交汇出宋代以降传统中

---

① 见《宋会要辑稿·礼》二九之八。
② 司马光便曾记录"朝士有久无差遣,厌苦常朝者戏为诗曰"云云,见《续诗话》,景印《文渊阁四库全书》"集部·诗文评类",不分卷,台北,台湾商务印书馆,1986年,第1478册,第258页。大中祥符二年(1009年)知杂御史赵湘的上言中就指出常朝有"多后时乃入",以及"又风雨寒暑稍甚,即多称疾请假"的现象,见《续资治通鉴长编》卷七二,大中祥符二年八月乙未条,点校本,第2版,北京,中华书局,2004年,第1629页。
③ 见《新唐书》卷四八《百官志三·御史台》,点校本,北京,中华书局,1975年,第1236页。
④ 胡丹《明代早朝述论》,《史学月刊》2009年第9期,第28—37页;《明代的朝会与"懒朝"》,《紫禁城》2008年第9期,第188—193页。
⑤ 详参李文杰《清代的"早朝"——御门听政的发展及其衰微》,《故宫博物院院刊》2016年第1期,第142—152页。
⑥ 李文杰《清代同光年间的早朝》,《文史》2018年第2辑,第245—274页。
⑦ 其艰辛,可参久保田和男《宋代时法与开封的早晨》,2002年初刊,后收入氏著《宋代开封研究》,郭万平译,上海,上海古籍出版社,2010年,第168—178页。

责,辑录的《两朝国史志》有"(掌)日常承准应奉御前取索汤药"以及"日常应奉"的说法(《辑稿·职官》一九之一三)。而"主管往来国信所"官吏的职掌,《两朝国史志》载则包括"日常书写文字"(《辑稿·职官》三六之三二),此处的"日常"亦非每日之意,指平日各类文书的抄写。

元代完成的《金史》中亦偶有所见。该书《胥鼎传》宣宗贞祐四年(1216年),针对朝廷要区分义军为三等的命令,他上言说"况潞州北即为异境,日常备战,事务方殷,而分别如此,彼居中下者皆将气挫心懈而不可用,虑恐因得测吾虚实"云云[①],"日常备战"与"事务方殷"相配,不过是强调了备战乃经常进行的任务。

另外一个源头,恐怕要追溯到唐前期出现并为后代所承袭的"常参官"。西汉宣帝时规定"五日一听事",东汉未能坚持,桓帝时大臣还在呼吁恢复[②]。《唐六典·尚书礼部》"礼部郎中"条:"凡京司文武职事九品已上,每朔、望朝参;五品已上及供奉官、员外郎、监察御史、太常博士,每日朝参。"[③] 宋代元丰改制沿袭这种做法,有"每日常朝"之说[④],有时是隔日朝参,宋代又称这类官员为"每

---

① 《金史》卷一〇八,点校本,北京,中华书局,1975年,第2377页。
② 分见《汉书》卷八九《循吏传》"序",第3624页;《后汉书》卷六六《陈藩传》,点校本,北京,中华书局,1965年,第2165页。
③ 《唐六典》,点校本,北京,中华书局,1992年,第114页。
④ 见《宋会要辑稿·仪制》一之三四;《礼》五九之九。相关研究见朱瑞熙《中国政治制度通史》第六卷《宋代》,北京,人民出版社,1996年,第99—112页;周佳《北宋前期日朝的形成与运行》,《中国史研究》2013年第2期,第75—86页;任石《北宋元丰以前日常朝参制度考略》,《文史》2015年第3辑,第159—184页。感谢方诚峰兄示知诸文。

"日日常行"佛法的要求,便成为重要内容。有些记载用的"恒常",有些则改为"日常",两者稍有差别:"恒常"强调的是不懈怠的持续修行,"日常"侧重循环反复进行,突出了不断重复中的持续,与人们的生活实际更为贴合。这种修行,并非枯燥、无目的的重复,脱离六道轮回乃至达到涅槃是最终的追求。由于中古时期佛教广泛而深入的影响,借助讲经、说法、唱导、僧人的引领等等,作为行为的日常修行以及"日日常"和"日常"的表达,逐渐不再只是停留在纸面的佛经文本,步入世间,成为不少信众的实践活动。当然,进入官民用语,要到宋代甚至更晚。

宋代以后,"日常"开始更多地为人所使用,而使用的场合,目前所见还是官方为主。《宋会要辑稿》中就出现了不少,也未必尽是每日如此,结合上下文,多表示"经常"而已。哲宗元祐元年(1086年)正月二十八日"中书省言:'元丰六年九月敕,舍人各随所领房命词。今除刑房间有责降牵复,又兵房有蕃官迁转外,其余差除并在吏房,以故吏房日常行词。欲令依旧各签押逐房文字外,其命词止依故事轮日分草。'从之"(《辑稿·职官》三之一六)。徽宗政和六年(1116年)九月十九日的诏书中亦出现了"日常有之"(《辑稿·食货》五六之三六),指的亦是经常发生,用"日常"不过为了突出其频繁。又如光宗绍熙四年(1193年)"六月十九日,诏安恭皇后宅家庙,日常花果,且望供养,四时祭飨等,令临安府依安穆皇后宅例,每月支钱三百贯文"(《辑稿·后妃》二之二六)。关于"御药院"官吏的职除了佛经中的说法，现实中也有不少高僧践行各种"日课"，最常见的是"诵经"。《高僧传》专列"诵经"一门，就提到以每日诵经来修行：晋代的僧人释昙邃"蔬食布衣，诵《正法华经》，常一日一遍"；刘宋时的释慧庆"诵《法华》《十地》《思益》《维摩》，每夜吟讽，常闻暗中有弹指赞叹之声"；萧齐僧人超辩"诵《法华》日限一遍"；释僧侯"诵《法华》《维摩》《金光明》，常二日一遍，如此六十余年"，慧皎在"论"中说"讽诵之利大矣，而成其功者希焉。良由总持难得，惛忘易生。如经所说，止复一句一偈，亦是圣所称美"①。《续高僧传》中也设有"读诵篇"，表彰以诵经知名的僧人②；《宋高僧传》亦踵随前人，置"读诵"一科。道绰、善导等创立的"净土宗"更是鼓励信徒口诵"弥陀佛名，或用麻豆等物而为数量，每一称名，便度一粒"③，以求往生西方净土，唐代以降影响日炽④。这些僧人身体力行佛教的日常修行，尽管"日常"这种说法或许还没有使用。

佛教作为信仰，为获得最终的解脱，需要持续修持，

---

① 以上分见慧皎《高僧传》卷一二《诵经》，点校本，北京，中华书局，1992年，第458、463、471、472、475页。
② 如隋释法泰"勤诵持（《法华经》），一夜一遍"，唐释慧超"自超九岁入道，即诵《法华》，五十余年，万有余遍"，唐僧智晔"深乐《法华》，镇恒抄写，……身恒自励，日写五张，年事乃秩，斯业无怠"，唐人释宝琼"小年出家，清贞俭素，读诵《大品》，两日一遍，为常途业"。见道宣《续高僧传》卷二九《读诵篇》，点校本，北京，中华书局，2014年，第1176、1177、1179、1180页。
③《续高僧传》卷二〇《道绰传》，第762页。
④ 参刘长东《晋唐弥陀净土信仰研究》第四、五章，成都，巴蜀书社，2000年，第256—502页；圣凯《晋唐弥陀净土的思想与信仰》，北京，中国社会科学出版社，2009年，第50—138页。

> 听我说佛德，福利威光盛，
> 彼之所有分，断诸爱欲者，
> 忍辱不起嫌，我以愚痴故，
> 日日常触恼，如母爱一子。①

这里的"日日常触恼"便是更完整的表达。类似的说法还有"何谓诸菩萨，修行于大乘，日日常精进，最胜行无懈"②、"尔时日日常有百千无量亿那由他男子、女人、童男、童女，来至佛所"③、"如蜂采众华，日日常增长"④、"日日常受极妙安乐"⑤。唐宋时期翻译的密教经典中，"日日常"＋动词出现得更频繁，"日常"亦偶见使用。⑥

---

① 《大正藏》第4册，第308页中。
② 西晋竺法护译《佛说决定总经》，《大正藏》第17册，第771页上。
③ 北凉天竺三藏昙无谶译《悲华经》卷三"大施品"，《大正藏》第3册，第182页中；卷六"诸菩萨本授记品"有"日日常有诸化佛出"，同上书，第208页下。
④ 《别译杂阿含经》卷一四经二八一，《大正藏》第2册，第471页下。
⑤ 鸠摩罗什译《佛说弥勒大成佛经》，《大正藏》第14册，第429页上。
⑥ 如：唐代阿地瞿多译《陀罗尼集经》卷一"迦黎沙舍尼印咒"有"若能一生，日日常诵千遍万遍"，卷五"观世音菩萨不空羂索牙法印"有"若人日日常作供养，得观世音及诸菩萨等皆生欢喜，命终得生阿弥陀佛国"，《大正藏》第18册，第791页下、第828页上。唐代菩提流志译出的《五佛顶三昧陀罗尼经》卷三"密印品"有"若当有人日日常持此等明咒"，《大正藏》第19册，第280页中；同样的表述又见他翻译的《一字佛顶轮王经》卷三"印成就品"有"若当有人日日常轮持结此等印咒"，《大正藏》第19册，第246页上。不空译出的《宝悉地成佛陀罗尼经》有"日日常诵二十一遍，必得诸佛真身设利"，《大正藏》第19册，第336页中—下；《仁王护国般若波罗蜜多经陀罗尼念诵仪轨》有"寻常供养焚香烧灯阏伽涂香，及采时花日常供养。每月十四十五日，于此两日粥饭果等，如上供养"，《大正藏》第19册，第515页下。北宋施护译《佛说祕密三昧大教王经》卷二有"如是大明若能日日常持诵者"，卷三有"自利利他事悉成，日日常献诸供养"，《大正藏》第18册，第450页下、第455页下。法天译的《一切如来乌瑟腻沙最胜总持经》则有"或日常持诵增寿无量"，《大正藏》第19册，第408页下。

天光色倍常,于其夜中,来诣佛所,礼佛足已,在一面坐。时,此天光甚为炽盛,普照祇洹,悉皆大明。尔时,此天却坐一面,而说偈言:

> 住阿练若处,寂灭修梵行,
> 日常食一食,颜色极和悦。①

此经属于"失译",《开元释教录》归入后秦录,即 4 世纪末。这里"日常"应该是"日日常"+动词的缩略说法。类似的用法又见刘宋时求那跋陀罗翻译的《杂阿含经》:

> 佛告诸释氏:"瞿昙!汝等不获善利,汝等是憍慢者、烦恼人、忧悲人、恼苦人。何故于诸斋日或得斋戒,或不得?于神足月或得斋戒,作诸功德,或不得?诸瞿昙!譬人求利,日日增长,一日一钱,二日两钱,三日四钱,四日八钱,五日十六钱,六日三十二钱。如是士夫日常增长,八日、九日乃至一月,钱财转增广耶?"②

后秦时鸠摩罗什译的《大庄严论经》卷五有:

> 尔时魔王闻斯语已,复说偈言:

---

① 《别译杂阿含经》卷八经一三二,《大正藏》第 2 册,東京,大正一切经刊行會,1924—1934 年,第 426 页上。
② 《杂阿含经》卷四一经一一二一,《大正藏》第 2 册,第 297 页中、下。

日常山门也不出,只在佛前看经。"《警世通言·白娘子永镇雷峰塔》:"许宣日常一毛不拔,今日坏得些钱钞,便要我替他讨老小?"丁玲《田家冲》二:"幺妹架起了许多幻想,这些幻想的根据,又紧紧贴着她日常生活和一些不伦的神怪故事上。"这两个释义的根据最早的也是元代成书的《宋史》,是否元代才成词?还可以做进一步的探索。

搜检史料,"日常"连用,6世纪的南朝已经出现,当是源于佛教经典,在宋代以后的官方表述中逐渐流行。

南朝梁武帝时,贺琛上奏劝谏,引得武帝大怒,于是召主书,口授敕责备贺琛。贺琛批评守宰多蓄歌姬舞女,认为"至治者必以淳素为先",有暗指武帝没起到表率之意。萧衍于是将自己起居、理事细数一番,说:

> 朕三更出理事,随事多少,事少或中前得竟,或事多至日昃方得就食。日常一食,若昼若夜,无有定时。疾苦之日,或亦再食。①

"日常一食"中的"日常",尚非十分固定的词组,表示平日经常而已。更早的类似用例出自佛经。《别译杂阿含经》卷八有云:

> 如是我闻:一时佛在舍卫国祇树给孤独园。时有一

---

① 《梁书》卷三八《贺琛传》,点校本,北京,中华书局,1973年,第549页。

档案到起居注、实录以及正史的系列资料，借助比较，可以看出如何从皇帝的日常走向文字化。从最原始作为事务处理的各类文书存档，成为档案，然后又如何一步步变为今人所熟悉的历史叙述。进入正题之前，先须清理一下"日常"一词的家世。

2. 日常的来历与意味

"日常"乃生活中极为常用的词语，《现代汉语词典》云"日常：属于平时的"，而"平时"释义有二："①一般的、通常的时候（区别于特定的或特指的时候）；②指平常时期（区别于非常时期，如战时、戒严时)①。"词典提供的只是生活中用语的含义，"日常"作为一个词语从何而来？初始的含义是什么？对于学术研究而言，"日常"意味着什么？对一本名为《什么是日常统治史》的小书而言，都是不能回避的。

在注重从词源角度解释词语的《汉语大词典》中，"日常"有两个释义：1. 指太阳永恒存在。《宋史·乐志》云："乾健坤顺，群生首资。日常月升，四时叶熙。"② 2. 平日；平时。《京本通俗小说·菩萨蛮》："可常是个有德行和尚，

---

① 中国社会科学院语言研究所词典编辑室编《现代汉语词典》修订本，北京，商务印书馆，1998年，第979、1068页。
②《宋史》卷一四〇《乐志十四》，点校本，北京，中华书局，1977年，第3286页。

反而是基调，是最为庸常的岁月。那些"变"只是跳动着镶嵌在日常岁月中，只有结合书写与空白，完整的人生方能呈现。

个人生活经历中与"日常"相伴的往往是遗忘与无感，要想说清楚一周前某天的一日三餐吃了什么，对绝大多数人来说，不见得容易；但人生中的大事：自己的生日、毕业的年份、开始工作的年份、结婚纪念日、孩子的生日等等，恐怕都会牢记在心。后者构成了人生中大写的历史，这些标志性的"事件"与反复经历却同样被反复遗忘的日常交织叠加，填充进每个人的生命史。不过，无论是在个人的日记，还是自传中，几无例外只保留下前者。

当然，这些日子被记住，也是反复刻画的结果，甚至是与各种事务的要求直接相关。最近刚刚公布的湖南长沙五一广场东汉简牍中，频繁出现在各个案件调查中的说法，就是"不处年""不处日"，即不能确定的年或日，包括担任官职的日期、做某些事的日期、父母死去的年份等等。记忆并非天然的产物，包含了很多人为的因素，如各种周年纪念活动（生日称庆与祖先祭祀、国家设定的节日）的出现与流行、官府的各种文书的制作（如今天填写各种表格、个人简历）等等，不断强化着某些日子的特殊性，反复区分着一般与特殊，在强化对特定日子记忆的同时，也压制、淡化乃至排斥着对平常日子的关注。

个人的经历如此，历史的记述又何尝能例外？下面让我们抄录几段清朝的不同记载。清代的优势在于保存了从黄金周，研究会的活动安排要有调整，主持人在黑板上写下新的日期后，每位成员，不分长幼，齐刷刷地掏出小本子，记在其中。我知道那是日本人普遍持有的手账。后来到书店以及电车站附近的大商店，见到出售各式各样的手账。

据日本学者研究，世界上第一本手账1812年诞生在英国，日本最早引入此物的是福泽谕吉。1862年他作为文久使节团的成员访问欧洲，在巴黎的文具店买到手账，记录见闻，并带回了日本。1879年，旧大藏省发行的"怀中日记"，被视为日本手账的源头。如今一年手账的上市量达到1亿册[1]，2018年日本全国人口不过1亿2600多万。

中国人没有使用手账的习惯，一些机构现在也开始印制可以记事的周历或月历，当然，手机上的日历现在也能部分起到手账的功能。

想想日本人的手账或自己手机上的日历，记录的都是未来的安排，而反复发生的日常活动不会记录在案：一日三餐、朝九晚五工作中固定不变的部分、上班下班的交通路线等等，一行一行罗列在手账中的只是那些异乎寻常的活动或安排。用过的手账足以成为了解个人经历的资料，不过，翻检它们，记录了生活中异常的白纸黑字会勾起陈年往事，空白体现的日常反而最容易被忽略与遗忘。手账中的个人生活史，恰恰不是人生的常态，没有记录下来的

---

[1] 館神龍彥《手帳と日本人：私たちはいつから予定を管理してきたか》，東京，NHK出版，2018年，第3—4页。

二、日常的意味（上）

1. 手账里的"变"与"常"

2017年4月到日本东京后，承蒙池田雄一与窪添庆文两位教授不弃，有幸参加了两位在东洋文库主持的"张家山汉简《二年律令》"与"《水经注》"研究会，两周一次，分别在周三下午和周六下午进行。读书会上重逢不少老友，也结识了许多新知。日本学者对史料深入细致的研读与坚持不懈的耐心，在两个读书会上有充分的体现。根据石黑小姐发来的日程安排，2017年7月22日进行的"张家山汉简研究会"的活动是第238次，而7月26日举行的"《水经注》研究会"活动已是第299次，前者已经坚持了15年，大概自2001年张家山汉简公布就开始了，后者则应该有20年的历史了。日本学者研读史料上的毅力令人感佩。

研究会上的一件小事令人回味。因为5月初是日本的张思考空间。

个人理解,史学,乃至所有的人文社会科学,并非空中楼阁,存在的目的都是为了今天乃至未来,即所谓"鉴往事,思来者",并不是纯粹作为"知识论"或满足人们的好奇心而立于世。梁启超曾说:"史者何?记述人类社会赓续活动之体相,校其总成绩,求得其因果关系,以为现代一般人活动之资鉴者也。"[①] 尽管史学不只是了解成绩,解释亦不限于因果联系,其存在乃为现代人活动提供借鉴,不容否定。如何借鉴,体现在知与行的联结上。对业已消逝的"过去",我们只是个有立场的观察者/转述者,对生活其中的当下现实世界,我们又都是生活/历史的直接创造者。三位一体的身份,赋予我们更多的"权力"与"责任",但常不自知,我们往往会沉溺于前者而忘却后者,甘当摇手椅上挥斥方遒、激扬文字的学究;还有更多的人,只能算是盲目的创造者。将三者统一于自己的日常生活实践,才有可能在知行合一中让"读史使人明智"的古老格言落到实处,让人类的惨痛教训、宝贵经验不再流于纸面空谈。这恐怕也是在认识到自己的局限性之后,又能将自己从中加以解放的途径之一。

---

① 梁启超《中国历史研究法》第一章,1922 年初刊,再版,上海,上海古籍出版社,1987 年,第 1 页。

的关系思维。关系思维不只是中国传统,亦是从20世纪物理学中发展起来的思维方式,也受到不少哲学家的青睐。史学不应自外于人类学术发展的新思考。日常统治放在关系思维下去研究,便突破了传统自上而下的单向模式,可以并观统治/被统治/抵抗。这些构成了第六部分。

如何开展关系视角下的日常统治研究,需要研究者针对问题与对象"辨证施治"与"对症下药",没有包治百病的妙方。虽说如此,能为读者提供些参考与启发,也不无裨益。第七部分将过去十多年中完成的与"日常统治"相关的成果,做了一个简单的梳理,并非论文摘要的汇编,更多的是对设想、方法与角度的阐释和补充说明。对照原文,也许才能了解得更透彻些。

结语部分提出"重返人/事关系的历史世界",读者或会感到困惑,似乎和日常统治没有干系。看完全书,自不难理解。这里的人与事,已不是通常意义上的人与事,而是经过知识考古,恢复了历史中丰满含义的人与事,关注的不仅是孤立的两者,而且是两者之间复杂多向的关系,连同其他三种视角,并置合观。国家出现后的"日常统治研究"与此只是表达角度上有所不同,内涵是一致的。看似平淡无奇,实是返本开新。近代以来,引进或自产的新名词带给我们太多的刺激与欣喜,很多是漂泊的浮萍,能扎下根且产生实质作用的却有限。追逐与阐释,耗费了太多的心力。否定之否定,回到貌似平常的提法,指引我们去重拾历史语境中被遗忘的内涵,从根基处激活想象,扩

《春秋》以降,中国史学中久已形成围绕王朝国家记述历史的传统。丰厚的传统中,既有"常事不书",又因胜利者把持历史书写,弥漫着"成王败寇"的后见之明与对正统地位的执迷,各种模式化的书写所在多有,官方史学沦为当下王朝合法性的注脚,无法在王朝之外安顿新的立足点,从多元的视角展开观察。20世纪产生的新史学,无疑带来了新的契机和可能,时局艰难多变,传统惯性强大,学术从容生长不易,实践并不理想。那时奠定的国史架构与通史、专史、断代史的格局,至今潜移默化,规范着史学的走向。关注王朝国家的主要是事件史与制度史,还有新近出现的政治文化史。

从甲骨文开始追踪"事"字含义分化、添益、转化的轨迹,剖析"事件"一词的来历,以及"事件史"的出身,不难感受到"事"字含义的丰富与"事件史"的单薄。从古人的表达以及杜佑《通典》中的叙述去探寻"制度"的意涵,对照20世纪勃兴的制度理解与制度史,让我们对如何研究制度,有了新的想法。第五部分围绕这些问题展开。

上述探源与反思有益于我们重新规划前进的方向。日常之外,为何是"统治"?亦要到词语的使用历史中去分辨。较之"行政""治理"与"支配","统治"或许更有涵盖性,更切合古往今来的实践。如何研究"日常统治"?列举了四个视角:主位观察为先,继之以客位观察;顺时而观优先,辅之以后见之明;日常视角(这三点都和如何处理时间分不开);最后一个,也是最重要的,是以人为中心跨界利用鸦片战争为例，缘于现存资料层次丰富，可以相互比对。从日常的来历到书写与遗忘日常，围绕鸦片战争的叙述，构成了本书的第二部分。

"日常"遭到摒除并非20世纪才出现的现象，可以上溯到《春秋公羊传》中的"常事不书"，可以追到秦以来王朝统治中的官吏选拔机制，以及这种机制带给人们的记忆与遗忘。中国史学传统自然也难以摆脱其影响，即便是思想上特立独行的章学诚，虽一再强调"人伦日用"，强调"经纶政教"，强调自下而上构建天下之史，依然无法真正将"事""人伦日用"与"经纶政教"发展成有突破性的史学实践。我们需要继承他的思考再出发。第三部分既包含对遗忘日常根源的分析，也是基于传统对未来的期许。第二、三部分原为一体，篇幅过长，分作上下。

日常统治离不开国家与政治。环顾世界，20世纪中叶以来，政治史与帝王将相被西方史学推下了神坛，直到最近，方有复兴的苗头。中国自20世纪初新史学诞生之日起，就开始了这一变化，今天仍未走出这一境地。关注国家与政治，源于人群体性的存在方式，源于"政治的根比人类更古老"的现实，源于人类生存国家化的持续进程。就东亚地区而言，二里头文化、商周以来数千年几乎未断的大型王朝国家，不仅是人类史上的奇迹，也构成这一地区历史演进中最为关键的因素，研究这一区域的历史，必须高度重视国家、政治秩序与权威的作用。这是第四部分的主题。

邀请的罗教授无疑成了助产士,尽管有此良机,筹划中倍感艰难,几度犹豫,终于咬牙坚持了下来。

名为"什么是日常统治史",是遵循丛书的要求。按照自己的想法,更妥帖的书名应是"历史上的日常统治研究",或"关系思维下的统治/被统治与抵抗研究",准确却累赘。实际并不存在一个可以切割下来,像秦汉史或隋唐史一样的"日常统治史"。它不过是若干观察过去的视角与方式的集合,可以用来观察不同地域、不同时期与不同领域的问题。正因如此,书中主要篇幅放在从不同角度回顾史学的认识史,只是在第六、七两部分才正面讨论了历史上日常统治研究的基本视角与初步探索。认识史既包括对史学基本研究对象与思路的梳理,也融入以案例方式呈现的对事件如何形成的延伸思考,目的是对熟视无睹的事件史处理方式"化熟为生",探索再出发的新可能。

"日常"是值得拓展的可能空间,其含义却并非一望可知。追踪"日常"一词的来历与近代以来的新变化,可知它是中古佛教译经的馈赠,非指普普通通地过日子,而是带有确切目标的重复性活动,是意识到其目的与追求的例行化活动。明清儒学出现的"日用常行化"的新动向,尚停留在抽象肯定"百姓日用即道",未能拓展为对过去的认识与研究。"日常"实际可以成为一个映衬"事件"与"事件史",重新进入历史世界的途径。围绕 1832 年、1838—1842 年道光帝日常活动的描述,与通常所谓的"鸦片战争"叙述之间的张力,或许能带给读者些新的刺激和启发。

收到罗教授来信后两天,便动身到了日本,在东京都西部的多摩市安顿下来,开始在中央大学五个月的研究工作。构思"什么是日常统治史"成为东瀛生活中的重要内容。思考、收集资料、与友人讨论,反反复复,提纲不断修改。8月中,在长野县户隐参加东京大学东洋史专攻的"合宿",佐川英治兄安排我住的房间,颇有纪念意义,是西嶋定生先生半个多世纪前写作《中国古代帝國の形成と構造—二十等爵制研究—》,以及后来组织"合宿"时下榻的房间。据说这里的风景接近西嶋先生冈山县的老家,我坐在榻榻米上首次报告了本书的提纲。8月底回国后,旋即去南京大学参加了"中国需要什么样的历史学?——《新史学》创刊十周年学术研讨会",提交的还是本书的提纲。9月底,清华大学历史系第45次史学沙龙上,又对提纲进行了相当充分的交流,从下午4点一直讨论到晚上8点,在沙龙的历史上,还是头一次,针对的不过是二十几张投影片。此后,忙于上课与他务,提纲还是提纲,没有实质性的进展。2018年1月,学期结束,终于有了静心思考的时间。重读相关的研究,思考自己十多年来的研究轨迹,如何撰写本书终于有了些眉目。不过也只是完成了引言。开学后又是几个月忙忙碌碌的日子,到了6月底,学期末尾,才又得空闲,从容构思。从初稿完成到最终定稿,又花费了一年多。

必须坦言,本书是个早产儿。按照自己的设想,它应该降生在日常统治研究基本结束之后,而不是现在。发出

2017年3月底，接到罗志田先生的邮件，说在王汎森先生的倡议下，拟出版一套"什么是"丛书（后来确定了一个更为雅致的名称"乐道文库"），邀请两岸学者，为年轻人写一套真正有帮助的丛书。指定的题目是"什么是社会史"，我早就自嘲为这个领域的"逃兵"，勉强为之，恐怕只会误人子弟。本想因此谢绝邀请，但罗教授回信宽厚地要我再选一个题目，不好推辞，"什么是日常统治史"便是最终考虑的结果。

2003年底大致完成了北朝乡村社会研究之后，我决定转向考察秦汉六朝的国家。一方面梳理了近代以来影响至深的"中国专制说"的来龙去脉，另一方面，侧重从统治的日常运作展开着手具体研究，摸索中逐渐明确了几个方向：文书行政、官场运作、郡县统治与君臣关系①。"日常统治"本是2008年发表的一篇论文的标题②，十年后则将其扩充为看似带有"领域"色彩的"专史"。史学的万神殿早已神仙林立，各有疆域。另塑新神，是要争夺他人的领地吗？重演创立"××学"故技？还是另有考虑？

---

① 有关表述前后有调整，最早见于侯旭东《关于近年中国魏晋南北朝史研究的观察与思考》，《社会科学战线》2009年第2期，第16页，收入邴正、邵汉明主编《中国学术三十年：1978—2008》，北京，人民出版社，2009年，第517—535页；复收入《中国中古史研究：中国中古史青年学者联谊会会刊》第一卷，北京，中华书局，2011年，第68页。此后在申请教育部或国家社科基金的项目论证报告中，亦反复思考、提炼过。最新的表述，见《宠：信一任型君臣关系与西汉历史的展开》"后记"，北京，北京师范大学出版社，2018年，第304页。
② 侯旭东《传舍使用与汉帝国的日常统治》，《中国史研究》2008年第1期，第61—82页；后收入陈苏镇主编《中国古代政治文化研究》，北京，北京大学出版社，2009年，第40—71页。

饶应心知肚明①。

1993年师饶墓的偶然发现与发掘，使一扇通往西汉内郡小吏生活世界的大门由此敞开，一段隐秘的历史重现人间。墓中的简牍与器物充当了针线，将很多文献中的碎片缀合起来，尽管缝隙与断裂仍有不少。更直接的，是在重大事件之外，能更切近常态、更立体直观地感受汉代郡级官吏如何履职，如何与上级、同侪周旋，王朝统治如何展开，如何得以维系。②

性质相近的资料还有不少。随着未来湖北荆州松柏汉墓简牍、山东青岛黄岛土山屯汉墓简牍的公布，以及湖南长沙各批次简牍的整理出版，更多的故事等待我们发掘。

地不爱宝，层出不穷的资料为早期的王朝史创造了更多的可能空间。要想让资料吐露更多的信息，功夫在诗外，适当的问题与思路必不可少。研究者的眼光与思考最为要紧，需要在反思既有的史学后再出发。

---

① 以上详参连云港市博物馆、东海县博物馆、中国社会科学院简帛研究中心、中国文物研究所编《尹湾汉墓简牍》，北京，中华书局，1997年；张显成、周群丽《尹湾汉墓简牍校理》，天津，天津古籍出版社，2011年；连云港市博物馆、中国文物研究所编《尹湾汉墓简牍综论》，北京，科学出版社，1999年；王彬《汉晋间名刺、名谒的书写及其交往功能》，《出土文献》第八辑（2016.4），第221—235页。

② 四十多年前，借助《郯城县志》、黄六鸿的《福惠全书》以及蒲松龄的《聊斋志异》等，史景迁（Jonathan D. Spence）生动地刻画了1670年前后郯城官民的困苦生活与遭遇。师饶若能穿越时空，见到近1700年后同在此地任职的冯可参、黄六鸿，会既陌生也熟悉：朝代更迭，制度损益，清代的公文估计看不大懂，难题依然如故，对策也没有多少翻新。伴随师饶来到冥间的汉简中难觅小人物的身影，湖南长沙五一广场出土的东汉狱讼案件简册中却记述得细致入微，东汉版的"王氏之死"说不定正沉睡在考古所的铁柜里，待人唤醒。见史景迁《王氏之死：大历史背后的小人物命运》（*The Death of Woman Wang*），1978年初刊，李孝恺译，李孝悌校，桂林，广西师范大学出版社，2011年。

为意,朕将何任?……御史察计簿,疑非实者,按之,使真伪毋相乱"①,各郡国每年年底到朝廷汇报工作时提供的统计数字构成上计簿的主体,其中不实的统计不少,宣帝大为不满,因此责备丞相,并要求由御史来核查。

统计欺谩,宣帝的一册诏书无法消除,只能证明问题的严重。师饶墓中出土的"集簿",就是宣帝的孙子成帝时某年东海郡上计朝廷的统计,距这道诏书颁布将近四十年。那些数字是否属实,无法全面核查,至少其中80、90岁以上老人的统计,颇为可疑。彼时全郡人口不过139万多,年80以上的有33 861口,90以上的11 670口,比例分别为2.4%和0.8%,今天的医疗条件下,也达不到如此比例。2010年第六次全国人口普查统计,全国90岁以上的人口1 984 220,占比不到0.15%。②诏书称为"务为欺谩,以避其课",暴露了郡国与朝廷间的利益分割与争夺,宣帝的表态自然是站在朝廷立场上,双方的博弈今天也屡见不鲜。师饶的书囊还装了一套算筹,作为书佐与功曹,未必不知晓数字掩盖的争夺,甚至有可能参与其中。正如"东海郡吏员簿"上记录的郡太守府编制内官吏不过27人,实际多达93人,这恰由功曹负责,个中原委,师

---

① 《汉书》卷八《宣帝纪》,点校本,北京,中华书局,1962年,第273页。为简洁计,本书征引二十四史引文,除首次出现用脚注标示版本信息外,其他随文用(**/***)表示卷数和页数。
② 见国家统计局人口和就业统计司编《中国人口和就业统计年鉴2011》表2-1"全国分年龄、性别的人口数",北京,中国统计出版社,2012年,第34—36页。

牍，还有边地出土的汉简，得以在 21 世纪部分重现。

棺中铁刀、铁剑上逐贼的征尘还未散尽，双管毛笔不知为师饶抄录了多少簿籍，板状石砚（板研）浸着墨水与汗水，书刀锈迹斑斑，陪伴他的岁月已难数清。名不见经传的官吏们日复一日的操劳，扶助刘氏巨轮持续航行了二百多年。这些在甲板下工作的船员，身影早被遗忘。

他们既是统治队伍的成员，同时也是长吏的属下，被长吏所驱使。历谱上多次记载了师饶"谒"或"莫（暮）至府辄谒"，应该都是去拜见长吏。统治与被统治常常一体两面，难分难解。

师饶们常被喻为螺丝钉，他们不是庞大机器上没有心肝的零件，谋略、对策、追求与爱好样样不少。除了利用神龟占测盗贼，以免"不胜任"之咎，师饶们也利用为吏之便，精心编织自己的官场关系网，师饶尸体脚部摆放的十枚木牍名谒抄件，是最好的证明。有来自周边沛郡、琅邪太守，楚国的国相，本郡太守，两个侯国的侯的奉谒问疾、问起居问安；也有送给数千里外帝都长安令的名谒。官吏间迎来送往，纵横交错的朋友圈不断巩固与延伸，事关自己与家族的前程，这些感情投资，说不定哪天就会派上用场。他的脚边还躺着一册竹简，抄录了《神乌傅（赋）》，以拟人手法讲述了禽鸟夺巢的故事。或是师饶生前的最爱，相信到了地下也能继续欣赏。

黄龙元年（前 49 年）二月，汉宣帝下了一道诏书，提到"上计簿，具文而已，务为欺谩，以避其课。三公不以褒。二天后，王丰步行通过悬索关南下（170.3/A21）。八月乙卯（廿六日），遵照候的命令，累虏候长敞派遣欢喜隧长冯音将受损的六石弩送到候官（170.5/A21）。和前任一样，金关的负责人李钦与属吏查验着出入关口的吏民的证件，并逐一记录在案①。这一年，另一位名叫敞的小吏担任着悬泉置的负责人，可惜姓氏不详（ⅡT0111②：21）。悬泉置位于当时敦煌郡效谷县境内，作为河西走廊上一处交通保障机构，款待了无数朝贡使者与过路官吏。

处理了多年文书，抄抄写写成了习惯。元延二年历谱竹简上，师饶记录下一年的工作与生活轨迹。他不仅参与了那次"逐贼"行动，工作也一年中调换了三次：七月十五日担任法曹，八月廿八日任□曹书佐，十月十九日担任功曹。师饶自襄贲返回郯县后二十天，被任命为功曹——职责近乎省人事厅的厅长，级别却要低很多——或许与在这次"逐贼"任务中表现出色有关。

功曹，该是师饶生前最后的官职，他始终没能做到县令以上的长吏，一直在家乡为吏，死后也归葬桑梓。比起位至公卿、青史留名的少数，算不上仕途的赢家，绝大多数官吏的命运不过如此。

过去，只是帝王将相的言行史册留痕，现在，普通官吏的踪迹，因他们的墓葬，特别是墓中献给地下世界的简

---

① 以上参胡永鹏编著《西北边塞汉简编年》第一章第一节"五、汉成帝""元延二年"条，福州，福建人民出版社，2017年，第271—274页。金关发现的出入关文书抄件颇多，这里仅举两例，其余有纪年的详见此书。

诸县、侯国，就是到周边郡国，再不就是回家休沐。每次外出都要持传、符之类的介绍信，少不了在门亭交给小吏查验。元延二年一整年，师饶光是出差，就不下15次：郡内九次，郡外六次。时间最长的一次是去东海郡西南的邻居楚国，三月廿五日出发，六月四日才回到郯县，历时两个多月，先后两次逗留楚国都城彭城（今江苏省徐州市），在彭城传舍——当时的官府招待所住了15天，其间楚国的主簿蔡卿还专门拜会过师饶。郡守与县令，守护城门的小吏平日难得一见，和郡县小吏打交道的次数却很多，最能体会他们的甘苦。

这一年天下承平，朝中无事，只是远在西域的乌孙国贵族间爆发了骚乱。《汉书·成帝纪》此年短短数行，记载了成帝的三次行幸与一次封王，前两次行幸均与祭祀有关。三年前废除南北郊祀，恢复旧制，祭祀甘泉泰畤与河东后土不过是皇帝例行的活动。西汉二百多年历史上，这一年平淡无奇。

一派升平，靠的不只是天地祖先的佑护、成帝与众朝臣的努力，也离不了全国上下12万在编官吏，以及更多编外小吏的忙碌奔波。师饶是后者中的一员。数千里外的边郡，塞墙蜿蜒曲折，东西万里，驻扎着数千吏卒，昼夜守护着汉朝的安全。元延二年七月乙酉（廿六日），张掖郡居延县的县令尚和副手县丞忠为王丰签发了公务用传，按照成帝诏书的指令，派遣亭长王丰到酒泉、敦煌与张掖郡买马。据签名，这封"传"的实际起草人是该县的小吏诩和

图一　今山东省郯城县县城内的战国郯国故城西墙遗址,汉代继续使用此城作为县城①

他们追查逃亡的盗贼。他们在木牍上画了一只乌龟,将神龟分为八部分,以其后左足为起点,按逆时针方向数日数,从当月的朔日数到占测的那天,看看位于神龟的哪个部位,再到占测文字中去查看相应的结果:占测盗者能否捕获、盗者姓氏、名字与藏躲的方向。师饶墓中就放了这么一块木牍,今天看来很可笑,那时恐怕是帮助小吏查找盗贼去向的利器。

把守郯县城门的门亭吏们早就和师饶熟识。他身为郡吏,在郡府履职的时候不多,常常要外出,不是去郡内的

---

① 有关情况,参杨锡开、管恩洁《从考古发现看东夷郯国》,《中国文物报》2013年9月13日第6版。

一、引言

西汉元延二年（前11年）九月廿六日，一干人马离开了东海郡治所在郯县（今山东省郯城县）西门，向西北方向的襄贲县奔去，去那里追捕盗贼。队伍中有一位姓师名饶、字君兄的郡吏，二十多天前，刚被任命为郡府中某曹的书佐，相当于某局的书记官，负责本部门文书的起草与抄写。这次大概是人手不足，也被抓差，派往外出逐捕盗贼的一线。

襄贲与郯县直线距离不过25公里，换成汉制不到60里，骑马一天足以打个来回。这次任务并不轻松，师饶整整在那里住了四晚，三十日才返回郯县的吏舍。

维持治安是郡县官吏的职责之一，一旦发现盗贼，必须全力追捕，甚至可以到辖区之外，盗贼出现而没有发觉，从士吏到县里的一二把手均会因失职受罚。要求如此严苛，郡县官吏岂敢大意，哪里有盗贼，就要迅疾去追捕。这次襄贲恐怕是冒出了一股数量不小的贼人，本县吏卒已难以应付，只好请求郡府驰援了。盗贼逃跑了，也要去搜集盗贼的线索。官吏们也挺会想办法，利用"神龟占"来帮助

四、为何关注国家? · 127
  1. 人类共有的局面 · 127
  2. 国家对于中国的意义 · 136

五、研究国家的历史,为何要另辟新径? · 152
  1. 重思国史著述与研究 · 152
    ● 国史著述 · 152
    ● 国史研究 · 157
  2. "事""事件"与"事件史" · 166
  3. "制度"如何成为"制度史"? · 178
    ● 古人眼中的"制度" · 179
    ● "制度史"哪里来? · 189
  4. 展望 · 210

六、日常统治研究的追求 · 216
  1. 为什么是统治 · 216
  2. 视角 · 223

七、日常统治研究的初步探索 · 255

八、结语:重返人/事关系的历史世界 · 302

参考书目 · 311

后记 · 347

目 录

一、引言 · 001

二、日常的意味（上） · 015
   1. 手账里的"变"与"常" · 015
   2. 日常的来历与意味 · 018
   3. 经历与书写：日常的隐没与再发现 · 034
     ● 道光帝的日常 · 034
     ● "鸦片战争"作为事件的产生 · 041
     ● 事件与日常 · 048
     ● 事件如何形成？内部机制与后人的观察 · 065
     ● 不同的记述、不同的画面 · 075

三、日常的意味（下） · 090
   4. "大事"与"琐事"：记忆/遗忘的机制 · 090
   5. 放逐"日常"的史学：章学诚是例外吗？ · 112
   6. 令史案牍与人伦日用：从章实斋驻足处出发 · 122

Simplified Chinese Copyright © 2020 by SDX Joint Publishing Company.
All Rights Reserved.
本作品简体中文版权由生活·读书·新知三联书店所有。
未经许可,不得翻印。

图书在版编目(CIP)数据

什么是日常统治史 / 侯旭东著. —北京:生活·
读书·新知三联书店,2020.7(2021.9 重印)
(乐道文库)
ISBN 978-7-108-06838-5

Ⅰ.①什… Ⅱ.①侯… Ⅲ.①政治制度史-史料-研
究-中国 Ⅳ.①D69

中国版本图书馆 CIP 数据核字(2020)第 065680 号

责任编辑	王婧娅
特约编辑	周 颖
封面设计	黄 越
责任印制	黄雪明
出版发行	生活·讀書·新知 三联书店
	(北京市东城区美术馆东街 22 号)
邮 编	100010
印 刷	江苏苏中印刷有限公司
排 版	南京前锦排版服务有限公司
版 次	2020 年 7 月第 1 版
	2021 年 9 月第 3 次印刷
开 本	889 毫米×1092 毫米 1/32 印张 11.125
字 数	269 千字
定 价	56.00 元

侯旭东 著

什么是日常统治史